◎"职业教育改革与发展研究工程"系列丛书

● 中央财政支持高等职业学校提升专业服务产业发展能力建设项目
● 安徽省特色专业建设项目

高职物流管理专业服务区域经济发展的研究与实践

GAO ZHI WU LIU GUAN LI ZHUAN YE FU WU QU YU JING JI FA ZHAN DE YAN JIU YU SHI JIAN

朱重生　段春晖　高　飞　著

合肥工业大学出版社

图书在版编目(CIP)数据

高职物流管理专业服务区域经济发展的研究与实践/朱重生,段春晖,高飞著. —合肥:合肥工业大学出版社,2013.6

ISBN 978-7-5650-1372-0

Ⅰ.①高… Ⅱ.①朱…②段…③高… Ⅲ.①物流—物资管理—教学研究—高等职业教育 Ⅳ.①F252-42

中国版本图书馆 CIP 数据核字(2013)第 131175 号

高职物流管理专业服务区域经济发展的研究与实践

朱重生 段春晖 高 飞 著　　责任编辑 郭娟娟 朱移山

出 版	合肥工业大学出版社	版 次	2013 年 6 月第 1 版
地 址	合肥市屯溪路 193 号	印 次	2013 年 7 月第 1 次印刷
邮 编	230009	开 本	710 毫米×1000 毫米 1/16
电 话	总 编 室:0551-62903038	印 张	11.75
	市场营销部:0551-62903198	字 数	223 千字
网 址	www.hfutpress.com.cn	印 刷	合肥现代印务有限公司
E-mail	hfutpress@163.com	发 行	全国新华书店

ISBN 978-7-5650-1372-0　　定价:30.00 元

如果有影响阅读的印装质量问题,请与出版社市场营销部联系调换。

序　言

《国家中长期教育改革和发展规划纲要（2010—2020年）》明确提出，发展职业教育是推动经济发展、促进就业、改善民生、解决“三农”问题的重要途径，是缓解劳动力供需结构矛盾的关键环节，必须摆在更加突出的位置。因此，职业院校应根据区域经济社会发展的需要，办好特色职业教育，满足区域经济社会发展对高端技能型人才的需要。

安庆职业技术学院物流管理专业自2004年开设以来，专业发展较快，先后成为院级重点建设专业、“中央财政支持高等职业学校提升专业服务产业发展能力建设项目”和“安徽省特色专业建设项目”，专业发展特色鲜明、目标明确、思路清晰，发展举措得力，专业服务于经济社会发展的能力不断增强。安庆市作为皖西南区域性中心城市，由于现代物流业起步较晚，经济发展不快，现代物流业的发展面临一些问题和挑战。为促进学院物流管理专业与安庆现代物流业协调发展，实现职业教育更好地服务于区域经济发展，“中央财政支持高等职业学校提升专业服务产业发展能力建设项目”和“安徽省特色专业项目”负责人，率领物流管理专业的骨干教师，在职业教育服务于区域经济发展的相关理论指导下，结合多年的专业建设经验，提出了物流管理专业服务于区域经济发展的创新理论、实现途径和具体的建设方案。项目组成员在认真调研安庆市现代物流业发展的必要性、发展环境、现状及存在问题等基本情况的基础上，提出了安庆市发展现代物流业的思路和模式，并对重点行业物流、商贸物流、港口物流、农产品物流和物流园区规划等方面分别提出了较好的发展建议和规划设计方案；同时，结合国内外区域物流发展的成功经验，就如何加快发展安庆市现代物流业提出了一系列政策性建议。

本专著对问题的分析全面、系统、深入，并运用了大量图形、图表和数据等；内容层次清晰，结构完整，理论和实践内容兼具。书中提出的相关对策建议对安庆市现代物流业的发展具有较强的理论指导性和可操作性，可以为安庆市发展与改革委员会、商务局等相关部门科学规划发展现代物流业提供决策依据；同时，本书也是一部适合广大从事物流管理专业教学的教师、物流管理专业的学生和从事物流管理工作的专业人员的一本有价值的参考书。

是为序。

孙晓峰

2013 年 6 月

目　录

第一章　职业教育服务于区域经济发展的理论综述

一、高职院校的社会服务模式

近年来，我国高等职业教育事业不断发展壮大，特别是随着国家示范性高职院校建设工作的不断推进，高等职业教育得到了快速发展，为社会培养了大批适应经济社会发展的应用型高技能人才，高等职业院校已成为对我国经济社会发展举足轻重的人才培养基地。

高职院校怎样实现科学的发展，如何能更加贴近社会的需求，培养出满足企业和社会要求的高素质人才，这就要求高职院校走进企业，了解企业的需求，以切实提高高职院校的教育教学质量。高等职业教育作为一种不同于普通高等院校的教育类型，决定了高职院校的社会服务有其自身的特点，社会服务的定位有别于普通高等院校。只有以科学发展观为指导，对高职院校的社会服务进行科学、准确的定位，结合地方经济发展，进一步拓展高职院校社会服务的模式，促进校企合作、产学研合作，努力提升高职院校的办学实力和办学声誉，才能实现高职院校的基本职能，保证学院科学持续发展。为此，我们有必要对高职院校融合地方经济的社会服务模式进行探讨。

（一）构建社会服务平台的目的和需解决的重要问题

要结合学院的实际情况，整合各项资源，确立工作方针，选择工作策略，以学院联合的中小企业为突破口，以学院的硬件、软件资源为依托，不同专业与行业共同建设实验室，建成融产学研为一体的多功能社会服务平台。在平台上，探索、研究并组织实施社会技术服务、培训服务项目和各级各类科研项目，带动学校的专业建设、课程建设、师资队伍建设和教学改革等一系列工作的持续发展，促进校企合作的不断深入，为职业教育质量的稳步提升提供综合保障。

（二）高职院校融合地方经济的社会服务模式

高职院校在充分认识本地区社会、经济特点的基础上，根据学校自身的特点和优势，因地制宜，多渠道、全方位地为区域经济社会发展服务。具体有以下几项：一是开展职业培训。学院利用已有的师资、专业、场地等资源，为企业在岗职工和下岗人员举办职业技术和技能等方面的短期培训班，开展培训活动。二是进行校企合作。高职院校应该以地方经济的发展为基点，将学科专业建设同当地的经济发展结合起来，瞄准企业的技术发展趋势，结合企业的需求能力，把握企业的技术需求，为企业的技术咨询和技术开发等提供专项服务。三是开展校校合作交流。高职院校可开展对口支援职业教育事业的服务工作。邀请一定数量的职业院校领导到学校，交流职业教育的先进理念；安排学生到学校进行学习、组织活动，进行技能训练。

我国企业大部分没有自主的科研机构，这样也就没有自主研发的能力。但是，近年来随着现代化的发展以及科教兴国和建设创新型国家战略的实施，大多数大型企业已建立了自己的科研机构，开始走自主研发的道路，但绝大多数中小企业、乡镇企业还缺乏这方面的条件。目前，我国的技术研发长期依赖于高等院校和科研院所，但是，其科研人员并不在生产的第一线，对企业的了解程度远远不够，这就导致这些单位的科研成果与企业的需求不相符合，致使大量的科研成果被搁置。统计资料显示，目前，我国的科技成果的转化率不到30%，有大量的科技成果只是停留在论文或报告的形式上，更谈不上实际的经济效益。因此，为提高科技成果的转化率，必须积极为中小企业和乡镇企业开展科技服务。

学校要建立自己的高科技产业和技工贸、产学研联合体。高职院校服务于地方经济建设的直接途径就是跳出只管教书育人、不投身经济建设主战场的封闭办学圈圈，依靠高职院校人才、科技和知识的优势，直接投身经济建设主战场，成为发展知识经济的主导力量。为此，应利用国家给予高职院校创办企业的优惠政策，积极稳妥地创办北大方正集团、清华紫光集团及同方集团那样的学校自己的高科技企业，为科技成果的转化提供条件，促进知识经济的发展。同时，高职院校还应借助自己的人才、知识和技术优势，发挥整合作用，上引下联，将一批企业、农户、个体工商业者吸引到自己周围，建立技工贸、产学研联合体，为知识、技术的利用和科研成果的转化提供一个可靠的平台。

总之，社会服务应该是高职院校在学院工作中首要考虑的问题，只有充分发挥社会服务的效用和功能，以服务于当地经济社会的发展为主攻方向，才能在激烈的竞争中办出特色，才能使教学质量、办学效益进一步提高。

二、职业教育服务于区域经济发展的理论

（一）职业教育服务于区域经济发展理论综述

1. 产业转型升级的含义

产业转型升级也就是产业结构高级化，从低附加值向高附加值升级，从高能耗、高污染向低能耗和低污染升级，从粗放型向集约型升级。产业转型升级的关

键是技术进步，在原有技术的基础上加以研究、改进和创新，建立新的技术体系。产业转型升级必须依赖于政府行政法规的指导以及资金、政策的支持，需要把产业转型升级与职工培训、再就业结合起来。近年来，安徽省主要采取以下几种方式推进产业转型升级：一是产学研联手；二是信息化驱动；三是以标准化为核心推动；四是创新驱动；五是在工业领域重点培育六大主导产业，即电子信息、汽车和装备制造、材料及新材料、新能源、食品药品、纺织服装。

2. 职业教育的社会服务功能

教育部《关于加强高职高专教育人才培养工作的意见》（教高〔2000〕2号）中明确要求："高职院校要积极开展科技工作，以科技成果推广、生产技术服务、科技咨询和科研开发为主要内容，积极参与社会服务活动。要注意用科技工作的成果丰富或更新教学内容，在科技工作实践中不断提高教师的学术水平和专业实践能力。"2006年11月15日，时任国务院总理温家宝在国务院教育工作座谈会上指出，大力发展职业教育，要注意把职业教育、职业培训与就业准入以及解决就业问题结合起来，把职业资格认定、职业等级评定和技能型人才的选拔结合起来。教育部也指出，要加快发展城乡职业教育和培训网络，努力使劳动者人人有知识、个个有技能。坚持以服务为宗旨，以就业为导向，转变办学思想，深化教学改革，增强主动为经济社会服务的意识和能力。社会服务能力建设是高等职业教育发展的重要方面，它既是高职教育服务于经济社会发展的责任，也是高职院校自身发展的迫切需要。

3. 科技发展与职业教育的关系

随着科技的进步，职业教育除了相应增加新专业以及停办过时的旧专业以外，其课程设置也要以培养学生具有广泛而扎实的专业基础知识以及增强数理、信息、逻辑分析等可转移或可类化的能力为主。职业教育的课程应先将相关的基本技能及必需的知识有系统地予以编排，使学生通过教育或训练可以获得广泛的基础能力，在此基础上再授予他们专门性的技术，以便其毕业后进入实际的职业生涯或转业时，能够在最短的时间内，利用已有知识和技能去学习新的知识技能，随时获得进步和发展。今后的职业教育必须预测未来三五年内科技发展的趋向，然后据此设计课程，编订教材，进而培育出符合社会所需的劳动者。

职业教育是职业体系中重要的一环，它直接有助于促进生产力的发展，进而改善人民的生活条件；培育社会所需的人力资源，提高学生对其未来职业的选择能力；提高工作人员改善其工作品质与工作环境的能力。然而培养优秀的专业技术人才，促进经济发展，不应是职业教育的终极目标。职业教育所培育的个体，除了应是社会所需的"有用之人"外，也应是能体验生活真谛并能从工作中获取满足的人。为达成这一目标，职业学校必须加强学生的职业道德教育，培养学生敬业乐群、互助合作的精神，以及良好的工作习惯与积极进取的态度。为此，职业教育必须与普通教育相结合，共同为社会培育有用、健康、幸福的劳动者。

4. 产业转型升级与职业教育相辅相成

近年来许多学者都针对促进产业转型升级、改革职业教育等问题提出了很好的建议。概括起来主要有以下几个方面：一是高等职业教育要科学定位，明确教育方向和人才培养目标；二是紧密结合区域产业集群的发展需求，科学合理地设置和调整专业；三是建立产学研结合的长效机制；四是统筹协调，整合资源，创造高职教育健康持续发展的良好环境；五是发挥高职院校在产学研联盟中的作用；六是探索产、学、研相结合的人才培养模式；七是促进职业教育产学一体化办学，服务于经济社会发展。

（二）职业教育服务于区域经济发展的现状

1. 职业教育发展现状

世界工业化强国的发展历史表明，先进的制造业是国家的核心竞争力。美国、德国和日本的经验表明，强大的制造业需要高素质的技能型人才。上世纪 90 年代末以后，我国高等教育开始从精英教育向大众教育转变，我国职业教育得到快速发展，学校和招生人数快速增长。但与职业教育快速的外延扩张相比，职业教育内涵建设有待进一步加强。当前，我国职业教育面临现代职教体系建设、转变职教发展方式、支撑现代产业体系、深化教学模式改革、加强师资队伍建设、深入推进集团办学、增强社会服务能力等方面建设与发展的艰巨任务；同时，各具特色的地方产业集群得到快速发展，创新型城市建设和肩负不同经济和社会发展使命的创新试验区不断出现。职业教育的使命就是要将职业教育与地方经济发展有机结合起来，与产业发展有机结合起来，为地方服务，为产业服务。这就要求加大职业教育的理论研究深度，尤其是在职业教育与产业转型升级有机结合、与工作过程有机结合等方面加强研究，以便为职业教育提供在社会服务、校企合作、人才培养模式、师资队伍、实训基地、人才培养质量标准等方面的指导。

2. 安徽省经济发展与职业教育发展的现状

近年来，安徽省在促进工业发展方面采取了一系列措施，“十二五”规划中也明确要求坚持转型发展、开放发展、创新发展、和谐发展。2004 年，合肥启动国家唯一科技创新型试点市建设；2008 年，安徽省设立合蚌芜自主创新综合试验区；2009 年，安徽成为技术创新工程试点省；2010 年，“皖江城市带承接产业转移示范区规划”正式获得国务院批准。皖江城市带承接产业转移示范区、合芜蚌自主创新综合试验区和国家技术创新工程试点省建设等，都要依托产业转型升级，将科技创新理论与安徽经济建设的实际有机结合起来。美国经济学家熊彼特认为，创新分为突破型创新和改进型创新两种。突破型创新依托科研中心，从事理论和技术上突破；突破型创新产生以后，需要与产业结合，在生产中改进，根据市场的需要不断变化，从而保证竞争优势，使区域经济发展成为经济增长极。突破型创新较少，而改进型创新经常发生。如果说突破型创新是推动型创新，改进型创新则是拉动型创新。突破型创新需要高级科研人才的支持，而改进型创新则需要大量应用型技术人才的支持。为此，安徽省中长期教育改革和发展规划纲要（2010—2020 年）特别重视两种人才的培养，并首次将职业教育放在突出的位置进行了规划。但如何搞好高等职业教育，为科技创新和产业转型升级作出贡献，为区域经济和社会发展服务，还缺乏一套理论与实践有机结合的方法。

（三）职业教育服务于区域经济发展的理论创新

1. 理论创新

将“产业转型升级规律”“职业教育发展规律”“科技发展与职业教育研究”和“职业教育社会服务研究”进行有机整合，指导职业教育在校企合作机制和模式、人才培养模式、“双师型”教师队伍、实训基地、人才培养质量标准等方面的建设，为产业转型升级和经济社会发展培养既具有高素养、又精通职业技能的高技能型人才。理论研究内容如图 1 - 1 所示。

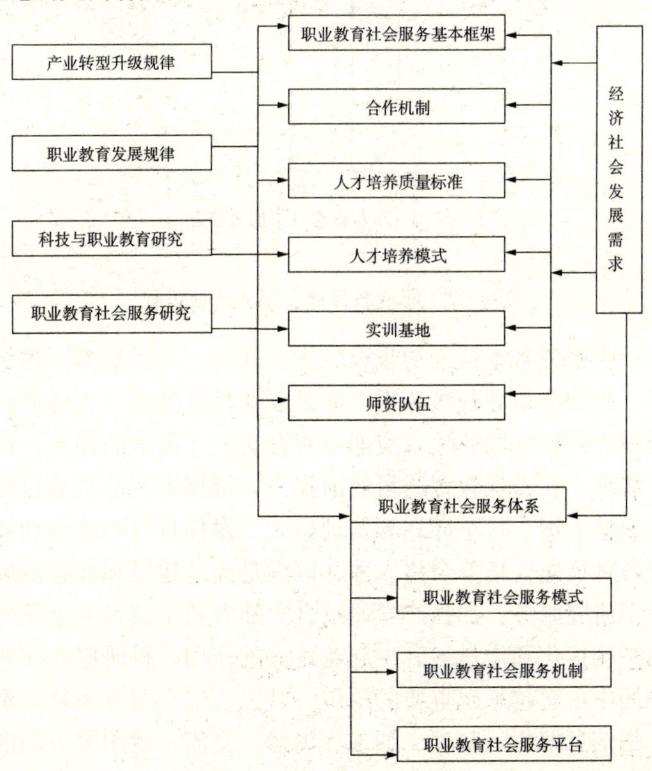

图 1 - 1　理论研究示意图

2. 职业教育社会服务体系的探讨

社会服务是现代社会的产物。社会服务是在社会保障（社会福利）制度框架下（制度特征），由政府和社会力量（主体-提供者）向民众特别是困难群体（服务对象）提供公共-福利服务（性质）的过程和系统行动。

职业教育社会服务要以科学发展为主题，以加快转变经济发展方式为主线。职业教育社会服务转换过程如图 1－2 所示。

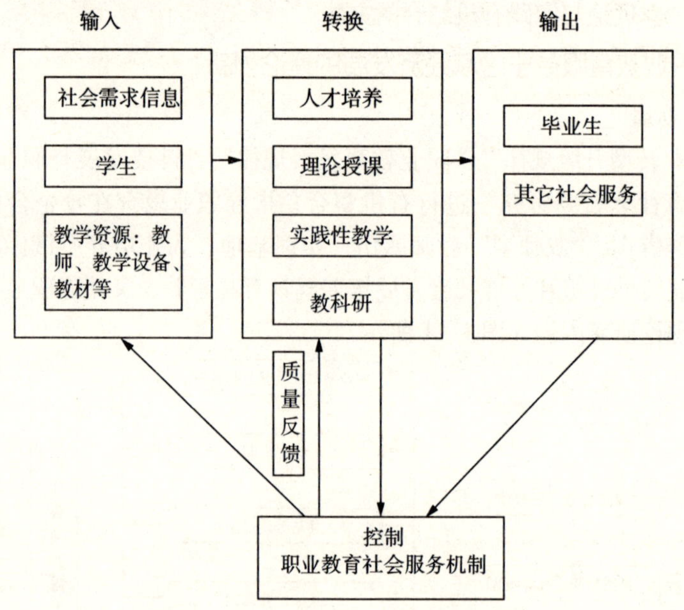

图 1－2　职业教育社会服务转换过程

职业教育社会服务基本框架初步设想为：其一，人才培养、培训服务。适应经济建设需要，为社会培养各级各类人才是职业教育的第一大任务，也是职业教育社会服务的中心内容。职业教育应通过对社会人才需求的预测，积极主动地满足社会的人才需求，在确保教育质量的前提下，根据不同的培养目标、时间，灵活采用不同的教学大纲、教学计划和培训模式，发挥自身的优势和特色，充分挖掘潜力，采取各种措施，培养合格人才，以满足经济建设和社会发展对人才的需求。其二，科学研究服务，加强产学研结合。随着科学技术的迅速发展及其在经济增长、产品结构优化和质量提升中起着重大的作用，科研服务在职业教育社会服务的总体格局中占有越来越重要的地位。其三，信息服务和物质资源服务。信息服务主要是指信息搜集、整理、加工、传播、交流、运用等方面的服务，在职业教育社会服务的总量中占有相当大的比例。与科技服务相比较，信息服务具有服务面广、服务形式灵活、受条件制约性低等特点。

3. 人才培养质量标准制定机制的探讨

人才培养质量标准是教学过程中学生成才的决定因素，它决定了培养的学生能否满足社会需求、个人成才和被企业欢迎。所以，人才质量标准应成为检验学生的唯一标准，学生培养的每一环节都必须在人才质量标准的前提下完型。

人才培养质量标准应在对社会需求充分调研的基础上，把复杂的人才培养过程和教学过程有机地融为一体，使人才培养有规划、教学过程有步骤，教学内容和教学手段有标准。人才培养质量标准制定机制是保证人才培养质量标准科学和符合实际的重要条件，人才培养质量标准制定机制初步设想如图 1－3 所示。

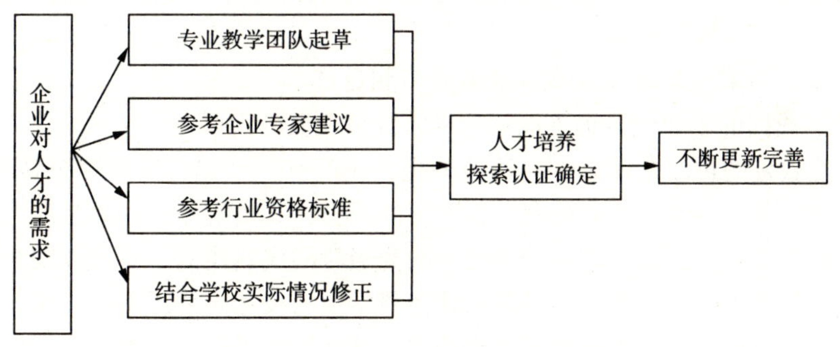

图 1－3　人才培养质量标准制定机制

4. 合作机制的探讨

熊彼特的“钻石模型”为职业教育与区域发展提供了合作的宏观基础；工作过程和创新过程的融合为校企合作提供了微观基础。本研究课题将从三个层面研究职业教育与其他部分和机构的合作机制：一是职业教育与区域合作层面。研究职业教育与区域合作的机制，阐明政府在合作中的地位、作用和责任。二是职业教育与企业合作层面。研究校企合作的机制、方法和方式，阐明校企合作双方的职责，校企资源共享、利益共沾、人员互派、人才共育、协同发展的合作方式。三是职业教育与普通教育以及职业教育内部合作层面。研究校校合作、资源共享、师资培训的方式和方法。

5. 技能型人才培养模式的探讨

德国的“基于工作过程”的教学模式形成了包括资讯、决策、计划、实施、检查、评价六个教学步骤，在职业教育中取得了较好的效果。但基于工作过程没有将渐变创新理念融入职业教育的过程中。本研究课题将构建新的教学模式，完善职业教育基于工作过程的教学模式。重点解决以下问题：一是将工作过程与教学过程有机结合起来，并将显性知识与缄默知识的循环转化融合在教学程序之中，提高学生职业能力培养的效率；二是增加职业素质教育内容，将诚信、信任、忠于职业、企业家精神等内容融入职业课程教育内容，以培养学生的工作能力和创新能力。

（四）职业教育服务于区域经济发展的实现途径

《国家中长期教育改革和发展规划纲要（2010—2020 年）》强调："探索高等学校与行业、企业密切合作共建的模式，推进高等学校与科研院所、社会团体的资源共享，形成协调合作的有效机制，提高服务经济建设和社会发展的能力。"这为职业教育与产业转型升级协同发展打下了坚实的基础，指明了职业教育发展的方向：没有与企业、产业、政府等的合作，就难以形成协同发展的机制体制，难以构建同我国经济社会发展需求相适应、同产业转型升级相衔接的结构合理、充满活力的职业教育体系。

1. 职业教育的发展与区域经济发展不相适应

（1）我国的职业教育远不能适应经济社会发展的需要

职业教育的目的是什么，到目前为止，还没有一个非常完整而公认的阐述。我国现代意义上的职业教育已有一百多年的历史，其实质可以认为是教人学会生存的社会活动。我国职业教育培养的一般为当时的成熟技能，各职业院校由于教学设施、师资等因素的制约，经常出现培养学生的技能体系还不够完整，而此时企业要根据市场的需要不断更新生产技术，这就出现了学校培养了大量的技能型人才与企业需求的人才不足的矛盾，随着技术的更新，企业对人才的综合素质要求也发生了相应变化，致使这种矛盾更加激化。

同时，职业教育作为职业体系中重要的一环，它是培育社会所需求的人力资源，提高受教育者对其未来职业的选择能力，以及改善工作品质与工作环境的能力。然而培养优秀的专业技术人员，促进社会经济发展，并不能作为职业教育的终极目标。因为职业教育所培育的个体，除了成为社会所需的"有用之人"以外，还要成为会体验生活真谛和能从工作中获取满足感的人。为此，职业教育在培养学生技能的同时还应注重学生的可持续性发展问题，这就要加强学生的人生观和价值观的教育，并且强化学生的敬业乐群、互助合作和创新的精神。但是，我国职业教育发展还处在初期阶段，没有形成学生综合素质教育的理论框架，各职业院校往往是根据自身的条件开展这些基础教育，以致对学生的综合素质教育跟不上时代发展的需求。

（2）我国的区域经济发展对高端技能型人才的培养提出了新的更高要求

区域经济的发展和职业教育是相互作用的。区域经济的发展需要高端技能型人才作支撑，而作为高端技能型人才培养的基地的高职院校，只有在办学定位、培养目标、人才培养模式和教学方法等方面不断创新，才能适应经济形势发展的要求；同时，随着我国产业升级和调整，企业对高端、技能型人才需求量将会增加，特别是那些只能从事技术含量低的中等教育毕业生或进城务工人员，对高等职业教育的需求会大幅度增加，他们期望接受高等职业教育，补充自己知识和技能方面的不足，以提升自己的竞争力，更好地适应企业的产业结构升级和调整。从以上不难看成出，随着产业转型升级，对职业教育的人才需求也相应地发生了变化，不仅需要更多类型的高端技能型人才，同时这些人才还应具备高尚的职业道德和创新能力。

2. 职业教育与区域经济发展的协同关系

世界发达国家经济发展的经验证明：职业教育与经济存在着必然的、密不可分的关系，具有直接制约或提升从业者素质、影响生产力发展的重要功能，也是影响经济发展、企业兴衰一个不可忽视的重要因素，是社会经济发展的重要支柱。因此，分析职业教育与区域经济发展协同关系及相互影响因素，有利于职业教育更好地服务于社会经济的发展，有利于更好地培养现实生产力需求的多规格、多层次的应用型和技能型人才。

区域经济发展给人们的生产和生活方式带来了深刻的变革，我国正在形成一个完全竞争的市场环境，高水平的专业技术人才培养和队伍建设是走向经济大国和强国的前提条件。从产业转型升级层面看，产业转型升级的需求要有前瞻性和具体性，并能即时与职业教育沟通和支持职业教育发展。

3. 职业教育与区域经济发展协同发展的困境

如前所述，近年来许多学者针对促进产业转型升级、改革职业教育等问题提出了很好的建议，有效地推动了合作研究及其应用，取得了一些明显成效，但在推进协同发展的过程中也暴露出一些问题，制约着协同发展的广泛性和深入性。主要因素如下：

第一，各自为政，难以协同。各个单位之间存在条块分割的问题。参与协同发展的各个单位属于不同的体系、不同的部门甚至归属于不同的区域，而且各单位工作人员的工作关系、工资关系、人事关系等都在各自为政的条条块块之内，这使得协调创新中的协调组织工作艰难。第二，利益失衡，不想协同。各协同组织之间的利益分割问题是目前制约协同发展的一个关键性问题，也是调动职业教育与产业转型升级协同发展积极性的关键因素。缺乏平衡各方利益的有效机制，使得协同发展的过程中容易出现矛盾和分歧。第三，思想各异，不好协同。参与协同发展的组织来自不同的团体，利益诉求存在天然差异；参与协同发展的各个组织追求的目标也不相同，职业院校需要培养高素质的学生，企业需要追求经济效益，地方政府需要 GDP 增长。第四，体制不同，不愿协同。参与协同发展的各个组织、各个人员都有自己的部门体制，也都有自己的职业规划，而且这些单位、这些人员一般都希望按自己的部门体制进行运作，取得相应的成绩，促进职业发展，所以，很难将其组织和聚合起来。

4. 职业教育与区域经济发展相互衔接、协同发展的途径

（1）产业转型升级的技能型人才需求与职业教育的人才供给脱节

目前，经常会出现企业招不到所需人才，职业院校不知培养什么样的人才，为此都感到困惑。这是因为社会需求信息不完整、不具有前瞻性和即时性，并且没有统一的组织发布，需求信息是个体的，无法形成产业整体需求信息，再加上职业院校的师资培养和设备等教学资源不能及时更新，所以就有了专业设置不科学、专业人才培养标准不完善、人才培养规格没有时代性、人才培养数量不能满足社会需求等职业教育现象。这些问题只有通过协同发展才能解决。

职业教育是一种特殊的公共产品，从本质上说是由国家利益和社会需要决定的。职业教育与产业转型升级协同需要有良好的机制，从政府层面看，要通过市场进行资源配置，以公平为目的、以税收和公共收费为主要筹资手段，对职业教育进行调控，建立职业教育服务的机制，从而实现职业教育与产业转型升级的协同发展。

（2）实现相互衔接、协同发展的具体政策建议

职业教育与产业转型升级协同发展是指在科学发展观与社会和谐发展理念指导下，区域内职业院校与政府、企业进行协同机制创新，建立多样化、多层次的协作关系，充分利用区域内的各种资源，形成区域职业教育与产业转型升级协同的格局。目前不同的地区各自做法不一，但多数却是松散型的组织形式。如何增强协同发展的凝聚力、探索出行之有效的运作体系，是一项亟待研究的重要课题。

一是发挥政府主导作用，构建协同发展平台。政府具有资源的配置权，有责任和能力将协同发展的相关组织进行整合。以政府为主导，联合职业院校、企业等单位成立协同发展组织，制定组织制度，进行科学分工，设立相关协作体，协调相互关系，建立长效运作机制。

协同发展平台也应由政府统筹，政府是职业院校和企业的桥梁，通过政府拥有的丰富资源和信息，能更好地实现职业院校与企业的合作。例如：有些地区通过政府建立公共实训平台，实现了职业教育和企业的充分融合。当然，还可以在信息、公共服务和科技创新等方面构建平台，充分实现职业教育与产业转型升级协同发展，为职业院校服务于区域经济社会发展提供有形载体，为职业院校科技成果转化、企业创新人才培养搭建平台。

二是创新合作机制，实现共赢。发达国家职业教育发展的经验证明：建立以政府为主导、以职业院校为主体和企业参与的政校企联动的机制，是区域经济与职业教育协同发展的必由之路。政府主导，就是政府要发挥主导作用，政府要在政策、财政等方面大力支持职业教育，还要出台校企合作政策，明确企业在职业

教育人才培养中的义务、责任和权益的基础上，给出相应的优惠政策，有效促进校企合作，从而在制度层面保证校企合作的长期开展；学校主体，就是职业院校要积极改善办学条件，深化教育教学改革，创新工学结合的人才培养模式，发挥各自的专业、技术、人才优势，积极参与产业转型升级；企业参与，就是通过政府政策优势和职业院校人才与技术优势，吸引企业的参与。在此基础上，还可以通过产学研合作、资源共享和灵活的考核等机制，实现学校、企业人力资源质量的共同提升和资源的集约化发展。

三是共育职业人才，实现协同发展。应以政府为主导，联合职业院校、企业等单位成立协同发展组织，统一制定人才培养标准，这样可以结合与地区经济发展密切相关的专业，共同制定具有就业导向性、行业发展动态性及实施层次性的专业核心课程教学标准，以切实提高毕业生质量。

高职院校要通过校企共享的课程资源、职业技能资源、文化资源和师资等资源，实现资源集约化，完善人才培养的整体资源，从而为学生提供更加丰富、更加完美的育人环境。同时还要通过校企相互督导，促进人才培养质量的全面提升。在课程建设上，校企双方要共同开发，实现课程教学内容及要求与实际岗位能力的紧密对接。

三、高职院校社会服务机制创新

（一）高职院校社会服务机制构建的基本理论

1. 高职院校社会服务机制构建的基本原理

高职院校社会服务机制构建的基本原理关系到区域高职院校社会服务机制的性质、功能和运作方式。高职院校社会服务机制构建的基本原理为：高等教育发展规律、科学技术发展规律、市场经济规律的交叉与结合。社会服务工作是高职院校整体工作的重要组成部分。高职院校社会服务工作，必须服从高职院校的总体工作大局。所以，作为高职院校总体工作一部分的区域社会服务，必然受高职院校内部规律的制约。

高职院校是我国高等教育的重要组成部分。高职院校的改革与发展以及社会服务工作，必须遵循高等教育发展的一般规律和原理。在知识经济时代，高职院校的社会服务从本质上讲是高职院校以人才、知识和技术优势，为社会各个子系统的发展以及社会整体发展服务。人才、知识和技术是高职院校社会服务的主要资源。知识传播、知识运用、知识创新（技术创新）是高职院校为社会服务的主要方式。理论服务、科技服务、咨询服务是高职院校为区域社会服务的主要内容。

既然高职院校在社会服务方面的主要资源是人才、知识和技术，社会服务的主要手段和形式都依托人才、知识和技术，那么高职院校社会服务必须遵循人才学规律、知识生产规律、科学技术发展的规律和原理。

2. 高职院校社会服务的内部机制

高职院校社会服务内部机制是探讨高职院校在开展社会服务过程中内部要素之间相互联系、互为因果的联结关系及其运转方式。其作用是高职院校在中央、地方高等教育法规和政策允许的范围内，在接收或接触到信息、市场等外界信号后，在开展社会服务时自主地协调自身行为，改善高职院校社会服务运行的内在条件，自我完善社会服务的功能。

（1）动力机制

高职院校社会服务既要有外部压力，更要有内部动力；既要有外部环境，更要有内在要求。内部动力和内在要求主要取决于地市高职院校对自身发展、社会贡献的价值和作用的认识程度和水平。

要从高职院校教学、科研、社会服务的三者内部关系，高职院校与地市社会的外部联系，高职院校办学资源的扩充和发展空间的拓展，国家、省、地市政府和社会对高职院校的要求，知识经济时代地市高等教育和社会经济的发展规律等几个方面，提高高职院校社会服务的认识程度和水平。

（2）导向机制

导向之一是社会服务与办学方向相一致。高职院校社会服务是学校总体工作的组成部分。社会服务工作必须服从学校的总体工作布局。高职院校社会服务要正确处理社会效益与经济效益的关系，坚持社会效益为主的原则。社会服务要有利于教学和人才培养，有利于科学研究水平的提高和教学科研队伍的建设，有利于学校总体实力的增强，有利于高职院校办学沿着社会主义正确方向前进。

导向之二是社会服务与社会经济结构相一致。高职院校社会服务要结合社会经济需求进行学科专业、科研主攻方向的调整，引导教学科研人员结合社会经济问题、技术问题进行应用研究和咨询服务工作，使高职院校的专业设置、人才培养、科学研究的方向最大限度地与社会经济结构、社会经济发展方向相一致。

（3）激励机制

学校的激励机制主要包括两个方面：首先是提供支持。要给教学科研人员开展社会服务提供时间、信息、经费、实验设施等方面的支持。其次是政策倾斜。要将参与社会服务的教学科研人员的实绩，作为晋升职称和工资级别、获得奖励的条件之一。教学科研人员的社会服务成果和业绩以适当的标准和比例折合计算工作量。

（4）平衡机制

社会服务要健康、高效地发展，必须正确处理人才培养、科学研究、直接社会服务三项职能的关系，建立协调三项职能的平衡机制。三项职能是相辅相成的，社会服务促进教学与科研的发展，是指通过服务能直接了解社会新的需要、新的问题，为教育补充丰富的内容和为科研提供信息与课题。而教学水平的提高、科研成果的丰硕，又成为高职院校社会服务的前提和优势。只有三项职能之间平衡协调、相互促进，才能保证社会服务的正确方向，形成三者之间的良性循环。目前，在高职院校中既存在社会服务滞后的现实，又存在着社会服务冲击教学与科研的现象。

（5）评价机制

评价机制要求科学研究不仅要出成果、出高档次的论文，更要注意发挥科技潜力，把科技成果转化为现实生产力。要把是否推动经济发展和社会进步，作为评价科研水平高低的一项重要指标，把科研成果产业化、社会化作为衡量科研质量的重要标尺。

（6）分配机制

分配机制的主要内容包括：一是经济激励。社会服务所创造的经济效益，社会服务参加者根据其实际贡献大小按一定的比例提成。二是技术入股。高职院校创办的企业，教学科研人员可以用专利或技术参与分配。三是科技人员利用社会服务途径领办、承包、创办科技型企业和文化实体等，要根据效益自主分配。四是科技人员社会兼职的收入，学校应予以承认并给以支持。

（7）管理机制

管理机制的核心是加强统筹。要把社会服务纳入学校工作的重要议程，由学校领导主管，由一名校领导专抓或兼抓社会服务工作。学校要定期不定期地研究社会服务工作，校党委也要加强对社会服务工作的领导。学校要设立全校性社会服务管理的职能部门，或由有关职能部门代理执行全校社会服务的管理。

（8）自我发展机制

高职院校开展社会服务不是权宜之计，而是长久的事业，高职院校社会服务必须有长远打算，制定战略规划。因此，要提留发展基金，建立滚动发展机制。学校、教学科研单位的社会服务收入可按一定比例留作社会服务或创业基金，用于支持、鼓励、发展本单位的社会服务工作，使其形成良性的滚动发展局面。

（二）高职院校社会服务的基本框架和目标

随着高等教育与社会经济的联系日益密切，经济发展的区域化促使高职院校的发展与区域经济相适应。美国威斯康星大学校长范·海斯指出：“服务应该是大学唯一的理想。”当今时代，大学服务于社会的职能已发生质的变化，地方高职院校服务区域社会发展的外延正在逐渐扩大，因此，应适应区域社会发展的需求，努力成为区域社会发展的知识库、人才库、助推器。

1. 高职院校社会服务基本框架

高职院校社会服务主要包括以下几个方面：

（1）人才培养、培训服务

适应经济建设的需要，为社会培养各级各类人才是高职院校的第一大任务，也是高职院校社会服务的中心内容。高职院校应通过对社会人才需求的预测，积极主动地适应社会的人才需求，在确保教育质量的前提下，根据不同的培养目标、时间，灵活采用不同的教学大纲、教学计划和培训模式，发挥自身的优势和特色，充分挖掘潜力，采取切实措施，满足社会经济建设和社会发展的人才需求。

（2）科学研究服务，将产学研结合

随着科学技术的迅速发展及其在社会经济增长、结构优化、质量提升中起着重大的作用，科研服务在高职院校社会服务的总体格局中占有越来越重要的地位

（3）信息服务和物质资源服务

信息服务主要是指信息搜集、整理、加工、传播、交流、运用等方面的服务，在高职院校社会服务的总量中占有相当大的比例。与科技服务相比较，信息服务具有服务面广、服务形式灵活、受条件制约性弱等特点。

2. 高职院校社会服务机制构建的基本目标

高职院校社会服务机制构建的基本目标是在高等教育发展规律、科学技术发展规律、市场经济发展规律的共同制约下，建立以市场调节为主，政府行政调节为辅，高职院校主动服务，区域社会积极依靠的高职院校与区域社会的双向互动、良性循环、充满生机活力的高职院校社会服务机制。

（三）高职院校社会服务基本平台构建

一是面向地方社会经济发展的需求，培养高素质应用型人才。这既是高职院校培养人才职能的实现，也是服务于社会的最基本、最主要的形式和内容。要做到源源不断地为当地输送社会需要的合格人才，使培养的人才在地方经济建设和社会发展中下得去、留得住、用得上，就需要高职院校时刻掌握地方经济建设和社会发展的趋势，不断调整专业设置与教学内容，着力培养学生的实践能力、运用知识解决实际问题的能力和社会适应能力。

二是结合地方社会经济发展，开展科学研究和技术创新，努力成为区域科技创新中心和技术推广中心。高职院校要善于发挥在发展过程中形成的学科优势和科研优势，在科研工作定位上，要以面向地方，开展应用研究，推进技术、方法创新为导向，以推动区域经济和社会发展为目标，主动与地方政府、企业联手，促进产、学、研结合，促进科研成果转化，在服务与贡献中获得自身更大的发展。高职院校还应进一步组织广大教师和学生走进企业、走进农村、走进社区，

推广实用科技，促进科技成果的应用。

三是面向社会开展教学服务，成为区域内重要的人才培训中心。我国普通高等学校多年来一直承担着成人教育的任务，但以前多以学历补偿教育为主，所授课程与社会经济发展联系并不紧密。高职院校开展教学服务，要在实用技术技能培训、企事业订单式委托培养、区域内居民文化素质提高等方面取得实效。

四是开展多种形式的信息咨询服务，成为区域信息咨询服务中心。高职院校拥有丰富的信息资源，图书馆、网络信息中心等应承担起面向社会、服务于社会的任务；而各学科领域的专家、教师包括学生也应努力面向社会，开展决策、管理、技术等方面的咨询服务。

五是向社会开放，与社会共享资源，成为区域资源中心。传统的大学是高墙深院，与墙外的世界泾渭分明，不相交融；而现代大学，特别是以服务区域为职责的地方院校应当向社会开放，与社会融为一体。高职院校许多资源都可以适当向社会外开放，如图书馆、实验实训中心、电教中心、计算中心、体育馆等。

（四）高职院校社会服务平台构建的措施

1. 大力提升高职院校社会服务能力

首先，应转变科研观念，紧紧围绕经济建设，加强应用技术研究，把生产的难点、热点问题作为科研的重点，切实为经济社会发展提供科技支撑。教师要从经院式的科研思维中解脱出来，密切联系生产实际进行科研工作。

第二，应重点抓好技术创新。要站在当今农产品生产和加工的科技前沿，为社会提供技术成熟、科技水平高、可转化的实用技术，直接满足经济社会发展的需要，为社会和企业带来直接的经济效益，发挥高职院校科教兴国主力军的作用。

第三，要树立教学和科研同等重要的办学理念。教学离不开科研，教学与科研密不可分。没有科研支持的教学，就培养不出理论联系实际、实践动手能力强的创新人才；没有大量鲜活的科研材料、科技成果作为基础，教材和教学内容不能及时更新，教师的科研能力和教学水平难以提高，教授重复陈旧的知识，就培养不出具有创新思维、创新能力的学生。因此，要大力鼓励教师承担科研任务。

第四，要创造有利于科技创新的政策环境，稳定科研队伍，鼓励教师走出校门，走向社会，理论联系实际，了解社会和生产的需要，根据生产的需要确立科研课题。鼓励教师承担企业的科研任务，密切教师与生产的联系，增强科研的针对性和应用性。

2. 建立有利于社会服务职能拓展的体制机制

总体而言，目前高职院校还没有将拓展社会服务职能提上重要的议事日程，学校还缺乏有效地促进社会服务职能拓展的体制机制。要履行好社会服务职能，高职院校必须建立相应的体制机制。

（1）学校成立社会服务工作专门机构，将社会服务工作列入学校的规划、计划，并保证必要的经费支持。学校应建立社会服务工作领导小组和社会服务工作处（中心），统筹规划和具体实施学校的社会服务工作。

（2）对教师履行必要的社会服务职责提出明确要求、做出明确规定，将开展社会服务工作的情况纳入干部教师考核指标体系，建立社会服务工作激励机制，奖励社会服务成绩优异的人员。

（3）结合专业教学和专业实习实践，组织多种形式和内容的学生社会服务活动，培养学生的社会服务意识和能力。

3. 将社会服务绩效评价的原则作为基本制度

如何验证高职院校服务社会的绩效，以达到“以评促改，以评促建”的效果，使之成为一种长期、自觉的服务目标模式，答案便是认真、科学、有效地组织开展高职院校社会服务绩效评价，建立科学的评价指标体系。这项工作具有十分重要的意义。

由于高职院校社会服务职能本身的特点，开展高职院校社会服务绩效评价工作也应有相应的办法。我们认为，应坚持以下原则：自评与他评相结合原则；质与量相结合原则；评价与建设相结合原则；总结性评价与形成性评价相结合原则；定量评价与定性评价相结合原则。为此，要通过采取一定的激励措施，建章立制。

（1）自评与他评相结合原则

评价是一种度量，必须具有尺度。任何事物的评价不存在绝对尺度，只存在相对尺度，即尺度仅存在于评价对象之中。现在高职院校社会服务绩效评价体系还未规范，社会服务活动向纵深发展还缺少必要的条件，人们的意识观念还未真正落实到全面素质的培养上来，因此，要加强高职院校社会服务绩效的评价工作，发挥其导向功能和诊断功能，使被评学校注重增强社会服务职能的工作，并由被动性评价逐渐转变为主动状态评价。这就需要评价者与被评价者对评价的目的有一致的认识，自评是自我诊断、自我激励、自我调节、自我完善的过程；他评则是通过他人和外在的比较、鼓励和导向，从而促进评价指标体系日趋完善的过程，两者有着内在的一致性。

（2）质与量相结合原则

量能反映一定的质，而质是量的基础，评价工作力争达到质和量的统一。在实际工作中却存在一些问题：如学校每年出了不少科技成果、论文专著，从总量上讲是提高不少，但真正能结合实际、解决社会实际问题、体现经济效益和社会价值的成果不多，最后也只有束之高阁；服务内容丰富但不扎实；高职院校的物质资源不少，但社会利用率不高。因此，在考虑量的同时，还要注重质的提高。

（3）评价与建设相结合原则

评价是自我建设的过程，更是自我完善的过程，通过严格有效的考察测评，整理出评价报告，与被评对象的领导进行认真而坦诚的交流，提出合理化建议，指导其整改，达到以评促建、评建结合的目的。

（4）总结性评价与形成性评价相结合原则

总结性评价的内涵重在可检测性，注重服务绩效，判断服务社会活动达到目标的程度，它是对被评对象的肯定和诊断，可起到总结、交流的作用。形成性评价注重服务活动的过程，其内涵重在可分析性。形成性评价注重服务活动的整个过程和各个阶段，客观上起着调节、控制、优化教育过程的功效。要达到高职院校社会服务绩效评价的目的，需要总结性评价与形成性评价相结合，而且这种结合应是在总结性评价的基础上进行过程评价。

（5）定量评价与定性评价相结合原则

在高职院校社会服务绩效评价系统中，有一些特征、属性具有明确的数量概念，另外一些特征、属性则不具有明确的数量概念，而是模糊的、不确定的。对前者需进行定量评价，对后者则需要定性评价。不能认为只有定量的评价才有可测性，才能准确客观地进行评价，而定性评价指标不具有可测性，不能准确客观地进行评价。因此，在定量评价的过程中，不能过分注重定量的要求而忽视定性的判断。

评价指标体系设计要遵循科学性、简易性、可操作性原则，要利用专家咨询来确定被评价因素，筛选主要因素和确定重要性系数。

4. 建立合理、良性的社会服务系统

（1）建立专门针对社区或社会服务的强有力的领导班子

该领导班子一般包括校长、政府官员、学院院长或系主任、教师和学生。校长的主要职责是制定公共服务的纲领；政府官员的作用在于促进有关政策的实施，提供资金支持；院长或系主任的任务在于确定合作机构的人员以及制定有关方案的实施标准；教师代表主要在于加强公共事务活动的影响力，做好参谋；学生代表则经常是作为个人而不是作为有潜在或现实影响力的群体起作用。

（2）创建社会服务机构

该机构一般由教师、研究者和社区成员组成，其中既包括知识的生产者，又包括知识的潜在运用者。通过知识的生产者和运用者的结合，有助于产生公众需要的知识。与一般机构相对应，该机构的主要功能在于使知识更切合社区及公众的实际需要，使社区成员能更好地熟悉和掌握研究者的研究成果，并迅速实现其价值。另外，该机构可将社会及公众的实际需要的信息带入校园，为学生、教师和研究者带来新视野、新观念，并有助于学习和创造社会所需要的新知识、新成果。

（3）建立和社区的合作伙伴关系

通过合作，大学和社区能够共同去完成任何单独一方都不能完成的工作。大学与社区的合作形式有多种。其中包括合作研究、教育培训、协商问题、技术指导；制订合作计划，协调双方活动，对项目效果进行评估。大学和社区的合作伙伴关系对于大学、社区双方来说都有好处，对于社区来说，合作伙伴关系可给予他们建议和技术指导，获得学生和专家的帮助，利用大学的智力资源及设施促进社区的发展。

（4）制定相关政策，以保证社会服务的实施

高等学校具有科学研究、人才培养、社会服务、文化传承等功能，作为高等教育一部分的高等职业教育，既具有高教性，又具有职业性。当今社会，随着社会经济的快速发展，提升高等职业院校的社会服务能力是一项紧迫而艰巨的任务。我国高等职业院校要借鉴发达国家高职院校的做法，在认真落实《高等教育法》和《职业教育法》的前提下，制定经费投入、师资队伍建设、内部分配、奖惩措施等相关政策，以确保高职院校的社会服务能力有大幅度提升。

第二章　区域物流发展理论

一、物流概述

（一）物流的相关知识

1. 物流的产生与发展

众所周知，人类社会的经济活动主要包括三个重要环节，即生产、流通和消费。其中，流通是联系生产和消费的中间环节。商品的生产到商品的消费是解决商品所有权问题，这是“商流”；同时，要实现商品空间位置的转移，这就是所谓的“物流”。

19 世纪末 20 世纪初，美国的经济发展进入了大量流通时代，开始出现实物配送。

所以，物流最早应该出现于美国，PD 就是英语“Physical Distribution”（实物分配、销售物流）一词的缩写。1935 年，美国销售协会分析了 PD 一词的概念，表述为：物流是包含于销售之中的物质资料和服务从生产地到消费地流动过程中伴随的种种经济活动。

在第二次世界大战中，美国根据战争供应的需要，建立了战争“后勤”理论，运用到战时的物资运输、补给、屯驻等管理活动中。此时的“后勤”主要是指将战时物资装备的生产、采购、运输、配给等一系列活动作为一个整体进行运作，以保证以最低的费用、最快的速度、最好的服务为作战部队提供最好的后勤保障，争取战争的最后胜利。

战后，后勤理论被引入社会经济活动领域，人们称之为“工业后勤”“商业后勤”。这时，“后勤”包括商品生产和流通过程的物流。从此以后，物流的概念在全世界被迅速推广并广泛使用。

20 世纪 50 年代，日本从美国引进物流的概念，将之译为“物的流通”，后日本学者平原直又首次用“物流”取代“物的流通”，并发展完善了物流的科学研究和实践。中国最早引进“物流”一词是在 1979 年，当年 6 月中国物资经济学会代表团参加在日本举行的第三届国际物流会议，代表团回国后在《国外物流考察报告》中第一次把日本的“物流”名词引入中国。

20 世纪 60 年代，世界各国都高度重视物流业的发展，特别是进入 21 世纪，随着现代物流业的快速发展，现代物流业已成为经济发达国家国民经济的重要组成部分，成为国民经济发展中的主导产业。德国、日本、美国等国家已成为世界上物流业发达的国家。近些年来，中国物流业的发展也开始得到国家部委和地方政府的高度重视，国家部委和地方各级政府相继出台了支持现代物流业发展的相关政策，相信在未来一个时期内，中国现代物流业的发展会进入一个前所未有的黄金发展时期。

2. 对于物流概念的不同定义

对于物流概念的理解，由于不同的国家和地区经济发展水平和物流发展的背景的差异，存在多种说法，下面是不同国家和不同阶段具有代表性的主要观点：

（1）日本通产省物流调查会 20 世纪 60 年代的定义

“物流”是制品从生产地到最终消费者的物理性转移活动。具体是由包装、装卸、运输、保管以及信息等活动组成。

（2）美国物流管理协会 20 世纪 80 年代的定义

“物流”是将原材料、半成品及产成品由生产地送达消费地的所有流通活动。其内容包括用户服务、需求预测、情报信息联系、物料搬运、订单处理、选址、采购、包装、运输、装卸、废弃物处理及仓储管理。

（3）美国物流管理协会 20 世纪 90 年代的定义

“物流”是为满足消费者需求而进行的对原材料、半成品、最终产品及相关信息从起始地到消费地的有效流动与存储的计划、实施与控制的过程。

（4）我国对物流的定义

我国对物流的定义是 2001 年 8 月 1 日起正式实施的由国家质量技术监督局发布的《中华人民共和国国家质量标准物流术语》，其中规定：“物流是物品从供应地向接收地的实体流动过程。根据实际需要，将运输、储存、装卸、搬运、包装、流通加工、配送、信息处理等基本功能实施有机结合。”

3. 物流的一般类型

由于物流的对象不同、目的不同、范围不同，通常有下列不同类型的物流。

（1）宏观物流

宏观物流是指社会再生产总体的物流活动，是从社会再生产总体的角度定义的大物流。

（2）微观物流

消费者、生产者和企业所从事的实际的、具体的物流活动属于微观物流。在整个物流活动中，其中的一个部门、一个环节的具体物流活动属于微观物流，而在一个小地域空间发生的具体的物流活动也属于微观物流。

（3）社会物流

社会物流是指超越一家一户的以一个社会为范畴，以面向社会、服务于社会为目的的物流。

（4）企业物流

企业物流是从企业角度研究与之有关的物流活动，是具体的、微观的物流活动的典型领域。企业物流包括：采购物流、生产物流、销售物流、回收物流及废弃物物流等。

（5）国际物流

国际物流是现代物流系统发展很快、规模很大的一个物流领域，国际物流是伴随和支撑国际经济交往、国际贸易活动和其他国际交流所发生的物流活动。

（6）区域物流

相对于国际物流而言，一个国家范围内的物流、一个城市的物流和一个经济区域的物流，都处于同一法律、规章、制度之下，都受相同经济、文化及社会因素的影响，都处于基本相同的经济发展水平和物流发展环境之中。

（7）特殊物流

特殊物流是指特定范围、专门领域、特殊行业，在遵循一般物流规律的基础上，带有特殊制约因素、特殊应用领域、特殊管理方式、特殊劳动对象、特殊机械装备等特点的物流。

当然，物流分类还可以按照相关领域进行，例如商贸物流、港口物流、医药物流等。

4. 物流的效用

（1）时间效用

“物”从供给者到需要者之间有一段时间差，改变这一时间差而创造的价值，称为“时间效用”。物流创造时间效用的形式有以下几种：

① 缩短时间创造效用

缩短物流时间，可产生诸多方面的好处，例如，可以减少物流损失、降低物流消耗、提高物的周转率、节约资金等。马克思从资本的角度早就指出过：“流通时间等于零或越接近于零，资本的职能就越大，资本的生产效率就越高，它的增值空间就越大。”

② 弥补时间差创造效用

在经济社会中，我们会发现，部分商品（特别是农产品）需求和供给之间普遍存在时间差，例如，粮食、水果、蔬菜等农作物的生产、收获有既定的季节性和周期性，这就决定了农作物的产出集中在某一时间段，但是人们的消费是无季节的，因而供给和需求不可避免地会出现时间差。怎样弥补生产与需求的时间差，通常的做法是对集中产出的商品进行储存、保管，以满足消费的无季节性的需要。这种通过物流活动（仓储活动等）克服了季节性生产和经常性消费之间的时间差，解决了商品限时生产和消费需求无时间要求之间的矛盾。这就是物流的时间效用。

③ 延长时间差创造效用

尽管加快物流速度、缩短物流时间是普遍规律，但是，在某些具体物流过程中也存在人为地、能动地延长物流时间来创造商品效益的现象。例如，囤积居奇便是人们有意识地延长物流时间、延长商品的销售时间，以提高商品的销售价值，创造商品的时间效用。

（2）场所效用（空间效用）

“物”的供给者和需要者往往处于不同的场所，由于改变这一场所的差别而创造的效用，称为“场所效用”，也称为“空间效用”。物流创造场所效用是由现代社会产业结构、社会分工所决定的，主要原因是商品在不同地理区域具有不同的价格（一般情况下，集中产出地商品价格较低，集中需求地商品价格较高），通过物流活动（运输、配送等）将商品由低价值区转移到高价值区，便可获得场所效用或者空间效用。

（3）形质效用

流通加工是生产领域常用的手段，并不是物流的既有职能。但是，现代物流的一个重要特点就是根据自身的资源优势对流通领域中的商品从事一定的辅助性加工活动，这种加工活动不是创造商品的使用价值，形成商品的主要功能，而是带有完善、补充、增加品质、完善包装等的流通加工活动，这种活动可能会形成商品的形质效用（例如完善商品的使用功能和品质，提高商品的价值）。

5. *物流的相关理论学说*

物流的相关理论学说较多，下面是主要的一些学说内容：

（1）“第三利润源”学说

“第三利润源”的说法出自日本。第三利润源是对物流潜力及效益的描述，认为物流作为“经济领域的黑暗大陆”虽然没有被完全发现，但经过几十年的实践探索，人们发现物流领域绝不会是一个不毛之地，应该是一片富饶之源，尤其在经历了 1973 年的石油危机之后，物流“第三利润源”的学说已经得到证实，越来越多的企业重视物流“第三利润源”学说，大力发展物流业，提高企业经济效益。

（2）物流的“黑大陆”学说

“黑大陆”学说主要是指尚未认识、尚未了解的区域，在黑大陆中，如果理论研究和实践探索照亮了这块黑大陆，那么摆在人们面前的可能是一片不毛之地，也可能是一片宝藏之地。“黑大陆”学说是对20世纪中经济学界存在的愚昧认识的一种批驳和反对，指出在市场经济繁荣和发达的情况下，无论是科学技术还是经济发展，都没有止境。“黑大陆”学说也是对物流本身的正确评价，即这个领域未知的东西还很多，理论与实践皆不成熟，需要后人不断地探索物流，发现更多的物流奥秘，为社会创造更多的财富。

（3）物流的“冰山”学说

“物流冰山学说”理论由日本早稻田大学的西泽修教授在1970年提出的，是指人们对物流费用的认识还不够，一般在财务报表中，人们只注意到企业公布的财务统计数据中的部分物流费用（比较明显的），而这只是物流成本的一部分，有很大数量的物流费用是不可见的，我们只看到“冰山一角”的可见部分成本，还有大部分物流成本隐藏在水下。

（4）“效益背反”学说

“效益背反”是指在物流系统中的功能要素之间存在着损益的矛盾，也即物流系统中的某一个功能要素的优化和利益发生的同时，必然会存在系统中的另一个或另几个功能要素的利益损失，这是一种此涨彼消、此盈彼亏的现象。“效益背反”是物流领域中很普遍的现象，它要求我们在进行物流运作时，不能只考虑物流的某一环节，而是要整体考虑，注重物流系统整体的效益结果。

（5）客户“服务中心”学说

“服务中心”学说代表了美国和欧洲一些国家的学者对物流的认识，他们认为，物流活动最大的作用，并不在于为企业节约了资源消耗、降低了成本，而是在于提高物流企业对用户的服务水平，进而会提高物流企业的生产竞争能力。尤其在现代物流中，由于物流是典型的社会服务行业，重视物流的客户服务，就会提高物流行业的发展水平，促进物流业的发展。在为客户做好服务工作的同时，实现物流业与客户的双赢与发展。

（6）物流“战略”学说

这是当前非常盛行的说法。实际上，学术界和产业界越来越多的人已逐渐认识到，物流更具有战略性，它应是企业和社会发展的战略，而不仅仅是一项具体的操作性活动。这种学说把物流定位在社会发展的战略层面。这对于现阶段发展现代物流业，促进国家、区域现代物流业的发展具有很高的的战略指导意义。

（二）现代物流

现代物流是相对于传统物流而言的。不同的学者从不同的角度对现代物流展开了研究，由此产生了各种不同的理解。一般认为，现代物流是在传统物流的基础上，应用先进的信息技术手段，即运用计算机信息网络，结合多种物流信息技术（EOS、POS、EDI、RF、GIS、GPS 等）对物流活动进行高效管理，提高的物流的运作效率，实现物流功能的有机结合的物流活动。现代物流可以提高物流过程运作的准确率，降低库存量，有利于物流成本的下降，实现物流的增值效应。因此，现代物流是一个集成化、系统化、综合化和一体化的服务概念，涉及多部门、多行业，是跨地域的社会物流大系统。现代物流强调两点，一是追求降低成本，追求物流效益，实现社会物流资源的优化配置；二是注重环境保护，追求社会效益，实现经济社会可持续发展。

1. 现代物流的特点

现代物流作为现代社会发展的一个重要组成部分，对于促进国家经济的快速发展具有十分重要的作用。概括起来，现代物流具有以下特点：

（1）物流系统化

现代物流不是运输、仓储、配送等活动的简单叠加，而是通过彼此的内在联系，在共同目标下形成的一个系统，构成系统的功能要素之间存在着相互作用的关系。在考虑物流最优化的时候，必须从系统的角度出发，通过物流功能的最佳组合实现物流整体的最优化目标。局部的最优化并不代表物流系统整体的最优化，树立系统化观念是搞好现代物流管理，开展现代物流活动的重要指导思想。

（2）追求物流总成本最小化

现代物流管理追求的是物流系统的最优化，在成本管理上体现为要实现物流总成本的最小化，物流总成本的最小化的是物流合理化的重要标志。传统的管理方法会关注某一项或几项物流活动成本的最小化，而忽视了物流总成本最小化的原则，忽视了个别成本与物流总成本之间的关系。

物流要素之间存在着二律背反关系，现代物流管理在控制物流总成本的时候正是基于这种关系的存在。所谓“二律背反”（或效益背反）是指一个部门的高成本会因其他部门成本的降低或效益的提高而相互抵消的这种相关活动之间的关系。

从系统的观点看，构成物流的各功能之间明显存在着效益背反关系。比如，减少仓库设施的数量可以节省仓储保管费用，但是，会加大运输距离和配送频率从而使运输、配送费用增加，有可能使物流总费用水平不但没有降低反而提高；又比如，采用高速运输会增加运输费用，但是，由于运输的迅速化会使库存量降低，从而节省了库存费用和保管费用，最终导致物流总费用的降低。

（3）物流信息化

现代物流可以理解为物资的物理性流通与信息流通的结合，信息在实现物流系统化，实现物流作业一体化方面发挥着重要作用。传统物流的各个功能要素之间缺乏有机的联系，对物流活动的控制属于事后控制。而现代物流通过信息技术将各项物流功能活动有机地结合在一起，通过对信息的实时把握控制物流系统按照预定的目标运行。物流企业准确地掌握信息（如库存信息、需求信息），可以减少低效率、低增值的物流活动，提高物流的动作效率和物流服务的可靠性。

（4）物流手段现代化

物流手段现代化是指在现代物流活动中，物流企业广泛使用先进的运输、仓储、装卸、搬运、包装以及流通加工等手段提高物流效率。运输手段的大型化、高速化、集装化、装卸搬运机械的自动化、包装的单元化、仓库的立体化、自动化以及信息处理和传输的网络化等为开展现代物流活动提供了基本条件。

（5）物流服务社会化

在现代社会，现代物流业得到了充分发展，物流业已呈现社会化的特点。企业物流需求通过社会化物流服务满足的比重在不断提高，第三方物流（专业化物流）形态成为现代物流的主流，第三方物流在社会中发挥越来越重要的作用。物流社会化特征已开始显现。

（6）物流信息化

有人说，现代物流是信息化物流。现代信息技术、通信技术以及网络技术广泛应用于物流的诸多环节，物流部门与其他相关部门之间、不同物流企业之间的物流信息交换传递和处理也需要物流信息，以保持实体物流与信息流的高度统一以及对物流信息的实时处理，大大提高现代物流的运作效率和经济效益。

（7）物流快速反应化

在现代物流信息系统、作业系统和物流网络的支持下，物流适应需求的反应速度加快，物流前置时间缩短。及时配送、快速补充订货以及迅速调整库存结构的压力在加大，因此，实现物流快速反应化，可以满足现代物流的及时性内在要求，适应现代物流业的快速发展。

（8）物流网络化

随着生产和流通空间范围的扩大，为了保证产品高效率分销和材料的及时供应，现代物流需要有完善、健全的物流网络体系。从采购物流开始到最终的回收物流，物流形成了一个庞大的供应链，构成了一张覆盖范围广泛的物流网络。物流网络上点与点之间的物流活动保持着系统性、一致性，这样可以保证整个物流网络有最优的库存总水平及库存分布，实行现代物流横向和纵向的有效连接，形成快速灵活的物流通道。

（9）物流柔性化

随着消费者需求的多样化、个性化，物流需求呈现出小批量、多品种、高频次的特点；同时，客户对于现代物流的要求在不断提高，如何更好地满足客户需求，提高物流服务的有效性，从事物流行业的管理者必须根据市场的变化，采取灵活的措施，进行柔性管理，以满足现代物流客户的个性化需求。

2. 现代物流的构成要素

现代物流是指原材料、产成品从起点至终点及相关信息有效流动的全过程。它将运输、仓储、装卸、加工、包装、配送、信息等方面有机结合、形成完整的供应链，为用户提供多功能、一体化的综合性服务。现代物流业是一个新型的跨行业、跨部门、跨区域、辐射性强的复合型产业。现代物流业所涉及的国民经济行业具体包括：铁路运输、道路运输、水上运输、装卸搬运及其他运输服务业、仓储业、包装业及流通加工业等。

（1）运输功能

运输是借助一定的运输工具（汽车、火车、轮船等），按照一定的运输线路，实现货物空间移动，克服商品生产和商品需要的空间矛盾的活动。

运输是物流的两大支柱之一，也是物流系统的一个重要功能。在物流过程的各项活动中，运输起着很大作用，它能有效实现商品空间位置转移。因此，选择合适的运输手段对于提高物流效率具有十分重要的意义。物流企业在选择运输手段时，必须权衡运输系统要求的运输服务和运输成本，可以将运输机具的特性和被运输商品的数量、特性作为判断的基准，综合考虑运费、运输时间、频度、运输能力、货物的安全性和时间的准确性等，以最少的运输成本，实现最大的运输效率。

（2）仓储功能

在物流系统中，仓储和运输是同样重要的构成因素，也是物流的两大支柱之一。仓储是指在社会再生产的过程中，商品暂时离开直接生产过程和消费过程而处于暂时停滞状态。仓储功能包括对进入仓储设施的货物进行入库、在库和出库管理等一系列活动。仓储的重要作用主要体现在三个方面：一是能完好地保证货物的使用价值（保证商品不改变质量和性能）；二是将货物进行仓储，延长商品的销售时间，实现商品的时间效用；三是可以对商品的供给情况进行调剂，起着“蓄水池”的作用，以随时满足市场的突然需求变化。

（3）包装功能

对于物流领域中的包装，《物流术语》是这样定义的：“包装是在物流过程中保护商品、方便运输、促进销售，按一定技术方法采用的容器、材料及辅助物等的总体名称，也指为了达到上述目的而采用容器、材料及辅助物的过程中施加一定技术方法等的操作活动。”

包装的首要功能是为了保护商品，其次，可以方便储运、促进销售。一般采用适当的材料、容器等，使用一定的技术方法，对物品包封并予以适当的装潢和标志的操作活动。包装的概念是把包装的物质形态和盛装商品时所采取的技术手段和工艺操作过程连为一体。包装层次包括个装、内装和外装三种状态：个装是到达消费者手中的最小单位包装，是对产品的直接保护状态；内装是把一个或数个个装集中于一个中间容器的保护状态；外装是为了方便储运，采取必要的缓冲、固定、防潮、防水等措施，对产品的保护状态。包装分工业包装和商品包装两种。工业包装的作用是按单位分开产品，便于运输，并保护在途货物。商品包装的目的是便于最后的销售。物流中包装强调的是方便商品运输，提高运输效率。

（4）装卸搬运功能

装卸搬运功能是指在同一地域范围进行的、以改变物品的存放状态和空间位置为主要内容和目的的活动。装卸搬运功能是整个物流活动不可缺少的组成部分，是随运输、仓储和配送等活动而产生的物流活动，是经常发生的，它作为各个物流过程的衔接环节，是物流运行的必不可少的重要组成部分。如货物的装上卸下以及货物的入库上架、出库下架等。装卸作业的典型形式是集装箱化和托盘化，使用的装卸机械设备有吊车、叉车、传送带和各种台车等。

（5）流通加工功能

流通加工功能是在物品从生产领域向消费领域流动的过程中，为了促进产品销售、维护产品质量和实现物流效率化，根据客户的要求和物流的需要，改变或部分改变商品形态的一种非生产性加工活动。流通加工是流通中的一种特殊形式，其目的是克服生产加工的产品在形质上与客户要求之间的差异，或者是方便物流提高物流效率。它是物流活动中的一项重要的增值服务，也是现代物流发展的一个重要趋势。流通加工可以克服生产和消费之间的分离，从而更有效地满足消费需求。这是流通加工功能最基本的内容。流通加工可以提高加工效率和原材料利用率，提高物流效率。流通加工的内容有装袋化、定量化小包装、拴牌子、贴标签、配货、拣选、混装、刷标记等。

（6）配送功能

配送是按客户的要求进行货物配备送交客户的活动（其流程如图 2－1 所示）。配送是一种直接面向客户的终端运输，客户的要求是配送活动的出发点。

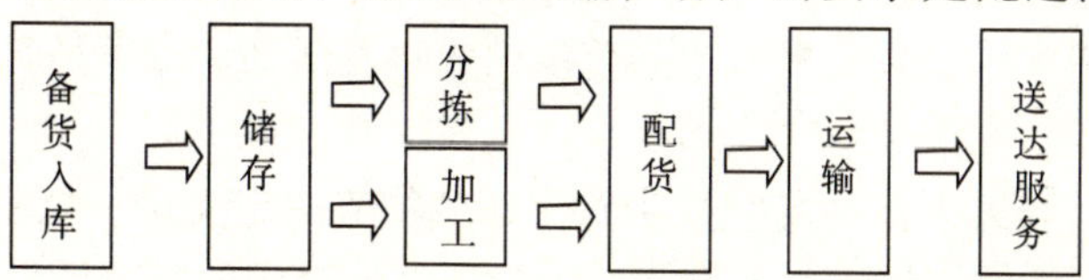

图 2－1　配送流程图

配送的实质是送货，它以分拣、配货等理货活动为基础，是配货和送货的有机结合形式。配送功能的设置，可采取物流中心集中库存、共同配货的形式，使用户或服务对象实现零库存，依靠物流中心的准时配送，而无须保持自己的库存或只需保持少量的保险储备，以减少物流成本的投入。合理配送是现代物流的一个最重要的特征。

（7）信息服务功能

现代物流是需要依靠信息技术来保证物流体系正常运作的。物流系统的信息服务功能，包括进行与上述各项功能有关的计划、预测、动态（运量、收、发、存数）的情报及有关的费用情报、生产情报、市场情报活动、财物流情报活动的管理，要求建立情报系统和情报渠道，正确选定情报科目和情报的收集、汇总、统计和使用方式，以保证其可靠性和及时性。

二、区域物流

（一）区域物流概述

1. 区域物流的含义

当前，我国经济发展势头良好，在全球经济不景气的情况下，我国的 GDP 增长率多年保持在 8% 左右，中国在世界经济中的地位不断上升，2010 年已超过日本，成为世界第二大经济体。但我们要清醒地看到，我国的经济发展还存在诸多问题，尤其是区域经济发展水平差异较大，区域经济不平衡的现象较为明显。为进一步提高我国的综合竞争力，提升我国的经济地位，必须加快欠发达地区的经济发展，缩小区域间的发展差异。

从国内外发展来看，区域物流产业是区域经济的重要组成部分，是区域经济形成与发展的重要因素之一，在当前我国区域经济发展不平衡的客观环境下，要研究区域物流发展模式，提高地方政府和物流企业对区域经济和区域物流关系的正确认识，选择适合本地区发展的区域物流产业发展模式，促使物流企业在区域范围内的深度合作，壮大区域优势产业，建立高效的企业物流体系，赢得更好的经济效益和社会效益。这是我国区域经济发展过程中亟待解决的、极为重要的理论课题和现实问题。

目前，关于区域物流，国内外都没有统一的定义，但都认为其具有“经济区域”的属性，研究的是特定区域空间范围内的物流活动。以下是具有代表性的几种观点：

王之泰在《新编现代物流学》中对于区域物流的定义是：“区域物流是特定区域范围内的经济区、城市群、城市、农村等区域范围的物流活动以及它们相互之间的物流活动。这种区域范围可以是国际的、国内的甚至仅仅是城市内部的特定区域。”冯耕中则认为：“一个国家范围内的物流、一个城市的物流、一个经济区域的物流都是区域物流。区域物流关注的重点是国内物流和城市物流。”区域物流的概念一般用于更为广泛的范围，它侧重于城乡之间、城市之间和城市内部、各类开发区以及各个企业之间的从供应者（所在地点）到需求者（所在地点）物品（原材料、半成品、产成品等）的运输与集散一体化的过程。他提出区域物流范畴的目的是，运用区域概念和战略的手法解决有关大范围物流的各种主要问题，从而建立相应的动力机制，为实现区域物流最优化提供机制保证。田海峰在《区域物流论》一书中指出：“所谓区域物流是在一定的区域地理环境中，以大型城市为中心，以区域经济规模和经济结构为基础，实现有效组织与管理，物流活动体系”。

2. 区域物流研究现状

目前对区域物流的相关研究是国内外物流业界探讨的热点，区域物流的主要研究内容有区域物流的规划及政策、区域物流产业发展模式、区域物流基础设施、区域物流信息基础等方面。随着区域物流理论的引入，国内学者在区域物流理论与政策研究上，作出了许多有益的探索。目前，国内对区域物流的研究主要集中在以下几方面：

（1）强调区域物流产业与区域经济发展的相互关系

刘文茹等在《论区域性物流中心的建设》（2001）一文中，结合物流业的发展，探讨了区域物流与区域经济的关系以及区域性物流中心的功能。田海峰教授等在《发展区域物流推动区域经济》（2004）一文中，从区域经济发展与区域产业结构发展的角度，系统分析了区域物流对区域经济活动效率和水平的影响以及对带动区域产业结构升级、形成区域支柱产业的作用。刘秉镰在中国现代物流产业与区域经济发展研究中，探讨了我国现代物流产业与区域经济结构调整与发展的互动关系。李旭宏等在《基于增长极理论的区域物流枢纽城市规划方法研究》（2005）一文中，提出了以物流枢纽城市为中心的区域物流规划思路，并运用增长极理论研究了物流枢纽城市的作用机理和规划原则。林荣清（2004）探讨了区域物流发展规划的理论基础以及在不平衡发展理论基础上的区域物流规划模式。

（2）国外对区域物流的研究方向

主要研究政府法律、法规、政策对于区域物流发展的作用；在经济全球一体化背景下，区域范围内物流节点（配送中心、物流园区等）多元化研究；研究区域物流发展与经济发展、区域经济发展战略的相互关系；研究物流节点、网络的功能、物流服务范围和规划、区域物流发展的评价和优化。国外学者如华盛顿大学的PanosKouvelis和MeirJ. Rosenblatt（2002），研究了区域物流产业发展与区域经济发展的关系。

3. 区域物流相关理论

如何发展区域物流，国内外众多学者提出了一系列有关区域物流的基础理论，主要内容如下。

（1）现代物流理论

现代物流从20世纪70年代开始，随着经济发展，其目标、功能以及涉及领域也在不断变化。现代物流的目标从刚开始强调降低成本、注重局部活动的优化，到后来追求整体经济效益，实现可持续发展。其功能从单纯的满足物流需求转变为创造需求与整合物流，其范围从销售、生产过程中的物流扩展到包含产品的采购、生产、流通、销售、消费和回收的整个过程的管理。因此，现代物流实际是实现整体目标最优化的过程，它将所有的物流要素、环节有机地结合在一起。现代物流的基本观念是“以客户为中心”，强调物流系统功能的最优化，实现最大的“第三利润源”。现代物流具有9个重要的基本特征，即物流目标系统化、物流要素集成化、物流组织网络化、物流对接无缝化、物流信息电子化、物流运作规范化、物流经营市场化、物流管理现代化、物流服务系列化。

（2）区域物流的相关理论

①非均衡发展理论

依据非均衡发展理论的分析框架，由于在某区域，其经济结构以及各产业部门之间存在发展的不平衡性，如何解决区域发展中的经济结构与产业部门发展的均衡性问题。该理论以此为出发点，把区域经济增长的过程被分解为部门的成长过程，并且经济增长的理想路径可以通过部门之间的连锁效应得以实现，达到各产业部门发展的平衡性。先行发展部门的增长效应必须能够有效传递给其他部门，从而使各部门之间的“联动增长”最终上升为经济系统的“均衡增长”。从这个意义上来讲，非均衡发展理论构成区域经济发展过程中战略选择的重要理论基础，从而也为宏观经济系统及区域经济的规划提供基本的理论依据。

而作为区域经济的重要构成部分，区域物流本身是众多产业及部门的一种大融合，区域物流作为经济增长的重要组成部分，依赖于多种关键要素的协调发展及动态演进。从这一点来看，区域物流与区域经济具备系统上的相似性。现实中，区域间的物流系统往往存在发展程度的差异及增长速度的不平衡。这就决定着区域物流规划必须首先立足于所规划区域的物流系统现状，对区域物流的发展模式及方向进行科学定位。在此基础上，单个区域物流系统内部仍然存在着不同部门及单位之间的不均衡性。这就意味着，区域物流规划还须通过统筹安排，实现各个部门或单位之间的“有效联动”，从而最终统一为区域物流的均衡发展。考虑到上述两个方面的原因，将非均衡发展理论应用于区域物流规划同样具备适用性。

② 增长极规划理论

从经济增长非均衡性的现实出发，增长极理论强调“增长极”对实现经济增长的重要性。一方面，经济要素在增长中心的空间集聚形成经济率先增长的极点，并不断吸引周围地区的优势要素向增长极集聚，增长极在区域经济增长中的先导性得以体现；另一方面，要素流动的双向性决定着增长极中所实现的经济增长成果也将通过要素流动有效地传递给周边地区，从而带动腹地经济的增长。

根据增长极理论，区域物流规划必须首先考虑区域之间的物流系统在发展现状和开发潜力等方面存在的地域差异，优先考虑将区位及资源优势明显的区域作为物流规划的“增长极”。在此基础上，具体到增长极的布局问题，要根据规划范围及规划对象的不同规划不同级别的增长极（如广域增长极、市域增长极及区域增长极等），通过主次分明的增长极点在空间上的合理过渡和有效配合，实现区域间物流节点以及区域内物流节点之间的联动性。因此，依据区域物流规划的“增长极原理”，选择区位优势明显的地方作为区域物流发展的重点，以此作为区域发展增长极，从而带动其他区域物流及区域经济的快速发展。

③ 梯度增长理论

梯度增长理论认为，经济增长所依托的各种要素的窄间布局与转移应符合多层次梯度推进的演进趋势。简言之，优势要素应随经济发展和生命周期的演变，逐步由高梯度地区向低梯度地区进行空间转移。这样，经济发展的不均衡性将由于经济要素的梯度转移而不断缩小，区域经济的共同发展得以实现。

考虑到经济发展的非均衡性所引致的物流发展的不平衡，区域物流规划就必须遵循“梯度原理”，发挥区域之间乃至区域内部物流产业的梯度辐射作用。其一，针对具体区域物流发展目标，应首先明确规划区域所处的物流技术梯度，在区域物流规划的功能定位上，既要有效承接来自上一级物流梯度的技术转移，又要兼顾物流技术向下一级物流梯度的及时转移。其二，针对区域内部的物流规划布局，应结合区域内各板块之间的梯度发展现状，首先让有条件的地区先行引进物流新技术，然后逐步向低梯度地区转移，通过区域内部梯度式的物流技术转移与辐射，推动区域物流的持续发展。

④ 点轴增长理论

“点轴增长”模式实现了增长极理论与梯度增长理论的有效结合，从而对区域经济开发的实际指导意义和可操作性大大增强。由于经济增长的非均衡性，区域经济中的大部分优势资源经常集中于增长极上。事实上，由于经济及社会要素的梯度转移，各增长极之间会逐渐形成线状的“增长轴”，同样会辐射及带动周边区域的经济发展。与原有的增长极相结合，点轴式的增长模式带来了经济增长在更大领域内的集聚，也更加符合现实经济的开发模式。

结合点轴式的经济增长理论，区域物流规划发展可以将物流增长极之间的交通和信息脉络作为物流发展轴线，进行点轴式的物流开发模式。物流发展轴线的形成，将使区域物流产业发展更有效地向其他行业辐射，从而带动区域经济均衡发展。

⑤ 优势物流发展理论

区域物流发展一定要结合区域优势产业发展的实际情况，选择区域发展较好的产业作为区域物流发展的突破点，促进比较优势产业的发展，做大做强区域特色物流，增强区域物流的核心竞争力和品牌效应，并以此带动区域众多产业的发展，从而推动区域经济快速发展。

4. 区域物流的特征与发展趋势

目前，国内外对于什么是区域物流这一概念说法不统一，结合众多学者的理论，一般认为，区域物流是指在一定的区域地理环境中，以大中型城市为中心，以区域经济规模和范围为基础，结合物流辐射的有效范围，将区域内外的各类物品从供应地向接收地进行有效的实体流动过程。企业根据区域物流基础设施条件，将公路、铁路、航空、水运及管道输送等多种运输方式及物流节点有机衔接，并将运输、储存、装卸搬运、包装、流通加工、配送及信息处理等物流基本活动有机集成，以服务于本区域的经济发展，提高本区域物流活动的水平和效率，扩大物流活动的规模和范围，辐射其他区域，提高本区域的综合经济实力。

(1) 区域物流的特点

① 资源区域性

区域是一个地域空间概念，在这个地域空间内，资源分布的差异性是形成区域物流的经济基础。区域资源包括自然资源和社会资源。自然资源是天赋的，如土地、山脉、河流、湖泊、海洋、森林、矿产、耕地、水源、日照、风雨雷电等，并非人力所能轻易改变；社会资源指劳动力、资金、经济水平、科技教育、各种知识、经营管理、专门人才、工艺水平、文化习俗、风土人情乃至思想观念等，是在长期历史过程中形成的，各地都有自身的特殊性。每个不同的区域都存在由特定的自然资源和社会资源所构成的空间资源。任何一个国家或地区的空间资源分布都不可能完全等量、均质，因而在现实物流发展的过程中，区域物流就表现出了较大的差异性和多样性。

② 与区域经济的适应性

区域物流与区域经济发展的水平、规模密切相关。区域经济的发展是区域物流的基础，没有区域经济，也就没有区域物流，不同区域经济的水平、规模和产业形态，要求与之相适应的区域物流服务保障，这样才能使区域经济持续、健康发展。

物流服务水平的高低总是与社会经济发展程度相适应的，因此，物流区域的划分主要根据经济发展程度来确定，而经济发展程度又主要考察 GDP（GNP）、人均 GDP（人均 GNP）、国民收入（人均国民收入）、固定资产投资规模、社会消费总水平、劳动生产率等经济指标。在现实经济生活中，经济发展程度相差悬殊的地区将形成各自不同的物流区域，换句话说，就是在一个物流区域内部，物流在不同地方的发展程度是相近的，而不同的物流区域其物流发展程度往往差距很大。区域物流发展水平与发展模式与区域资源状况联系紧密，更与区域经济发展水平和经济结构的发展密切相关。

③ 城市中心性

区域的地理位置及区域中心城市对区域物流的形成具有重要的作用。区域经济的发展，往往受区域地理位置的影响，因此，地理位置是区域经济的基础，也是区域物流的基础。上海、广州、深圳等沿海城市，或北京、武汉、郑州等交通枢纽城市，在物流活动中能发挥极其重要的集散地的功能，因此，客观上具有区域的物流中心的地位。而中心城市，如上海、广州、武汉等，本身又有良好的物流基础设施，长期以来已成为物流活动的关键节点（物流中心），同时，中心城市政府的政策对该区域的产业发展有着积极的支持和引导作用，进而促进了该区域经济的发展及区域物流业的发展。因此，区域中心城市是区域物流业发展的中心。

④ 运输距离的经济性

运输距离的经济性对区域物流的划分具有重要的影响。不论在哪一个区域，在发达、健康的物流市场环境下，区域内的物流企业必然是区域物流组织的主体。因此，从物流企业运作的角度来看，物流企业必然要遵循距离经济性的原理，这就使物流企业运作的范围有一个距离的限制，即如何在最佳的距离范围内实施有效的物流运作，使得物流企业既能向顾客提供优质、满意的物流服务，又尽可能获得更多的利润。区域物流配送的距离一般会围绕区域某核心位置，以一定的经济距离为半径，进行合理的配送服务。

⑤ 区域物流系统的完整性

区域物流内部由于自然资源基础和社会资源现实的不同，形成了自身的物流系统，而且具有一定的完整性。每一个区域物流都追求区域内各种物流活动结构上的合理组合与功能上的互补配套，对区域内外资源进行调剂余缺、优化配置，从而推动区域整体物流的发展，产生任何单一经济组织都无法取得的物流效果。尽管不同区域物流系统的内涵和完整性有所不同，但是区域物流实质上是由区域内各种物流活动相互联系、相互制约而形成的具有自身结构和功能特色的物流系统，换言之，有的区域物流系统完整性可能高一些，有的区域物流系统完整性可能低一些，但都是一定的物流系统。在区域物流中会具备一般物流系统的全部功能。

（2）区域物流的一般构成

区域物流主要由区域物流主体、区域物流客体以及区域物流载体三部分构成。

① 区域物流主体

区域物流主体是指专门为物流市场提供相应物流服务的相关物流组织，包括第三方物流、运输企业、仓储企业等。这些企业不仅可为本区域、跨区域、中心城市、国际物流市场提供综合性、专业化、功能性的物流服务，同时还可以形成多层次、多功能、不同主体性质的现代物流产业群体。

② 区域物流客体

区域物流客体是指物流服务的需求，是区域内的工业、农业、商贸业等产业之间或是企业与消费者之间的物流服务需求。由于区域内产业的集聚与分布的不同，以及市场分布的不同，产业结构、产业间关联的差异，物品种类、流向、流量的不同，因而物流服务需求的方式也不相同。这表现在区域物流产业的功能布局和空间布局上存在着差异，物流服务模式也不同。在此基础上产生了不同的区域现代物流活动的基本模式及不同的区域物流节点类型。

③ 区域物流载体

区域物流载体是指区域内交通基础设施的条件，而这一交通条件是区域物流活动所依赖的必要条件和基础平台。所以，公路、铁路、机场、港口的布局，以及物流网络的合理化，直接影响到区域物流体系的运作效率以及区域物流节点的空间布局。

（3）区域物流的发展趋势

随着世界经济发展低迷状态的持续、信息产业主导地位的确立以及全球化经济的发展，区域物流发展呈现以下趋势：

① 区域物流经营主体多元化

为了更好地发展区域物流，实现多元化、市场化的发展战略，政府将逐步放宽物流法规与政策，促进物流行业之间的自由竞争，以提高区域物流产业的综合竞争力。原来主要由政府投资经营的铁路、公路、港口、航空、管道等物流设施逐步朝民营、股份化方向发展。同时，地方物流企业实行多元化经营模式，鼓励民营实体、外资实体、股份实体多元参与区域物流的经营和管理，以增强物流经营主体的市场活力，促进区域物流的快速发展。

② 区域物流信息化和一体化

现代物流的快速发展必须依靠现代物流信息技术。高效便捷的信息化物流能够促进区域物流效率的进一步发展。物流信息技术包括 POS 技术、EOS 技术、

RD 技术、BC 技术、GIS 技术等。区域信息系统的完善和物流相关环节的信息化水平的提高，将促进区域物流产业运作效率大幅度提高，有利于提高物流的服务水平，提高区域物流的利润，促进区域物流系统的一体化和协同发展。

③ 区域物流绿色化

随着人们环保意识的增强和环保需求的提高，世界各国都在区域规划中重视环境保护问题，高度重视区域绿色物流的发展，大力发展绿色运输、绿色仓储、绿色配送、绿色加工等绿色物流。同时，实施区域绿色物流的发展，既为区域内的居民提供良好的生活环境，又能实现区域物流的可持续发展，并影响区域其他产业的绿色发展意识。

④ 区域物流电子商务化

现代物流业发展到一定阶段，必然需要电子商务的快捷信息平台的支撑，区域物流的发展离不开电子商务的发展，区域物流与电子商务相互促进，共同发展。国外在加快区域物流发展的同时，十分重视区域电子商务的同步发展，加快实施区域物流电子商务化进程。

⑤ 区域物流国际化

区域物流是一个区域内的物流业，但是，不能片面强调在区域内部发展物流业。随着经济全球化的发展，区域物流与外界物流业紧紧联系在一起，发展区域物流不可能与外界失去联系，在经济一体化发展的今天，区域物流的国际化趋势增强，区域物流规划将更加注重对外的开放性和互相间的沟通功能，推动企业国际物流的持续发展。

（二）国内外区域物流发展现状

1. 国外区域物流发展现状

物流业 20 世纪 30 年代起步于美国，纵观几十年的发展历程，国外物流业发展开始进入了一个崭新的发展时期，现代物流业在日本、美国、欧盟等国家和地区得到了快速发展。下面简要介绍日本、欧盟的区域物流的发展现状。

（1）日本区域物流的发展现状

日本物流业虽然起步较晚，但其发展速度很快，已走在世界的前列，使得日本成为现代物流业最发达的国家之一。

日本政府高度重视区域物流业，使得物流产业已成为日本经济发展不可或缺的一部分，并将其置于推动区域经济发展的重要地位。就全国而言，日本《综合物流大纲》首先将物流产业的发展置于国家经济发展的战略高度，提出了三大目标；在 21 世纪初，颁布了《新综合物流施政大纲》，内容包括关于城市物流和区域物流部分，更是为未来区域物流业的发展指明了方向。《新综合物流施政大纲》计划对物流产业进行重新定位；新大纲在原有大纲的基础上，根据经济环境的变化做出进一步的调整和策略推进。

就区域物流和城市物流而言，在“增强国际竞争力，适应世界经济一体化新形势”“构筑高水平的物流系统”“充实物流社会资本”（日本内阁：《新综合物流施政大纲》，2001 年）等相关部分中。有关区域物流未来发展的描述，主要涉及交通体系与物流节点建设与发展、物流发展与环保、区域物流规划、区域物流资本充实等相关内容。

可以说，随着物流产业在日本经济中战略地位的确定，区域物流业同样在区域经济中确立了其战略地位。日本区域物流发展的主要特点是：区域物流发展主要为国家发展战略和区域经济发展服务；区域物流的发展与区域开发战略紧密结合；强调全局性与区域性相结合；选择自上而下的区域物流发展道路；依靠法律和政策推动和保障；融资渠道多样化支持区域物流业；加强相关主体密切合作，为区域物流创造条件；重视现代物流信息技术、标准化、新技术的应用和区域物流发展过程中与区域生态环境保护的统一。

（2）欧洲联盟地区的区域物流业

欧洲联盟自 1992 年加快一体化进程以来，物流业发展迅速，形成新的产业。欧盟各国政府对物流的发展给予高度重视。近年来，在区域物流业发展方面有以下几个比较明显的趋势：

① 区域配送中心、物流中心进一步集中化

由于有了一个共同开放的欧洲市场，近年来，欧盟物流的发展呈进一步集中化的趋势。许多跨国公司将过去分散在各国的多个配送中心、物流中心逐步削减、整合，甚至在欧洲只保留一个物流中心，以进一步减少库存，简化中间环节，加快配送速度，降低总成本，提高物流效益。

② 区域物流园区功能多样化、大型化

在传统的货运中心基础上，区域物流园区通过市场运作的模式，不仅有运输、仓储这类提供传统服务的企业落户，并且有大型的货运代理、联运公司、计算机应用系统开发公司驻扎物流园区，甚至连海关、金融、保险等机构也设立了工作点。物流园区是拥有多种物流设施、多种类型物流企业以及其他与物流相关的公共机构可提供多样化物流服务的场所，由于它们是由货运中心延续发展而来，因此在德国称之为“货运区域”，即我们所说的物流园区。建立物流园区是社会分工进一步细化、降低整个供应链的运行成本、整合利用各种资源、带动区域经济发展的需要。物流园区的基础设施、经营环境、功能作用已经成为评价其所在地区经济发达程度以及是否具有发展潜力的指标之一。

③ 从企业物流到社会物流

物流管理的形成最初是以一个制造企业为核心，研究它的产品生产和销售过程中的材料、零部件以及最终产品的供应、库存和配送问题。由于发现其中有很大的利润空间，于是管理者开始把在传统产品生产中分别隶属于企业内不同纵向管理部门的诸如运输、仓储、包装加工等环节剥离出来，进行一体化管理，从而形成物流管理；之后又发展到企业以及所有与它有关的上游和下游企业之间的供应链管理问题。

可以说，物流管理是把过去潜隐在全部生产过程中的非生产环节和低效率部分从整个过程中剥离出来，形成专门的领域，进行研究和优化运作，以降低总成本，提高全过程的物流效率。特别是进入21世纪以来，在经济全球化的推动下，许多产品在世界范围内协作生产与销售，使商品的经济圈越来越大，供应链越来越长，加上产品生命周期缩短、客户服务的要求提高，以及在物流管理和物流技术中大量高科技从企业走向社会，形成了社会化物流的需求市场和供应市场，促进了物流服务业的发展。目前，荷兰企业中对自己主业以外的业务，自己经营的只占26%，其余74%的业务采取外包；意大利80%的运输业务由企业实行外包，英国有35%的企业实行外购一体化的物流服务。

④ 运输企业向物流服务转化

不论陆运、海运、空运企业，都从不同的运输服务向物流服务转化。如丹麦从事远洋运输的马士基、荷兰的铁行渣华、美国从事航空快递运输的UPS和联邦快递；英国从事公路运输的EXEL公司、荷兰的TNT，等等。这些世界级运输企业，在最近的几年里，都已完成了向物流业的转化，成为各国物流发展的重要力量。从发达国家的情况看，许多成功的第三方物流服务企业也是从运输企业发展转化而来的，但这些企业并不是所有物流业务都自己做，对自己不十分精通的领域也会采取外购。例如铁行渣华擅长海运，它在陆地的物流服务则常常利用其他擅长陆地物流服务的公司来运作。

⑤ 物流市场全球化发展，集中度进一步提高

随着经济全球化的发展，物流市场也呈现全球化的发展趋势。目前在欧洲分布着60%的美国配送中心和50%的日本配送中心。一国的物流中心、配送中心不仅为本国服务，而且为其他国家服务。各国都争取使自己成为本地区的物流中心，以带动其本国的经济发展。例如荷兰政府努力使荷兰的鹿特丹港成为欧洲的物流中心。物流企业兼并重组、大企业强强联合和世界物流市场集中度进一步提高，是物流全球化发展的必然结果。

⑥ 组建区域性物流园区联合会

德国货运中心（物流园区）的发展已经比较成熟，在组织机构上也能体现出这一点。1993年，德国成立了货运中心/物流园区联合会，33个货运中心中有22个是联合会的会员单位，它同时也是欧洲货运中心协会会员。该联合会是所

有会员单位利益的代表，从事物流信息交流、协调合作、咨询服务，同时进行公共关系、市场营销等工作，通过区域性物流园区联合会，加强区域性物流园区的规范管理和有效运作。联合会力求减少政府对区域物流园区的干预，利用自身的自律组织，激发其经营活力，提高经营效益，从而让更多的物流企业在物流园区更好地发展。

2. 我国区域物流发展现状

（1）我国区域物流发展概况

近几年来，随着国家提出“加快现代物流业发展的步伐”，全国各地高度重视现代物流业的发展，区域物流得到快速发展。

在中国区域经济发展比较迅速的地区，政府部门已经认识到发展区域物流对于优化经济结构、改善投资环境和提高地区经济整体竞争力的战略意义，并已着手研究和制定有关区域物流规划与政策。

北京市已经完成了“北京市综合物流系统规划研究”；沈阳市在“十五”规划中全方位融入现代物流；作为华北和环渤海地区重要的经济中心的天津市，把发展现代物流作为调整经济结构的重要措施，并编制了《天津市现代物流发展纲要》；作为全国的经济中心、贸易中心、金融中心以及航运中心的上海市，在《上海市国民经济和社会发展第十个五年计划纲要的报告》中，把现代物流同生物医药、新材料、环境保护列为上海市四大新兴产业，并编制了《上海市现代物流发展规划》；深圳市则把现代物流与高新技术和金融并重，作为跨世纪经济发展目标的三大支柱产业之一，并委托美国盖安德公司作了《深圳现代物流发展策略及交通运输相关政策研究》的咨询报告；山东省政府由省经委牵头，选择一批大型工商企业进行试点工作，总结经验，逐步推广，从启动工商企业的物流需求入手，把优化企业物流管理作为优化产业结构和经济高效运行的战略措施，重组企业物流系统，改变传统物流运作模式，创造物流服务产业化的社会基础条件，同时培育物流企业，提供物流服务，逐步满足工商企业对物流服务的需求，这些举措已取得了明显收益，并涌现出了一批企业物流管理的先进典型。

20 世纪 80 年代以来，随着中国改革开放的不断发展，中国沿海地区经济的逐步繁荣和产业升级，长三角地区、珠三角地区和环渤海地区物流业呈现出欣欣向荣的景象。各地目前正致力于建立区域统一协调的区域物流圈，共同促进区域经济协调发展。

（2）安徽省区域物流发展情况

安徽省地处华东纵深腹地，沿江通海，与最具经济活力的长三角地区对接，内通外畅的综合交通网已逐步形成，并具有承东启西、连接南北的良好经济地理位置。近几年来，安徽省国民经济发展较快，2010 年全省 GDP 达 10000 亿元，同比增幅10%左右。经济的快速发展，给物流业创造了巨大的发展空间，有力地促进了安徽省物流产业的发展。“十一五”期间，安徽省物流总值年均增长保持在20%左右。其发展具有以下特点：

① 综合运输体系基本建成，信息化网络已成雏形。

近几年来，安徽省政府加大交通运输体系建设力度，目前，安徽省已初步形成了公路、铁路、水运、民航和管道5种方式并存的综合运输体系。全省铁路运输里程居华东六省一市首位；公路运输能力居中部地区第二位；水路航运较为发达，长江、淮河两大水系连通全国9个省市，运输能力居中部地区第三位；管道运输从无到有，建成西气东输安徽段主管道和合肥等支线管道；开工建设的成品油及原油管道已达600公里左右。

同时，物流信息技术、网络技术、电子数据交换和现代化通信业迅速发展，相继建立了安徽省国际电子商务中心的徽商网、安徽农网、省烟草公司的电子商务网、合肥海关电子信息网等一批专门从事电子商务的商贸物流信息平台。

② 物流服务方式呈多样化发展

全省已初步规划建设以合肥、芜湖为重点，以蚌埠、阜阳、安庆等为补充的物流园区或物流基地，如合肥现代物流园、芜湖港物流园区、安庆市光彩大市场物流中心等。此外，除由流通企业组建的专业化物流企业（如徽商集团）以外，由传统仓储、运输企业转型而成的初具第三方物流雏形的企业加快发展，如安徽迅捷物流有限责任公司、芜湖港储公司、蚌埠现代物流公司、阜阳汽运集团等。

安徽省主要运输货物包括以粮食为主的农产品、以煤炭为主的能源以及有色金属、石油化工等，其运量大、运距长、物流成本较高。全省现代物流业有力支撑了安徽省各产业的发展，各地区物流业服务与地区产业充分对接。合肥充分发挥综合运输网络优势，以物流园区为载体，基本形成了以机械装备、家电为主的制造业物流；马鞍山、芜湖、铜陵、安庆沿江地区依托黄金水道，发展以港口为主的原材料及机械装备、汽车等物流业；皖北发挥地方资源优势，大力发展大流量的煤炭、农副产品物流。

③ 物流量（货物运输量）增长速度较快

近年来，随着区域经济的整体发展，安徽省物流业取得了长足进步，呈现良好的发展态势。2011年安徽省交通运输、仓储和邮政业增加值587.5亿元，同比增长10%，占GDP的3.9%，占第三产业增加值的12.08%，物流产业成为拉动安徽省第三产业发展的重要因素。

安徽省的物流业发展比较晚，其货运总量小，但呈稳步上升的趋势。2011年货物运输总量268000万吨，同比增长10%。传统主要物流运输方式（公路运输、铁路运输、水路运输、航空运输）中，货物运输量都得到了快速发展，（如

图 2－2 所示）。

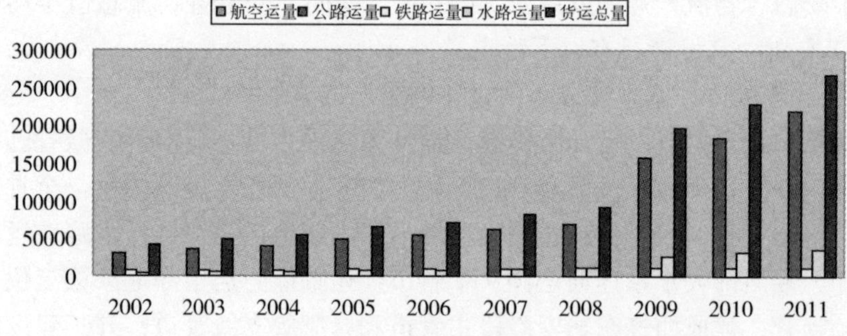

图 2－2　2002—2011 年安徽省的货物运输量（单位：万吨）

与中部省份横向比较，安徽省货运总量位居第一，而且近几年都以较高的速度增长（见表 2－1）。

表 2－1　中部 6 个省份 2009—2011 年货运总量和增幅

城市名称	2009 年		2010 年		2011 年	
	总量（亿吨）	增幅（%）	总量（亿吨）	增幅（%）	总量（亿吨）	增幅（%）
湖南	12. 89	11	14. 98	16. 1	16. 88	12. 6
湖北	8. 27	9. 1	9. 69	17	13. 6	40. 3
河南	16. 96	24	20. 25	19. 3	24. 1	19
江西	8. 56	6. 7	10. 03	17	11. 16	11. 2
山西	10. 99	–13. 5	12. 47	13. 5	13. 79	10. 6
安徽	19. 7	10. 1	22. 81	16. 0	26. 8	17. 7

（三）区域物流与区域经济发展之间关系

区域物流的存在和发展是以区域经济的存在和发展为前提的，没有区域经济也就没有区域物流。区域物流与区域经济发展的水平、规模密切相关，不同区域经济的水平、规模和产业形态，决定了区域物流的水平、规模和结构形态。二者相互促进，共同发展，具体体现在以下几方面：

1. 区域经济的发展决定了区域物流的发展

（1）区域经济的发展规模决定着区域物流的发展规模

物流业在行业属性上是服务业，有着与其他服务业共同的特点，即它也需要依附于生产制造业和商贸流通业而存在，物流业与区域经济发展密不可分。一般来说，区域经济规模很大，商品生产和商业贸易就很繁荣，区域物流业可发挥的空间就越大，其规模就有可能越大。目前，我国已形成几个经济发达区域：一是以上海为龙头，包括南京、宁波、杭州等城市在内的长三角经济区；二是以广州和深圳为中心的珠三角经济区；三是以北京为核心，天津、廊坊、塘沽以及保定在内的环渤海经济区等。而我国物流业发展也恰恰是集中在这些区域，这些区域的物流业规模都比较大。我国物流业发展的实际表明，物流总是伴随着商流而生，区域经济越发达，制造及商贸越活跃，作为服务行业的物流业也就有越良好的客户群和市场基础，就有大规模发展的可能。

（2）区域经济发展水平和层次决定着区域物流发展水平和层次

物流业的发展离不开经济的发展。从国内外物流业发展的情况来看，某一区域的现代物流业发展水平如何，与这一区域的经济发展水平密切相关。可以这样说，经济越发达对物流业的发展要求就越高，也越有可能为物流业的发展提供足够的物流量和物流发展的技术条件。如果区域经济发展水平低，区域物流业可发展就会缺乏动力，同时，又很难获得现代物流业发展所必备的运输、仓储、配送、信息等硬件条件，区域物流业发展就很难达到较高的水平。这从国外物流业发展的成功做法可以得到证明。众所周知，美国是物流业发展最早的国家，从1927 年至今，美国一直对物流业高度重视，采取一系列政策措施加快物流业的发展。同时，美国政府也意识到，片面发展物流业，而不重视经济发展，物流业的发展就会失去基础和动力。从根本上说，物流业是为经济发展服务的，经济发展水平低，商品流通量就会小，由此产生的物流运输、仓储、配送等物流量也会小。从上世纪 60 年代开始，美国政府就采用经济发展带动物流发展的战略，经济的快速发展促进了现代物流业的高速增长。美国的物流业占其国民生产总值的比重不断上升，现代物流业的发展水平不断提升，物流发展层次明显跨越。因此，经济发展水平对区域物流发展水平和层次具有决定性影响。

（3）区域经济结构决定着区域物流结构

区域的产业结构及产业结构的变动趋势，对物流的基础设施及区域物流结构以及服务水平等有着重要的影响。例如，中西部地区因原材料工业、农业是其产业结构中的主体，区域物流的主要活动是以铁路、水运为运输方式的大宗货物运输。以安庆市为例，安庆市现有的经济结构，决定了安庆市现代物流是化工物流、纺织服装物流、机械装备零备件物流、农产品物流、港口物流等多层次的物流结构。区域经济结构的不断调整、优化、升级，就需要发展相应的行业物流，以更好地促进区域优势产业的发展。

2. 区域物流发展对区域经济发展的促进作用

纵观国内外区域物流发展的经验，区域物流发展较快的国家和地区，区域经济发展就快。特别是在某区域经济开始发展的初始阶段，区域物流可以带动区域相关产业同步发展，利用物流的辐射效应，让优势产业物流带动劣势产业发展。在区域经济发展的中后期，低廉的运输价格为生产要素的分散创造条件，政府则把对物流业的支持作为刺激经济增长、平衡区域间经济发展水平的重要措施之一。具体来说，区域物流的发展对区域经济发展的作用主要体现在以下方面。

（1）区域物流能形成区域经济发展的“增长极”

“增长极”理论表明，区域经济发展的初期一般会在经济发展基础较好的地区出现人力、物力、财力等生产要素的积聚效应，从而使这一区域形成经济快速发展的“增长极”。现代物流业作为一个“辐射效应”较强的综合性产业，其在区域经济发展中所起的积极推动作用，已为发达国家的实践所证明。当前，众多的发达国家与发展中国家都纷纷将现代物流业作为区域经济发展的“增长极”加以规划和发展，并以此带动区域其他行业的快速发展。

区域物流是区域性经济的重要组成部分，在区域经济发展中占有很重要的地位。例如，美国物流业规模为9000亿美元，几乎是高技术产业的两倍，占美国国内生产总值的10%以上；日本在近20年内，物流业每增长2.6个百分点，经济总量就增加1%；据世界银行2000年研究报告（中国：服务业发展和中国经济竞争力）表明，在中国有四个服务性行业即现代物流业、商贸业、电子商务业和电信业，它们对提高中国的生产力水平、推动中国的经济增长具有重要意义。其中，物流业占1997年服务业产出的42.4%，是所占比例最大的一类。以上是一个国家范围内的情况，对一个地区或区域来说，也是如此。例如，在《深圳“十五”及2015年现代物流业发展规划》中，深圳市将现代物流业作为三个重要的支柱产业之一，“十一五”期间将物流业产值从占GDP的8%~10%提高到15%~20%。这说明物流业的增长对区域经济发展的作用很大，是区域经济的支柱性产业之一。

（2）现代物流业对当地其他产业的发展具有极强的关联与辐射带动效应

现代物流产业不仅涉及水路、公路、铁路、航空、管道五大运输方式经营企业，还涉及交通运输、仓储、包装、通信等设备的制造和经营业；不仅涉及农业、工业、货代、仓储、包装、堆场、电子商务、邮政、通信、银行、保险、消费者等生产经营和物流服务企业以及用户，还涉及政府、税收、海关、检验检疫和贸易等管理部门。由此可见，现代物流业几乎涵盖了一产、二产、三产的所有领域和部门，其发展不仅有利于降低所在区域其他产业的经营成本，而且有利于促进商业、交通业等其他产业的发展，并带动区域产业结构的调整和完善。

（3）区域物流发展有利于提升区域经济竞争力

区域经济的竞争力主要有核心竞争力、基础竞争力与环境竞争力。发展区域物流一方面可提高企业管理水平，增强企业的竞争力，这属于核心竞争力的范畴；另一方面，物流投入的加大必然增加基础设施的建设，这又增强了基础竞争力。随着我国改革开放进程的加快、国内各区域基础设施状况的整体改善和以优惠政策为代表的各地区投资环境差异的日益缩小，原有的政策、环境优势正在不断削弱。各地区正迫切需要寻找新的切入点。发达的现代物流业，是区域经济中新的经济增长点，有利于各地创造良好的投资环境，形成所在区域新的竞争优势。同时，有利于城市、地区间的合作与联系，并通过合作竞争实现双赢。

（4）区域物流发展具有强化“扩散效应”

瑞典经济学家缪尔达尔对扩散效应概念作以下表述：扩散效应是指所有导致发展刺激向空间扩散的机制，它对相邻区域形成积极的推动作用；相反，吸收效应是指发展刺激本身对它周边施加了消极的影响。长期以来，运输费用的分析在区域经济理论中占有重要的位置，它直接同克服物理上的距离问题相联系，并且与采购供应和产品销售问题密切相关，而这些因素又可以通过物流的发展加以改善，因而区域物流的发展对强化“扩散效应”、削弱“吸收效应”有着积极的意义。

第一，区域物流在某种程度上弥补了区域资源要素先天的不足，为抑制极化效应创造条件。对于大多数企业来说，同外部环境最为重要的联系是采购市场和销售市场，现代物流业的发展可在很大程度上降低运输费用，使得企业的区位选择有了更大的空间，让更多的生产经营企业的选址可以拓展区域界线，可以在中心城市的边缘，以减轻土地资源的压力。

第二，区域物流的发展能够促进区域分工及产业结构优化，从而满足地区制造业供应链的需要。供应链是由原材料加工为成品，并送到顾客手中这一过程中所涉及的合作企业和部门所组成的网络。随着全球经济的一体化，市场竞争已经体现为供应链之间的竞争。区域性现代物流的发展，将有效整合区域内物流资源，将区域内制造业企业物流活动延伸至中间商务环节，组成并优化整条物流链，把生产资料以最快的速度，通过生产、销售环节变成价值增值的产品，并及时送到顾客手中，以增加整个供应链价值，推动区域经济的发展。

通过以上分析可知，区域经济与区域物流之间是紧密相关的，它们相互影响，相互促进。一个地方大力发展区域物流产业，对于发展区域经济，壮大区域经济规模，合理调整区域经济结构，具有十分重要的作用；同时，区域经济的快速发展，带来了旺盛的物流需求，又促进了区域物流业的同步发展。二者相互促进，共同发展。

（四）区域物流发展的成功经验与启示

1. 国外促进区域物流业发展的一些基本做法

对于如何促进区域物流业快速发展，国外物流业较为发达的国家有一些好的做法，例如：通过强化对流通及物流基础设施的投入，构建运行通畅的物流服务体系，以提高流通效率、降低流通成本等措施，促进区域现代物流业快速发展。下面简要介绍欧洲和日本的一些做法。

欧洲各国重视对区域内大型货运枢纽、物流基地、物流中心和公共配送中心等物流基础设施的建设。如，德国联邦政府在统筹考虑交通干线、运输枢纽规划的基础上，通过对经济布局、物流现状的调查，根据各种运输方式衔接的可能性，在全国各地对物流园区的布局、用地规模与未来发展进行总体规划。同时，联邦政府也参与重要物流节点设施的建设投资。德国现有 33 个物流园区中，有 11 个物流园区的公铁联运中转站是德国联邦铁路投资修建的，政府资助最高可达 80%。州及地方市政府主导前期规划论证及基础设施建设，政府与土地拥有者进行谈判，先期投资购买土地，完成“熟地”建设。每亩地前期整理费用约为 8 万欧元（含 2 万至 2.7 万欧元的地价），然后，按照每亩地约 5.3 万欧元的价格出让给物流企业。政府垫付的土地出让价差通过物流企业运营后的税收逐步收回。

发达国家把物流和商贸流通基础设施作为区域物流基础设施投资建设。例如日本不论是大型流通基础设施还是基地建设，都由政府直接给予资金支持。国家、都道府县、市町村按照 5∶2∶3 的比例来负担公共基础设施的建设资金，批发市场管理人员的费用也有一部分由中央政府补贴。政府对市场功能改善以及改建、扩建等项目也会给予资金扶持，这极大地缓解了地方发展物流业的资金压力。

2. 国内区域物流发展的成功做法

（1）注重突出比较优势

坚持从实际出发，充分利用区域的区位优势和产业集群特色明显、经济外向度高、专业市场众多、陆路交通发达、沿江和沿海港口资源丰富、航空运输需求量大等优势，探索出了具有区域特色的现代物流发展之路。

（2）强调现代物流理念

坚持系统整合的理念、坚持在高度专业化分工基础上一体化运作的理念，突出信息技术和信息网络在物流领域的广泛应用，注重提高物流整体效率，从而加快推进现代物流的发展。

（3）注重地区经济发展特色物流

上海、苏州等地经济发展所具有的不平衡性，决定了各地物流发展模式也不尽相同。例如，苏州市坚持分类指导的原则，依据各地的产业基础、经济发展水平及特色不同等因素，选择区域经济有特色的产业作为区域物流发展的重点，通过优势产业物流，带动区域相关产业的协调发展。强调现代物流多功能集成与一体化运作；对于发展水平稍低一些的地区，则把解决“长、大、粗、重”产品的物流放在基础地位，既发展现代物流，也相应地抓好传统物流。

（4）突出协调发展与机制创新

以科学发展观为指导，打破行业界限与地区界限，坚持需求引导、效益为先，大力进行物流资源的优化配置与系统整合，逐步形成了协调发展、多方受益的现代物流业发展格局。同时，不断加大物流管理体制、机制以及物流组织和运行方式的创新力度，逐步构造出了适应经济发展与社会和谐的现代物流服务体系和物流网络。

（5）实现政府推动与市场导向相结合

政府不断加强对物流业的宏观规划和管理，对于涉及区域现代物流发展的重大基础设施建设，进行统筹规划与论证，积极招商引资，引进国内外一批现代化的物流项目，在政策引导和税费优惠等方面，全力支持区域物流业的发展；同时，努力扩大物流市场需求，改善物流供给，降低物流成本，提高物流运行效率与经济效益；通过加强宏观规划和管理，促进了现代物流业的有序健康发展。

3. 芜湖市区域物流发展的成功做法

芜湖市与安庆市经济发展上有诸多可以借鉴的地方。近年来，随着经济的快速发展，安徽省芜湖市现代物流业得到了快速发展。最近，芜湖市提出“三产兴市”战略，认为物流业是实施三产兴市战略的主要领域，要加快现代物流业的发展，建设四大物流园区，推动经济发展区域物流业的发展，把芜湖打造成安徽综合物流中心、长江流域最具产业特色的第三方物流中心和泛长三角大物流中心之一。

芜湖市位于安徽省东南部，地处长江下游南岸，交通便利，经济地理位置优越，为安徽省省辖市，现下属四县（芜湖、繁昌、南陵、无为）和四区（新芜、马塘、镜湖、鸠江）。全市面积超过 3717 平方公里，其中市区规划面积为 230 平方公里。全市人口 275 万，其中市区人口 100 万。改革开放以来，芜湖已具有较高的开放度和较强的综合经济实力，是享受国家沿海地区对外开放政策的国家沿江开放城市。

芜湖市农业资源、水资源和矿产资源丰富；土地肥沃，盛产稻米、油料、棉花等；长江从市西缘流过，青弋江、水阳江、漳河贯穿境内，黑沙湖、龙窝湖、奎湖散布其间，全市水面面积达 478 平方公里，占总面积的 14.4%。芜湖共发现矿产资源 55 种，其中石灰石储量达 42 亿吨。地处长江下游的芜湖，江面开阔，水流量充沛，尤其适合发展大耗水量、大运输量的工业项目。

2010 年，全市地区生产总值达 1108.6 亿元，比上年增长 18.2%，总量位居全省十七个省辖市第二位，增幅居第一位；“十一五”期间年均增长 16.3%，总量由上世纪九十年代初的全省第10位上升到第2位；人均地区生产总值7294美元，居中部地区非省会城市第3位。

（1）芜湖市物流业的发展现状

① 物流需求日益扩大，积极发展区域特色物流

“十一五”以来，全市经济健康快速发展，GDP总量从2005年的402.4亿元发展到2010年的725.6亿元（2005年可比价），年均增长15.85%。经济的快速增长带来流通市场的繁荣和物流业广阔的发展空间，尤其是近年来物流业发展更为迅速，总量不断增加。2008年，全市交通运输、仓储和邮政业实现增加值66.79亿元，比上年增长12.8%。全市公路货运量5136万吨，比上年增长29.11%；铁路货运量148万吨，水路货运量10344万吨；港口货物吞吐量5513.54万吨，比上年增长17.79%，其中出口3942.31万吨，比上年增长17.16%。邮电通信业实现营业收入29.08亿元，比上年增长23.43%。

近年来，芜湖经济持续快速发展，形成了以汽车及零部件、建材、电子电器为支柱，以及生物制药、新材料等几大重点产业为代表的现代产业群。以加工工业为主的新型产业结构，必然带来加工产品的原材料、零配件、半成品、待加工产品、产成品等物流服务的大量需求。另外，芜湖还形成了一批产业特色明显、发展势头强劲的经济开发区，开发区和工业园区内按产业集聚的工业企业的产品供销快速发展，为芜湖市物流业的发展提供了巨大的市场需求空间。

② 加快物流园区建设，构建区域物流节点

目前，芜湖规模最大、功能最齐全的公共物流基地——安得综合物流产业园开业。该物流园项目一期占地面积150亩，投资1亿元，是集中小企业集货平台、物流信息交易中心、零担快运中心、停车中心、仓储中心、集成配送中心、服务管理中心及完善的配套服务区于一体的现代化综合物流园区。园区的信息交易区将提供上百间门面房，满足芜湖及周边地区货运信息部的服务；综合服务区可为租户及广大司机与现场作业人员提供金融、餐饮、住宿、车辆维修等方面的服务；大型停车中心可提供400个停车位。作为芜湖第一家现代化综合物流园，该园区可以说是芜湖货运物流的“加速器”“动车组”，极大地缓解了芜湖目前的货运压力。随着安得综合物流产业园的建成启用，长江市场园里的物流配送等企业将全部搬迁至此。

安得物流公司为目前芜湖最大的物流企业，先后荣获中国20家最具竞争力的物流公司、中国物流百强企业第10名、中国近三年快速发展物流企业、中国物流示范基地、安徽省重点流通企业等称号。

安得综合物流园并不是芜湖打造的唯一的物流园区。按照设想，芜湖将建设四大物流园，分别为芜湖港物流园、芜湖城东物流园、芜湖城南物流园和三山物

流园，其中城东物流园即为安得综合物流园，为四大物流园中规模最大、功能最齐全的一个。同时，芜湖市近年来根据区域经济的特点，建设大型物流配送中心、物流据点等物流节点，构建较为完善的区域物流网络。

③ 加快区域基础设施建设，积极打造区域物流中心

四大物流园设想的背后，是芜湖打造区域物流中心的雄心壮志。2009 年，国务院颁布了《物流业调整与振兴规划》，要求大力发展物流业。2010 年年初，《皖江城市带承接产业转移示范区规划》出台，明确提出要“依托黄金水道，加快发展公路、铁路、水陆联运和江海联运，形成以芜湖为核心的皖江现代物流产业带”，而在“芜湖核”的定位上，现代物流中心城市即为其中之一。另外，芜湖提出“三产兴市”战略，认为物流业是实施三产兴市战略的主要领域，要加快建设物流园区，把芜湖打造成安徽综合物流中心、长江流域最具产业特色的第三方物流中心和泛长三角大物流中心之一。

芜湖居中靠东，承东启西，处于中国经济最发达的长三角地区和欠发达的中西部地区之间，是联系长三角与中西部地区的桥头堡。另外，芜湖是皖南公路网的中心和华东地区铁路网的枢纽城市，是华东二通道的重要组成部分。优越的区位和交通条件，加上经济快速发展带来的物流需求，正是芜湖发展物流业的优势所在。业内人士认为，随着安得综合物流园的投入使用，芜湖的物流企业将迎来灿烂的明天，芜湖距离区域物流中心将越来越近。

“十一五”以来，通过加大投入和持续建设，芜湖交通运输能力不断增强，综合枢纽地位得到提升。芜湖港是长江逆流而上最后一个万吨级深水良港，目前拥有水运 5000 吨位码头 33 个，中水期可靠泊万吨江海轮泊位 10 个，吞吐能力 6500 万吨，比“十五”末增长了一倍多；公路、铁路资源不断丰富，现有公路国道 2 条、省道 4 条，全市公路总里程 4810 公里，比“十五”末（3153 公里）增长 52.55%。

④ 大力发展区域物流企业

统计调查显示，截至 2010 年末，芜湖拥有物流企业达 500 多家，相比于 2005 年的 227 家，增长一倍多。从营业收入来看，收入在 200 万元以下的企业约占总数的六成；收入在 200 万到 500 万的、500 万到 2000 万的和 2000 万以上的物流企业约占四成。在企业数量大幅度增加的同时，大量物流企业也从传统运输、储运企业开始转变，综合型的第三方物流企业涌现，以安得物流、远方物流、长久物流等为代表，服务方式从专业化、精细化物流服务向规模化方向发展。安得物流公司在全国物流行业排名从 2004 年的 34 位上升至 2010 年的第七位，目前正在筹划申请上市；远方物流被评为 2008 年安徽“十强物流企业”。此外，众多物流企业服务内容和形式不断拓展，管理服务型物流企业逐渐增多，物流企业市

场竞争力逐渐增强。

截至目前，芜湖市具有一定规模的第三方物流企业有 20 多家，领头企业主要有安得物流、奇瑞物流、远方物流、招商局物流等。已经形成的物流中心主要有芜湖市长江市场园物流中心、芜湖港集装箱物流中心、长街小商品批发市场等。其中长江市场园还是芜湖货运配载中心，拥有 218 家从事货运代理、配载业务的小型物流中介企业。全市拥有货运企业 213 家，货运车辆 1.1 万多台，总吨位达到 5.5 万吨。

⑤ 加快高新技术应用，实现物流业产业升级

西方物流发达国家的实践表明：计算机网络技术的信息管理和应用是现代物流业发展的必然趋势，是提高物流服务质量和物流服务效率的技术保障。因此，物流企业应当积极运用网络技术，通过网络平台和信息技术，优化物流企业内部的资源配置，实现资源共享、信息共用，并对物流各环节进行实时跟踪、有效控制与全过程管理。芜湖市有关部门要鼓励物流企业积极运用电子商务，实现物流电子化。完整的电子商务是信息流、资金流、物流三者的统一，芜湖市通信网络已具有较好的基础，如果信息平台建成，物流信息系统与银行信息系统有效联网，就有可能实现网上采购和网上结算，促进电子商务的顺畅完成，从而提高芜湖市物流企业的运作效率，实现物流业的产业升级，进一步增强竞争力。

⑥ 政府重视区域物流业发展的规划和指导

芜湖市政府强化发展现代物流产业服务的观念，着力发挥其组织、协调、规划的职能，重点加强物流基础设施建设，制定物流发展的总体规划，完善物流市场的法律法规等，建立公平、开放的物流竞争环境。

市政府积极出台加快现代物流业发展的有关扶持政策，在土地使用、税收等方面给予优惠，以调动各方面的积极性；调整社会资金的流向，引导企业的经营策略，增加对现代物流业的投入，加大对重点物流企业的扶持力度，从而促进第三方物流企业的大发展；打破管理上的行业分割，创建健康、有序、科学、合理的物流市场软环境，为现代物流产业的发展创造良好的外部环境。

⑦ 大力培育物流专业技术和管理人才

培养一批数量充足、结构合理、素质和技能较高的物流专业人才队伍，是加快发展现代物流业的前提条件。芜湖市政府为了改变物流人才不足（特别是中高端物流技能人才不足）的不利局面，利用安徽师范大学、安徽工程科技大学、芜湖职业技术学院等高等教育资源，培养和引进了大批具有较高理论水平和实践技能的高素质物流人才；同时，建立完善的学历教育、继续教育和岗位培训等多层次的物流人才教育培训体系，通过多样化的培训教育形式与多元化的物流职业资格认证制度的有机结合，培养出高素质的现代物流人才；营造有利于物流人才流

动的政策环境，积极引进国内外优秀物流人才（特别是高级物流人才等），以满足芜湖市现代物流发展对人才的需求。

现代物流业在国外（美国、日本、德国等）的发展已有半个多世纪了，在这些国家，物流业得到了快速发展。结合物流业发达的国家在区域物流发展方面的成功经验以及我国部分地区的经验做法，现对区域物流发展的成功经验进行总结。

（2）区域物流发展的成功经验（主要以芜湖市为例）

① 突出区域区位优势，为区域物流业的发展提供基础条件

现代物流理论认为，运输是物流总体功能的核心，运输创造了物流的空间效用，实现了物流的“第三利润源”。同时，运输影响着物流的其他功能要素，如运输影响物流效率，运输影响仓储管理水平，运输影响物流费用的高低。所以，发展现代物流业必须大力发展现代运输业。而运输业的发展需要优越的区位优势和完善的交通网络。从国内外物流发展的情况来看，物流业发达的国家和区域，都拥有一个便捷的运输网络。芜湖市利用其优越的区位优势和交通条件，大力发展区域交通，近年来区域物流发展较快，现已成为长江流域三大枢纽物流中心城市之一。

② 实行多元化的物流投资和经营渠道

芜湖市始终坚持“适度超前、分布合理、功能整合、整体优化”的原则，采取“政府引导、多方投资、市场化运作”的发展模式，积极拓宽资金筹措渠道，鼓励社会投资、融资和引进外资，加快芜湖市区域物流基础设施的建设。市政府对物流基础设施的投入逐年增加，2008 年达到 12 亿元，2010 年已经完成投资 18 亿元，2012 年有望突破 20 亿元；同时，积极采取多元化筹资渠道，如政府投资、直接融资、股份合作等形式，加大对物流基础设施的建设、发展和物流信息化建设；以“整合资源、降低成本、信息共享、提升改造”为目标，以“统一规划、分步实施、政府推动、市场化运作”的方针，构建芜湖市区域物流公共信息平台，为现代商贸物流业的发展提供先进的技术支撑。

同时，在物流业发展过程中，市政府按照现代企业制度的管理原则，实行“自主经营、自负盈亏、自我发展”的经营方针，鼓励国有物流企业、民营物流企业、股份制物流企业等多种形式的物流实体参与区域现代物流业建设。结合国内外区域物流发展的成功做法，多元化物流主体参与市场竞争有利于提高物流业的发展水平，有利于激发各物流主体的经营活力，促进物流业的持续健康发展。

③ 大力整顿物流市场秩序，营造公平合理的竞争环境

从国外物流业发展的情况来看，建立一个充满生机和活力的物流市场竞争环境，是物流业快速发展的关键。为了保证物流市场有序快速发展，政府制定物流

业管理法律法规，明确物流市场的规划、物流市场的准入条件、经营资格和经营范围，实现物流市场的规范化发展；依法消除一切市场准入障碍，打破行业保护，突破制约现代物流业发展的政策障碍，努力建立统一开放、公平竞争、规范有序的物流市场体系和秩序，为物流企业的发展创造良好宽松的市场环境。

地方政府为了更好地保护和发展区域物流，应该制定地方物流法规，在不违背国家法律法规的前提下，结合区域物流的特点，适时合理地制定相关地方物流法规，保护区域物流主体的正常经营活动，营造公平竞争的市场环境。武汉、厦门、苏州等地区都已经制定了区域物流法规。结果表明，这些法规有力地保证了区域物流的健康发展。

④ 重点扶持物流龙头企业，积极为物流产业给予政策倾斜

扶持龙头物流企业，通过龙头物流企业带动地方中小型物流企业协同发展，积极鼓励有条件的交通运输、仓储配送、货运代理等企业，通过兼并、联合等方式，重组一批具有一定规模和实力的商贸物流企业。利用这些龙头物流企业带动区域中小型物流企业的快速发展。一是对国有企业进行改造，剥离不良资产，按照现代企业制度的要求，组建大型物流集团公司；二是鼓励先进的民营企业通过兼并、收购、联合等方式成为某一业务领域的领先企业；三是吸引外资，成立独资或合资物流企业，让更多的国内物流企业学习它们的物流经验。

政府重视现代物流产业的发展，制定适合区域物流发展物流的产业发展规划，实行积极的物流产业政策。概括来说，就是重视物流产业发展、积极整合物流资源，实行将人、财、物等基本要素适当向物流产业倾斜的经济政策。具体包括以下几项内容：

第一，以各种形式和渠道提高物流业的地位，加深人们对现代物流业的认识。

第二，在制订产业发展计划时要对物流产业的发展给予足够的重视，并制订相应的行动计划，例如，优先发展区域物流产业等。

第三，在基础设施建设投资中适当加大资金投入力度，提高物流业在整个区域国民经济各产业中的投资比例。

第四，尽快制定物流产业发展的基本方针和战略目标，明确区域物流业发展是促进区域经济发展的手段，把发展现代物流业作为区域经济的重要战略来实施。

⑤ 加快传统物流企业向第三方物流企业的转化

首先，改变物流服务理念。切实转变传统物流的环节分割运作观念，促进物流基本功能的有机结合，推动传统物流企业向现代物流企业转型，积极发展专业化、社会化现代物流企业，运用市场机制，通过经济杠杆调节，培育了一大批主

营业务突出、核心竞争力强的第三方物流企业。

其次，建立合理的产业组织结构。加快发展芜湖市现代物流业，建立适应物流技术要求、合理有序的产业结构。坚持走集约化经营道路，成立有一定抵御风险能力、主导行业发展方向的物流企业集团，形成以少数大物流企业为主导、大量相对较小物流企业为补充的物流产业“金字塔”结构，较好地满足了地方不同领域的物流需求。

4. 区域物流发展的几点启示

现代物流业目前被称作“黄金产业”，前景宽广，是公认的“第三利润源”，物流业的发展对一个区域的社会经济发展具有巨大的推动作用。芜湖市物流业发展的经验充分证明，物流业是一种高增加值、高效益的现代产业，能创造商品的时间效用和空间效用。同时，其产生的联动效应更是其他产业不能比拟的。据有关部门测算，芜湖物流批发市场实现的增加值，每增加 1 万元，就能带动相关产业的增加值增加 5 万元，是五倍的效应。依托批发市场还形成了新的产业集群，如依托胶合板市场，形成了 3800 多家胶合板生产企业；依托五金市场，形成了 8000 余家小五金加工厂；依托塑料制品市场，形成了 2000 多家塑料生产企业。同时，物流业还带动了地方餐饮业、交通运输业、金融业、邮电通信业相关产业的发展，此外，文化产业、旅游业、娱乐业、城市物业等新兴服务业也都得到了较快的发展。

（1）高起点定位，科学规划

地方在发展区域物流业时，必须充分认识区域物流对于区域经济发展的辐射带动作用，高起点定位区域物流发展方向和目标，制定未来一个时期内区域物流发展的思路和战略，确立区域物流未来的发展目标，绘制区域物流的发展蓝图。

科学规划是区域物流发展的前提和基础。发展中地区在发展物流产业的过程中，一定要统筹规划，从地理区位优势、交通便利条件等方面考虑，科学规划建设现代物流园区和物流中心，重点发展大型龙头物流企业，带动中小型物流企业，更好地发挥物流区域中心的辐射带动作用，降低物流成本，提高物流配送中心的效率。

（2）必须树立现代物流观念，增强物流产业意识

加快物流业的发展，应加大宣传优势，引导现有企业从根本上改变“大而全”的观念，树立现代物流经营理念，要有“大物流”的思想意识。要明确物流业的重要地位，走出把运输、送货认同为物流的误区，增强现代物流产业意识。要充分认识在市场经济条件下，生产和流通日益社会化、专业化，物流已不再是生产、流通的派生部门和辅助手段，而是相对独立分离出来的新兴产业部门。

同时，要充分认识现代物流业极强的辐射功能，资料显示，物流业作为一个产业，在其发展过程中，会带动相关十几个产业联动发展。增长极理论认为：现实中，一个国家要实现平衡发展只是一种理想，经济增长通常是从一个或数个“增长中心”逐渐向其他部门或地区传导。按照此理论，现代物流产业就是一个“经济增长极”因此，加快区域物流业的发展，可以较好地引导其他产业同步发展，促进区域经济快速发展。

（3）充分发挥政府的作用，努力营造良好的物流发展软环境

从日本、德国等物流业较为发达的国家来看，物流业的健康、快速发展，离不开良好的物流发展环境。一方面政府要制定完善物流业发展的法律法规，依法消除市场准入障碍，打破行业保护壁垒，突破制约现代商业物流发展的政策障碍，建立统一开放、公平竞争、规范有序的市场体系和秩序。另一方面，政府要加大投入，有重点地培育、扶持龙头物流企业，引入多元化的物流投入机制，引导多种所有制经济以多种形式进入现代物流服务领域，重点建设一批具有一定规模和实力的物流龙头企业。

同时，为更好地促进区域物流业的发展，政府应该运用灵活的政策，例如，在土地政策、财政政策、税费政策、产业政策、融资政策等方面有重点地向物流业倾斜，为区域物流业的发展创造一个优越的软环境，吸引本土及国内外物流经营商来当地发展物流业。

（4）选择适合区域经济发展要求的物流业发展模式

怎样发展区域物流业，加快区域经济发展，纵观国内外区域物流的成功做法，选择适合区域经济特点的物流业发展模式是一个重要的方面。例如，根据区域特色经济、区域经济主导产业等进行选择，重点发展特色物流发展模式。

（5）加大物流基础设施建设力度

物流业主要是运输业、仓储和配送业务。运输业是物流的核心。众所周知，现代化的物流业与便捷的交通运输业紧密相关。例如，物流业发达的日本、德国等，它们除了传统的运输方式（公路运输、铁路运输、航空运输、水路运输和管道运输）以外，近年来又发展多种新型运输方式，如地下物流、高铁物流等。因此，地方发展区域物流应该加大地方交通基础设施的投入，加快公路、铁路等多种运输方式的基础设施建设。芜湖市近些年来物流业的快速发展与其加大交通基础设施建设分不开。资料显示，芜湖市在过去五年用于交通基础设施的投入超过20亿元，拓展了芜湖对外交通渠道的广度和深度。

（6）以学校为依托，大力培养专业物流人才

利用当地的中高等学校的教育资源，加强对物流人才的培养。在德国，许多地方应用型大学（类似于我国地方高职院校）设立物流专业，同时在物流专业

中进行细分，有重点地培养不同领域的物流专业人才。采用“校企合作”的教学模式，培养学生的物流实践技能。例如，学校在教学中采用多种教学方式，探索多种手段，聘请企业管理人员进行综合案例教学，通过市场调查、方案制定、工场实习、企业实地考察参观等丰富多样的实践性教学环节，培养学生分析问题、解决问题的能力。建立物流管理和物流信息管理模拟实验室，强化学生实际动手操作能力和实践技能的培养，培养当地现代物流发展需求的复合型物流人才。

同时，加强物流企业员工的在职培训，不断提高他们的物流技能，灌输现代物流经营理念，强化员工的操作水平，提高物流运作效率和效益。

（7）发展信息化建设，努力搭建现代化物流运作平台

经济全球化、世界网络化，使信息化进程日新月异。发展现代物流业离不开信息化，地方政府一定要坚持高起点、高标准，大力发展电子商务物流，跟上现代物流业发展步伐。

要完善物流信息平台，实现物流数据传输、物流数据处理电子化。利用现代化的物流信息技术，在物流运输、仓储、配送、流通加工、装卸搬运等环节实现快速运作，极大提高物流运作效率。

通过对国内外区域物流的成功做法及经验的分析，安庆市在联系区域经济发展水平和区域物流发展现状的基础上，可以参照上述的一些经验和做法，加快现代物流业的发展。

第三章 安庆市物流业发展现状

一、安庆市现代物流业发展必要性分析

安庆市位于北纬29°47′~31°17′、东经115°46′~117°44′，东与安徽省池州市、铜陵市隔江相望；南靠长江，与江西省九江市相连；西接湖北省黄梅、蕲春、英山三县；北接安徽省六安市、巢湖市、合肥市。安庆位于宁汉长江黄金水道之要津，是连接武汉和南京两大经济圈的区域纽带城市之一。

安庆市是皖西南中心城市，总面积15398平方公里，人口600多万，辖一市七县四区，是安徽省重要的化工、纺织、农产品基地，是国家历史文化名城、国家森林城市、中国优秀旅游城市。

加快安庆市区域物流的发展，制定科学合理的安庆市物流业发展规划，依托公路、铁路、长江航运、航空和管道等综合运输网络，加快物流园区、物流中心和配送中心等物流基础设施建设，大力推进物流服务的社会化和专业化，促进工业与物流业联动发展，形成一个完整、统一的物流体系，是建设区域性中心城市的客观要求，是实现产业调整升级的有力保证，是促进城市协调发展的重要举措，也是指导现代物流业发展的现实需要。

（一）建设安庆区域中心城市的客观要求

根据《安庆市城市总体规划（2003-2020）》，安庆城市发展定位为：长江中下游中心城市，工贸、港口、交通枢纽城市，未来将充分发挥综合交通优势，加强与长江经济带和皖江城市带的区域经济协作，积极承接以上海为中心的长江三角洲经济区产业梯度转移和经济辐射。

根据《物流业调整和振兴规划》，国家将建立一批物流节点城市，优化物流业发展的区域布局。物流节点城市分为三级：全国性物流节点城市、区域性物流节点城市和地区性物流节点城市。21个全国性物流节点城市和17个区域性物流节点城市在《物流业调整和振兴规划》中已经明确，地区性物流节点城市由地方确定。由于我国整体上物流水平较低，地区性物流节点城市只有通过经济发展

和物流基础设施建设逐步形成，某一个城市在这个地区形成了一个物流集散的制高点，该城市就有可能成为地区性物流节点城市。安庆市若能成为地区性物流节点城市，对安庆市的经济发展将产生巨大的推动力。

规划建设安庆市现代物流体系，大力发展区域物流，建成地区性物流节点城市，提高物流服务能力和服务水平，为皖鄂赣三省交界地区、长三角和皖江城市带区域间经济合作，以及资源、资金、技术、信息流动提供便利，为安庆发挥区位和交通优势、聚集区域资源、提升城市辐射功能、推动经济社会发展，打造带动皖西南、辐射皖赣鄂接壤地区的区域中心城市提供有力支撑。

（二）实现安庆产业调整升级的有力保障

现代物流作为一种先进的组织方式和管理技术，被广泛地认为是企业在降低物资消耗、提高劳动生产率之外的重要利润源泉。国民经济的发展，特别是转变经济发展方式、实现产业调整升级都需要物流业的基础性支撑。

现代物流通过为生产制造企业、商贸流通企业提供社会化、专业化、集约化和一体化的服务，降低企业的物流成本，提高生产制造与商贸流通企业的市场竞争力。企业要提高市场竞争力，依靠降低原材料成本与人力成本已没有多少空间，空间最大的部分来自降低物流成本。所以，跨国公司都在寻求供应链的优化，消除每一个环节、每一个流程中的不必要的浪费，物流服务外包成了企业的必经之路。

根据《安庆市产业发展与空间布局规划纲要》，安庆市产业发展的总体定位为：长江沿岸重要的化工基地，安徽省沿江地区新兴的现代制造业基地和特色农产品深加工基地，泛长三角地区的文化旅游休闲基地，皖鄂赣三省交界地区主要的商贸物流中心。产业结构目标：到 2015 年，全市一、二、三次产业结构达到 12：48：40。其中，规模以上工业增加值达到 860 亿元左右，规模以上工业增加值年均增长 19%，全市规模以上工业企业达到 2000 户，其中年销售收入过十亿元企业 40 户。主要产业集群目标：到 2015 年，形成石油化工、机械装备（汽车零部件和造船）、纺织服装、造纸及印刷包装、农副产品加工及食品等一批强势产业集群，主要产业集群在工业增加值中的比重达到 70% 以上，其中石油化工、纺织服装和造纸三大集群的比重达 50% 左右。

现代物流体系是促进产业升级的有力保障，产业发展需要完善的物流体系提供直接的物流服务支撑条件。依托深水港、铁路中转站等优越的交通条件，构筑安庆现代物流基础设施平台，建设区域性物流基地，结合产业园区建设专业化物流基地。加强对制造业物流分离外包的指导和促进，支持制造企业改造现有业务流程，促进物流业务分离外包，提高核心竞争力。培育一批适应现代制造业物流需求的第三方物流企业，提升物流业为制造业服务的能力和水平。

（三）促进安庆城市协调发展的重要举措

安庆市是长江沿岸著名的港口城市，是国家历史文化名城、国家园林城市、中国优秀旅游城市。近年来，在全面实施“十一五”规划、建设和谐安庆的征途上，安庆市委、市政府决心围绕建设“千亿安庆”“活力安庆”“和谐安庆”和文化强市的目标，以追赶跨越、奋力崛起为主题，以改革开放、自主创新为动力，认真贯彻落实科学发展观，加快结构调整，转变增长方式，提高发展质量，改善人民生活，扎扎实实推进和谐社会建设，保持和扩大经济社会发展的良好势头，进一步加快全面建设小康社会的进程。

规划建设安庆市现代物流体系是促进城市协调发展的重要举措，对增强城市投资竞争力、促进商贸流通、提高居民生活质量、改善环境等具有重要意义。良好的现代物流体系能增强城市投资竞争力。目前，许多跨国公司和国际先进企业在选择新的区域市场和生产基地时，着眼点逐步从优惠政策转向综合投资环境，尤其注重当地的物流设施和物流服务水平。现代物流体系是促进商贸流通的重要因素，城市商业、购物中心、批发市场、超市、连锁商场的生产经营依赖高效、便捷的物流配送。同时，物流的城市配送功能与城市居民的日常生产、生活息息相关。随着经济的发展和人口的流动，安庆城市居民迅速增加，其生活水平也日益提高，人们越来越追求现代化的生活方式，需求日益向精品化、个性化方向发展。需要建立有效的城市配送系统解决居民生活物资的输送，快速、有效地供给和配送众多门店和家庭。另外，科学的物流体系，可以合理组织运输，节约运费和运力，从而减少车辆拥挤，减轻城市环境污染。

（四）加快安庆区域经济发展的现实需要

在安庆市委、市政府的正确领导下，安庆市的物流业近年来发展迅速。一是大型物流园区建设加快。以五里庙外贸集装箱综合物流基地、马窝散货物流基地和长风铁水联运综合物流基地为核心的安庆港物流园区建设已取得长足的进展，新建成了五里庙 5000 吨级集装箱专用码头 2 座、通用码头 2 座，以及马窝 5000 吨级散货泊位 2 个。光彩物流园区四期主体工程基本建成，从市场布局和运营功能上与一、二、三期工程构成区域性商贸物流中心。集水产品、蔬菜和肉食于一体的菜篮子物流园区也正在建设之中。二是以中邮安庆物流、安庆中铁等为代表的一批物流企业已步入快速发展期，正在逐步采用数字化仓储、信息化技术、一体化服务等现代物流运作模式。三是大型市场和商贸企业的配送中心配套发展，如世纪华联配送中心。

为加快发展物流产业，实现物流业结构调整和产业升级，将传统物流业转变为现代物流业，需要制定全市的物流发展规划，统筹本市与区域、城市与农村物流的协调发展，做好地区之间、行业之间和部门之间物流基础设施建设与发展的协调和衔接，走市场化、专业化、社会化的发展道路，合理布局重大项目，以信息技术和供应链管理为核心发展现代物流业。

（五）承接产业转移的需要

承接产业转移是安庆市经济发展的一个重要历史机遇，作为经济不够发达的沿江城市，要积极承接发达地区的辅助产业，大力发展商品包装、流通加工、仓储、运输等业务，发展现代物流业，提高第三利润源，壮大安庆经济实力。

综上所述，安庆市发展现代物流业，对于皖西南中心城市建设、促进区域经济发展、壮大安庆区域经济实力、实现安庆追赶跨越具有极其重要的意义。

（六）安庆市未来物流业发展空间巨大

随着安庆市的经济发展和现代物流业的兴起，安庆市物流业进入了一个快速发展时期，根据安庆市商务部门权威预测，未来10年，安庆市区域物流业增加值会按照两位数的增长速度发展。区域货物运输量、货物仓储量、商品配送量将有很大提升。

1. 安庆市物流业增加值预测

以现有物流业增加值为基数，按一定的增长率来预测。2008年安庆市物流产业增加值为43.40亿元，比上年增长8.53%。2002—2007年，安庆市物流业增加值年均增速为24%。预测2009—2010年物流业增加值增速为22%，2011—2015年物流业增速为18%，2016—2020年增速为15%，可推算未来几年安庆市物流业增加值（见表3－1）。

表3－1　安庆市物流业增加值分析表　　单位：亿元

预测方法	2010年	2015年	2020年
增长率法	64.6	157.98	317.75
比重法	63.50	144.00	290.00
综合预测	64.05	150.99	303.88
平均取值	64	150	300

数据来源：安庆市发改委

综上所述，可预测安庆市物流业增加值2010年为64亿元，2015年将达到150亿元，2020年可能达到300亿元左右。

2. 安庆市货物运输量预测

2001年至2007年安庆市社会货运量年均增长率为7.30%。随着工业经济的不断发展，安庆市未来一个时期货运量仍会平稳增长。根据经济发展与货运发展的关系，综合考虑经济发展速度、产业结构特点以及运输结构的变化，参照国内同类城市货运增长的规律，确定2009—2010年安庆市货运量年均增长率为8%，

2011—2015 为 11%，2016—2020 为 9%，以此预测各特征年货运量分别为 2010 年 7431 万吨，2015 年为 12522 万吨和 19267 万吨（见表 3－2）。

表 3－2 安庆市货物运输量分析表 单位：万吨

年度	货运强度法	增长率法	平均取值
2010	9405	7431	8400
2015	16150	12522	14000
2020	26100	19267	23000

数据来源：安庆市交通局

综上所述，安庆市货运量 2010 年将达到 8400 万吨，2015 年将达到 14000 万吨，2020 年将达到 23000 万吨。

3. 安庆市货物仓储量预测

根据安庆市及相关区县实地调研与抽样调查所获得的典型数据，以及相关统计数据及工、商、运输等行业的经验数据，预测安庆市库存总量的相关指标（见表 3－3）。

表 3－3 安庆市货物仓储量分析表 单位：万吨

预测年份	2010 年	2015 年	2020 年
全社会库存总量	7340	12040	20160

数据来源：安庆市商务局

安庆市 2020 年货位仓储量可能为 20160 万吨，这样庞大的货物仓储量会带来巨大的货物物流量。

4. 安庆市货物配送量预测

考虑到经济发展和企业现状以及配送的实际需求，明确配送服务量与库存量的比例（通常做法）：2010 年取 2 倍，2015 年取 2.1 倍，2020 年取 2.15 倍。预计安庆市全社会配送量 2010 年为 14680 万吨，2015 年为 25284 万吨，2020 年可能达到 43344 万吨。

5. 安庆市物流总量预测

根据以上计算结果，安庆地区全社会物流发生总量 2010 年为 16 亿吨，2015 年为 22 亿吨，2020 年将达到 29 亿吨（见表 3－4）。

表 3-4　物流总量预测分析表　　单位：万吨

预测年份	2010 年	2015 年	2020 年
总运输量	8400	14000	23000
库存总量	7340	12040	20160
配送总量	14680	25284	43344
社会物流总量	30420	51324	86504
平均取值	30400	51300	86500

数据来源：安庆市商务局

二、安庆市物流业发展的环境分析

安庆市发展现代物流业具有良好的政策大环境、较好的经济环境和较为优越的地理环境，下面从三个方面对安庆市发展现代物流业的整体环境进行分析。

安庆市发展现代物流业的环境主要包括宏观政策环境、经济环境和地理环境三部分。

（一）政策环境

1. 国家层面的宏观政策环境

为加快我国现代物流业的发展，促进国民经济持续健康发展。国务院于2009年3月10日印发了《物流业调整和振兴规划》（以下简称《物流业规划》），《物流业规划》明确指出："物流业是融合运输业、仓储业、货代业和信息业等的复合型服务产业，是国民经济的重要组成部分，涉及领域广，吸纳就业人数多，促进生产、拉动消费作用大，在促进产业结构调整、转变经济发展方式和增强国民经济竞争力等方面发挥着重要作用。"

制定并实施《物流业规划》，不仅是促进物流业自身平稳快速发展和产业调整升级的需要，也是服务和支撑其他产业发展、扩大消费和吸收就业的需要，对于促进产业结构调整、转变经济发展方式和增强国民经济竞争力具有重要意义。

《物流业规划》分析了我国物流业发展的现状与形势，提出了物流业发展的指导思想、原则和目标，明确了我国物流业发展的主要任务、重点工程和政策措施，是全国物流业发展的指南。《物流业规划》的发布为安庆市的物流业发展提供了政策大环境。

2. 安徽省层面的政策环境

为贯彻落实国家《物流业规划》，促进物流业平稳快速发展，培育新的经济增长点，安徽省于2009年8月21日印发了《现代物流业发展规划》，将建设与长三角地区对接的物流基础设施、大力发展第三方物流、推动重点领域物流发展、加快国际物流和保税物流发展、创新物流业发展的体制机制、推进物流信息化和标准化、建立应急物流体系等七个方面作为主要任务；在空间布局上，发展三大物流区域，构筑五大物流枢纽，建设五大特色物流中心，规划五个地区性物流节点城市。

作为五大物流枢纽之一，安庆市的定位是：发挥安庆的区位优势，围绕主导产业，加快港口物流园区建设，优化物流资源配置，建成服务于皖西南、面向皖鄂赣的区域性物流枢纽。

安徽省《现代物流业发展规划》为安庆市物流业的发展提供了战略框架。

3. 皖江城市带承接产业转移示范区建设为安庆市现代物流业发展提供了新的动力

为适应国际国内产业转移趋势，推动我国产业结构优化升级，提升产业的整体竞争力，探索中西部地区大规模承接产业转移的新途径和新模式，促进区域协调发展，国家设立皖江城市带承接产业转移示范区范围是安徽长江流域的合肥、芜湖、马鞍山、铜陵、安庆、池州、巢湖、滁州、宣城九市，辐射到安徽全省。皖江城市带承接产业转移示范区于2010年1月正式获国务院批准，为皖江9市参与泛长三角区域合作提供了重要平台。

根据《皖江城市带承接产业转移示范区规划》，该地区将形成“一轴两核两翼三组团”的承接产业转移总体空间布局，安庆市是“一轴”中的一极，是“铜池枞组团”和“安庆产业组团”的重要组成部分，是皖江城市带三大区域性中心城市之一，其发展方向是：加快安庆中心城区发展，壮大城市规模，加强基础设施建设，增强服务功能，向东融合，向西开放，推进与武汉城市圈、环鄱阳湖城市群的交流与合作，建设现代化历史文化名城，打造带动皖西南、辐射皖赣鄂接壤地区的区域性中心城市。安庆产业组团的发展重点是：依托石化产业基础，促进化工产业集聚，构建循环产业链，进一步增强支柱产业实力；重点承接发展轻纺、汽车零部件及船用设备、文化旅游等产业，促进产业多元化；建设全国重要的石化和轻纺产业基地。

落实《皖江城市带承接产业转移示范区规划》，实现安庆市“区域性中心城市”的发展目标，承接石化、轻纺、汽车零部件及船用设备、文化旅游等重点产业，促进产业多元化，为物流业的发展提供新的动力。

4.《安庆市现代物流业发展规划》正式出台

为了积极响应中央和安徽省有关政策，大力发展现代物流业，近几年来，安庆市先后出台了多项支持现代物流业发展的政策措施。特别是2011年，市政府审时度势，针对安庆市物流业的发展要求，科学制定了《安庆市现代物流业发展规划》，提出未来一个时期，加快包括现代物流业在内的三大产业发展战略规划，并提出相关税收优惠、土地政策、加大资金投入、培养和引进中高级物流人才等多项保障措施，政府加强规划引导和政策支持，相关部门力促各项措施落实到位，使安庆市现代物流业的发展进入了一个空前良好的产业政策环境。

（二）安庆市经济环境分析

2011 年是“十二五”规划的开局之年，在市委、市政府的正确领导下，安庆市国民经济保持平稳较快的发展，全年地区生产总值 1215.7 亿元，比上年增长 13.2%，其中第一产业增加值 180.7 亿元，增长 4.2%；第二产业增加值 672.7 亿元，增长 18.0%；第三产业增加值 362.3 亿元，增长 9.8%。第二、第三产业对地区生产总值增长的贡献率分别为 71.5% 和 23.5%。以安庆石化、曙光化工、安徽华茂、海螺水泥、稼仙米业、南翔集团等为代表的龙头企业的较快发展，为安庆市现代物流业提供了极大的发展空间，

2011 年，安庆市消费品市场持续繁荣，全年实现社会消费品零售总额达 397.5 亿元，同比增长 17.5%，比 2005 年增长 2.74 倍，总量居全省第三位，增速高于全省平均增速 7 个百分点。其中城镇消费品零售额 270.7 亿元，同比增长 17.5%；乡村消费品零售额 126.8 亿元，同比增长 17.1%。居民消费水平的不断提高，带来了巨大的商品消费量，由此产生的商品运输、仓储、配送等物流量为安庆市现代物流业提供了广阔的空间。

随着安庆市城市化进程的加快，到 2020 年，安庆市区范围明显扩大，市区面积将超 100 平方公里，安庆市城区人口将达到 100 万，商品消费量将比 2011 年增长 100% 左右。可以预计，未来 10 年，安庆市商品需求量将比现在有更大幅度的提升，城市物流配送范围进一步扩大，物流配送量将比现在增长几倍。这些都为安庆市现代物流业的发展提供了良好的经济环境和发展动力。

（三）安庆市地理环境分析

安庆市位于安徽西南部、长江中下游北岸、皖鄂赣三省交界处，地理坐标为东经 117°03′、北纬 30°30′，是连接长江三角洲、武汉经济圈、环鄱阳湖经济圈的重要枢纽，具有承东启西、贯通南北的区位条件（如图 3－1 所示）。

安庆市交通条件优越。公路交通在安庆市对外交通联系中发挥了重要作用，高速公路有沪蓉高速、合安高速、合铜黄高速，与国道 G206、G318、G105 和省道 S103、S209、S211、S212、S213、S227、S228、S229、S320、S332 等共同形成了安庆市对外联系的骨架公路网络。

1. 公路交通状况

规划建设由合铜黄（北京-台北）高速公路、合安高速公路、桐池（桐城-池州）高速公路、济广（济南-广州）高速公路、安庆至景德镇高速公路、沪蓉

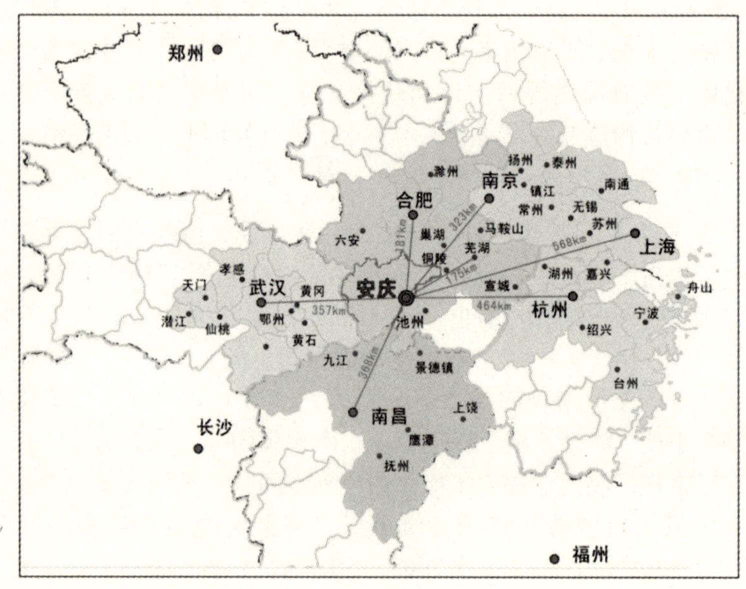

图 3－1　安庆市的地理位置

高速公路（合界高速公路）、安庆至芜湖高速公路、岳西至武汉高速公路、江北沿江高速公路，以及总铺至车轴寺高速公路连接线构成的“五纵四横一连”高速公路网络体系。

2. 铁路交通状况

铁路有京九铁路分流线——合九铁路与全国主干铁路网衔接，南京-安庆城际铁路、阜阳至景德镇铁路线将随着安庆铁路大桥的即将建成而加快施工进度，预计明年建成通车。这为安庆市发展现代物流业提供了优越的铁路交通条件，将为安庆市现代物流业的发展插上腾飞的翅膀。

3. 水路交通状况

自古以来，安庆市水路交通十分便利。水路顺江而下可经南京至上海出海，溯江而上可通达武汉、重庆，腹地的华阳河、皖河、菜子河、罗昌河四大水系和长江干线相通。安庆港为国家对外一类开放口岸，可常年通航 5000 吨级货轮和 10000 吨级油轮，辟有国际集装箱运输线，可直达日本、我国香港、新加坡、菲律宾等国家和地区。

4. 民航运输状况

安庆天柱山民航机场为 4C 级机场，辟有至北京、上海、广州、温州、厦门等航线。现准备扩建，增加航线，同时在适当时候发展货物航空运输业务。

5. 管道运输状况

安庆市具有管道运输的良好基础。安庆石化总厂拥有上千公里的管道运输线。现代江苏仪征经安庆至湖南长岭输油管道、安庆至合肥成品油管道正在建设中，安庆至合肥天然气管道也已开工建设。

总之，安庆市已初步形成了以公路、铁路、长江航运、航空运输和管道运输等多种运输方式构成的综合运输网络。这为发展安庆市现代物流业提供了优越的交通环境。

按照安庆市“十一五”综合交通发展规划及2010至2020年发展设想，将对外形成四通八达、功能完善、辐射能力较强的综合运输通道，对内形成布局合理、联系通畅的区域交通网络，逐步建设成皖、鄂、赣交界地区的交通中心城市（如图3－2所示）。

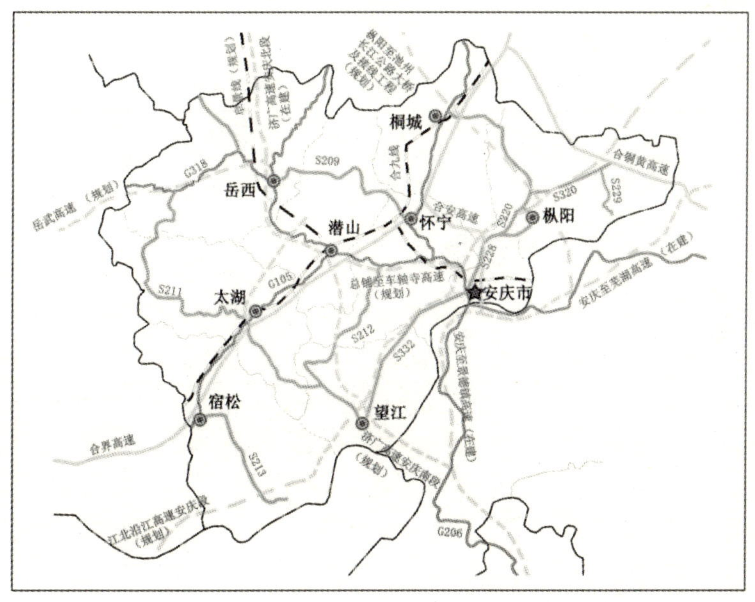

图3－2 安庆市的交通运输状况

因此，安庆市交通由公路、铁路、长江航运、航空运输和管道运输等多种运输互为补充，形成现代化的综合运输网络，将使安庆市对周边地区形成很强的辐射力，为物流业的发展提供了良好的交通条件。

综上所述，安庆市发展现代物流业具有良好的宏观政策大环境、充满生机和活力的经济环境以及较为优越的地理环境。

三、安庆市物流业发展现状与存在的问题

（一）安庆市物流业的发展现状

1. 物流基本现状

（1）货物运输发展现状

“十五”以来，安庆市货运市场发展缓慢。2008 年完成货运量 5802 万吨，同比降低 1.6%；全年完成货物运输周转量 118.08 亿吨公里，同比下降 3.4%。其中，铁路 7.16 亿吨公里，增长 1.2%；公路 26.37 亿吨公里，增长 6.7%；水运 84.57 亿吨公里，下降 6.5%；民航 8.4 万吨公里，增长 2.2 倍。“十一五”以来，安庆市货运周转量一直维持在 120 亿吨公里左右，变动幅度不大，公路和铁路货物周转量此消彼长。水运是货物运输的主要方式，占货物周转量的 84.6%，铁路运输发展滞后（见表 3－5）。

表 3－5　安庆市 2001—2010 年货物运输发展情况表

	货运量		货物周转量				
	货运量（万吨）	增幅（%）	周转总量（亿吨公里）	增幅（%）	公路	铁路	水运
2001	3924	13.7	40.31	-19.8	17.5	2.8	20.1
2002	4018	2.4	57.81	43.4	17.8	3.1	37.0
2003	4200	4.5	74.74	29.3	16.9	3.7	54.2
2004	4366	4.0	105.02	40.5	17.6	5.2	82.2
2005	4495	3.0	96.42	-8.2	20.8	7.9	67.7
2006	5904	31.3	128.88	33.7	22.0	6.8	100.1
2007	5899	-0.1	122.27	-5.1	24.7	7.1	90.4
2008	5802.0	-1.6	118.1	-3.4	26.4	7.2	84.6
2009	5900	0.1	121.3	2.1	27.8	7.3	86.2
2010	5923	0.1	125.6	0.8	28.1	8.1	89.4

数据来源：安庆市商务局

（2）商品运输的类型和流向呈现明显的产业特点

众所周知，石油化工、机械制造、轻纺、建材和农副产品加工是安庆市的优势产业，有关货运数据显示，货物运输的货类和流向显示明显的产业特点。

港口运输的主要货类以煤炭、石油化工原料、水泥、矿石、建材和集装箱为主，约占港口吞吐量的 96.8%；公路货运主要集中在水泥、矿建材料、粮食、木

材、石化产品、钢铁、煤炭及制品、轻纺、医药、农林牧渔业产品等货物运输；铁路货运主要为煤炭、水泥、化工原料及产品、木材等大宗货物运输，年运输量一直维持在200万吨左右，但受铁路基础设施条件、技术特点等因素的制约，目前，货运增长空间有限，货类相对稳定，覆盖范围和延伸深度有限。

从货物流向分析，货运范围主要以皖鄂赣为主，覆盖华东六省一市和中部城市以及江浙等沿海地区。

2. 物流基础设施发展现状

(1) 交通基础设施基本情况

安庆市综合交通运输体系主要依靠公路、铁路和水运三种交通运输方式，截至目前，以公路、水运、铁路、航空为主架构的综合交通网络在安庆初步形成，随着交通规划的落实和基础设施项目的逐步推进，综合交通网络将不断完善，(见图3－3)。

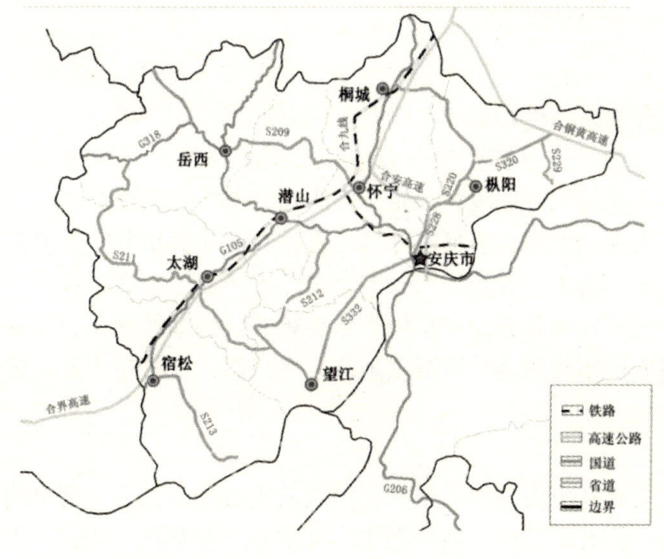

图3－3　安庆市公路交通网络

① 公路

截至2008年年底，安庆市公路通车里程为14809公里，其中高速公路240公里、二级公路895公里，等级以上公路占通车里程的89%。“两纵一横”三条高速公路（合界、合铜黄、合安）、“两纵一横”三条国道（G105、206、318）纵横交叉穿越境内，10条省道（S103、209、211、212、213、227、228、229、320、332）与高速公路、国道相连，基本形成了以高速公路为主轴，国道和省道干线为骨架，县乡公路相配套，城乡贯通、布局合理、高效安全的公路交通网络

（见表3－6）。到目前为止，安庆市公路通车里程各技术等级公路均明显增长，尤其是高速公路、二级公路等高等级公路里程增长较多，形成了一个较为完善的公路网。

表3－6　2008年前安庆市公路通车里程增长情况表

类　别	技术标准	通车里程（公里）	比　重（%）
技术等级	高速公路	240	1.6
	二级公路	895	6.0
	三级公路	754	5.1
	四级公路	11297	76.3
	等外公路	1623	11.0
总里程		14809	100

数据来源：安庆市交通局

② 铁路

安庆市现有铁路总里程近200公里，其中安庆支线40.7公里。辖区内有一条铁路线即合（肥）九（江）铁路及安庆支线；两条铁路专用线，分别是接轨于安庆北站的石化总厂专用线和接轨于安庆站的电厂专用线。

合九铁路贯穿皖西南，连接皖鄂赣三省，在湖北黄梅与京九铁路相连，沿途经过桐城、怀宁、潜山、太湖、宿松五个县，安庆支线直通市区。

正在修建的宁宜城际铁路和阜阳至景德镇的铁路即将通车，正在规划中的多条城际铁路将安庆市与其他城市紧紧地联系在一起，安庆市未来的铁路交通将十分发达。

③ 港口

安庆港位于长江下游北岸，是长江沿线的重要港口之一，为全国内河主要港口和国家对外一类开放口岸，腹地四大内河水系（华阳河、皖河、菜子湖、罗昌河）与长江干线形成了“一干四支”的水系网络。安庆段长江岸线全长247公里，占皖江北岸的61%，宜港岸线105公里；内河航道通航里程为742公里。长江沿线划分为中心、宿松、望江和枞阳四大港区，共占用岸线8175米，拥有码头泊位210个，辖区内长江航道可常年通航5000吨货轮和万吨级油轮。

目前，安庆长江岸线资源利用除以石化、煤电厂、水泥厂等企业为代表的企业专用码头和以五里庙、马窝等为代表的社会公用码头外，还存在着众多小型私营码头，码头运输多以河沙等矿建材料、木材为主，码头较为分散，规模较小。根据安庆港总体规划，中心港区三大作业区中五里庙定位为集装箱运输，马窝散货港区发展以散货泊位为主，长风港区以水铁联运为主，目前，长风港一期已于

2009 年 5 月开工建设。

④ 航空

安庆（天柱山）机场位于城区北侧 6.7 公里处，现为 4C 级军民两用机场，以军用和民航客运为主，货运业务较少，现开通安庆至北京、广州、上海、武汉等多条航线，目前，安庆市正加紧筹划机场的改造，增加多条航线，规划周起降次数达到 60 班次、货物吞吐量 1000 吨。

3. 物流节点设施发展现状

（1）铁路物流聚集区

依托铁路货运场站安庆北站，在中心城区西北部，形成铁路货运中心，设计吞吐能力 300 万吨，但受铁路基础设施、运力等条件的制约，安庆铁路运输一直发展缓慢，年货运量基本维持在 200 万吨左右。接轨于安庆北站的安庆石化和接轨于安庆站的煤电厂两条铁路专用线，主要承担安庆石化产品和煤炭的运输。现场调研显示，十里堡铁路集装箱物流中心正筹备建立，占地 180 亩，已立项，一期工程已动工。

（2）商贸物流聚集区

依托商贸服务业布局，沿 206 国道附近建设光彩大市场、钢材大市场、国际汽车城和青园农机大市场，逐步形成了光彩市场、英德利汽车物流园等物流聚集区，聚集了大批物流企业进驻，主要服务于汽贸、轻纺和农产品的运输，各家商户有比较固定的合作物流企业承接运输和配送服务，物流服务模式比较原始，服务分散，规模较小。城市日用消费品配送方面，除安庆烟草有自用配送中心外，以金华联、世纪华联、盛丰农资、上海医药、安庆粮油、万家旺为代表的连锁企业，企业规模不断扩大，业务范围触及周边城市，企业配备自用仓储配送中心，

（3）港口物流聚集区

马窝、五里庙物流基地初步形成规模，长风港一期工程已开工建设。港口货物集疏运方面，目前尚未配套建设公路集疏运站场。

4. 物流企业发展现状

截至 2012 年年底，安庆市物流企业约 240 家，其中登记注册企业 180 余家，物流从业人员两万多人。安庆申安物流、安庆南翔光物流、安庆恒运物流、安徽鸿润物流、安徽宜景国际货运公司、澳港货柜公司、中外运、中邮物流、安泰物流、中铁物流等物流企业落户安庆。依托光彩大市场、石化产业和铁路北站的资源优势，形成了三大物流集聚区域。

安庆市第三方物流企业规模很小，物流服务多停留在运输单一环节上，由于缺乏专业物流人才，企业的管理水平有限，服务能力有限。调研资料显示，安庆市第三方物流企业绝大多数是中小型企业以及私营业主，初具规模的中小物流企

业的服务比较单一，多数企业仅仅能够提供运输服务，管理理念有待提高，物流服务信息交流以电话通信为主。

物流在国外的发展历史较早，但是现代物流在我国的发展较晚，20 世纪 80 年代才开始。其理念在许多地区还没有得到广大物流需求企业的全面认识和接受，安庆市也不例外。目前安庆市的许多工商企业尤其是传统企业，受“大而全、小而全”观念束缚，对现代物流尤其是第三方物流还没有一个比较清晰和全面的认识，对第三方物流还存在着较大的顾虑，这在很大程度上制约了第三方物流市场的发展。

（二）安庆市物流业发展存在的问题

近些年来，在安庆市委、市政府的重视下，安庆市物流业的发展取得了一定的成绩，但从总体上看，与周边物流业发展较好的地区相比，安庆市物流业的发展还相对落后，与其承东启西的区位优势极不相称。其问题主要表现在以下几方面：

1. 经济总量偏小，物流需求不足

安庆市 2010 年地区生产总值 633.5 亿元，占全省的 8.18%；而完成货物运输周转量 122.27 亿吨公里，仅占全省的 6.17%，其中，铁路为 0.72%，公路为 4.55%，水路为 20.16%。近几年来安庆市经济发展较快，经济总量逐年增加，由此带来的物流量呈现增加的势头。但是，与周边的芜湖、马鞍山、铜陵等市相比，安庆市的经济发展水平在全省处于中等偏下位置，由此带来的区域经济总量还是偏小，商品输入和输出量能不大，物流需求有限，这在一定程度上影响了安庆市区域物流业的发展。

2. 物流发展水平低，物流资源配置不合理

通过两年来对安庆市物流企业的实地调查了解，安庆市物流企业基础设施投入严重不足，绝大多数企业没有自己的仓储场地，即使有也是租赁的，基本上还停留在一间办公室、一台电脑和一部电话联系业务、租赁几台车或几条船跑运输的简单经营模式上。笔者通过实地走访和资料统计发现，安庆市 85% 以上的物流企业根本没有仓储设施、运输车辆和管理信息系统；10% 左右的物流企业虽有仓储设施和少量运输工具等，但仓储设施空间小，运输车辆运量小；5% 左右的物流企业具有物流信息平台，但物流信息平台功能不足，难以适应现代物流发展的需要。其中以光彩大市场众多“物流企业”尤为典型。这些物流企业从严格的意义上来说不是真正的物流企业，只是货物运输代理企业。能够从事物流运输、仓储、配送、流通加工等业务的物流企业很少，更谈不上什么增值物流管理。物流管理水平已不适应现代物流业的快速发展。

同时，安庆市不少工商企业出于自身经营的需要，利用现有的空厂房、空地

等闲置设施，纷纷建立物流“配送中心”，这样的“配送中心”规模小，设施简单，管理混乱，物流运作效率低。这既浪费企业资源、增加企业运营成本，又不利于第三方物流企业的发展。安庆市有部分企业在经营过程中，有的因经营不善倒闭、有的被兼并。但这部分闲置资源（主要是企业厂房、仓库等）没有做到有效的配置，物流资源配置不合理，这在一定程度上制约了安庆市区域物流的发展。

3. 港口物流发展问题突出

安庆市是重要的沿江城市，发展水上运输具有优越的地理优势。但是，与周边地区港口业发展相比，特别是港口物流发展方面，与发达的沿江城市（如武汉、南京等）差别不小。究其原因，首先，企业对港口岸线资源的重要性认识不足，口岸物流量偏小，“黄金水道”的重要作用未得到充分发挥，严重制约了做大做强港口物流以及安庆港口经济联动发展；其次，各级政府部门职责分工不明确、条块分割，港口资源浪费现象严重；再次，政府部门所给予的政策性倾斜没有充分到位，各类港口设施、设备比较陈旧，数量不足，物流信息化水平较低，作业效率不高。因此，安庆市港口物流业整体实力较弱，市场竞争力不强。

4. 物流专业人才缺乏

经济普查数据表明，安庆市物流企业从业人员中，具有大学本科学历及以上学历仅占从业人员的1.6%，大专学历占从业人员的8.8%，二者比重比全市法人单位的大专以上学历的平均水平低4个百分点。此外，物流企业中具有技术职称的人员占其从业人员的比例为5.2%，比全市法人单位具有技术职称人员所占比例低7.4个百分点，其中中高级职称的低2.9个百分点；中高级工占物流企业从业人员的比例为2.8%，比全市法人单位中高级工所占比例低4.8个百分点。据了解，物流从业人员中具有物流专业学历或取得物流师任职资格的人员少之又少。

调查显示，“缺乏物流人才”以最高的认同率，被列为“制约物流企业发展的主要因素”的第一位，在问及需求人才的具体情况时，53%的被调查者认为企业目前急需“物流技能操作”方面的物流人才。

虽然安庆市已有少数学校（如安庆师范学院、安庆职业技术学院等高校）开设了物流专业或相关专业，但是由于区域经济发展的因素，每年愿意到安庆市物流企业工作的物流专业毕业生很少。笔者做过简单统计，安庆职业技术学院物流管理专业的毕业生，从2006年开始到现在，只有极少数毕业生在安庆市物流企业工作，其比例达不到1%，有的干了一年或两年就跳槽到外地。愿意在安庆物流企业工作的毕业生太少，无法满足安庆市物流企业的物流人才需求，尤其是高端物流实际操作人才比较缺乏。

同时，安庆市缺乏相应的物流培训机构，参加过物流技能培训的人数很少，有的员工根本不愿意到物流培训机构进行技能培训。物流专业人才的大量缺乏，在很大程度上制约了安庆市现代物流业的发展。

5. 物流业发展的相关政策措施缺失

现代物流业的发展需要政府的大力支持和正确引导。目前，人们的物流理念缺乏、对物流的重视程度低，安庆市物流企业各类统计数据缺乏，政策体系、物流标准化、统计指标体系等基础性工作滞后，这些都在一定程度上影响了物流企业的绩效评价及整体效率的提升。

安庆市第三方物流企业大多是由传统储运企业转型升级而来，不可避免带有计划经济的遗迹。在其影响之下，政府各部门之间条块分割、各行其是，上级部门制定的土地、税收等各项政策措施难以落实到位，普遍存在执行难的问题；同时，政府关于推动现代物流业发展的相关优惠政策有待落实到位。相关部门在审批关于物流业发展的文件时效率较低，这在一定程度上影响了当地及外来物流企业经营的积极性。这些物流发展软环境的缺失，影响了安庆市现代物流业的健康发展。

6. 物流资源整合面临困难

物流业是一个综合服务型行业，复合性强。目前安庆市没有成立专门的管理机构进行统一管理，各部门相互协调的流程复杂，不利于物流业的发展。

在要素整合上，各类物流企业整合面临困难。由于利益关系和企业过去经营的差别，各类企业基本专注于本行业务，缺乏开拓其他物流业务的意识。例如，商贸流通企业侧重于批发和零售的分销业务，仓储企业注重于货物的装卸、搬运和仓储，运输企业开展单一的运输业务，服务功能单一，服务内容有限，信息交换渠道不畅，技术装备落后，物流市场处于低层次的竞争状态。如何把安庆市现有的物流资源进行整合，集中发展具有运输、仓储、配送、包装、流通加工、装卸搬运等业务和物流信息管理能力的现代化物流企业，是安庆市发展现代物流业的关键。

7. 现代物流供应链管理理念较落后

供应链管理是现代物流的核心理念，用系统的观点通过对供应链中的商流、物流、信息流、资金流进行设计、规划、控制与优化，以寻求建立供、产、销企业间以及与客户间的战略合作伙伴关系，最大限度地减少内耗与浪费，实现供应链整体效率的优化，并保证供应链中成员取得相应的绩效和利益。它覆盖了从供应商到用户的全部过程，强调的是通过改善企业内部和企业间的关系，对供应链上所有活动进行集成管理，以获得持续稳定的竞争优势。由于安庆市很多企业是传统的工商企业，受“大而全、小而全”的观念影响，基本上是企业自行运作物流业务，对供应链管理没有一个清晰的认识，供应链管理理念较落后。

8. 物流服务水平和物流信息化水平较低

全市物流行业仍以传统物流为主，大多数物流企业规模小，实力有限，装备技术落后，物流专业化程度较低，物流业的组织化和规模化程度低。物流服务仅提供传统的运输、搬运、配送、仓储等服务，物流附加值低、效率不高，物流运营成本高。物流服务主要也是被动的服务，主动的物流服务措施少，客户满意度不高，因而影响了客户的忠诚度。

现代物流是信息化物流，由于资金投入少等原因，物流信息系统建设不足，多数物流企业对信息的收集、整理、开发、使用等尚处于手工操作阶段，物流信息技术推广应用力度不足，射频技术（RF）、条形码技术（BC）、全球卫星定位系统（GPS）等先进信息技术应用较少，在物流信息系统的发展方面水平低，缺乏共享的公共物流信息平台。物流信息技术的普及和应用程度还不高，物流信息系统尚未实现自动化，系统功能不强，信息资源的利用尚未实现跨部门、跨行业整合。这在很大程度上制约了安庆市现代物流业的发展。

9. 第三方物流发展较慢

受工商企业物流需求释放不足和物流企业服务能力不足两方面因素的制约，第三方物流发展缓慢。一方面，工业企业、商贸企业大多数组建自己的物流部门或者成立物流公司独立运营，而服务内容以承接本企业物流业务为主，物流需求向社会释放不足，导致第三方物流企业投资意愿降低。另一方面，物流企业自身管理水平低、服务能力不强也制约了第三方物流的发展。安庆市多数第三方物流企业规模较小、专业化程度和信息化水平较低，专业物流人才缺乏，物流服务多停留在单一环节上，服务能力达不到现代物流服务的要求，从而抑制了工商企业物流服务外包。安庆市现代物流企业规模也不大，安庆市真正意义上的物流企业营业额在1000万元以上的仅有15家，除个别水运企业外，几乎没有一家企业年营业额能达到5000万元。

10. 物流基础设施建设不足

经过多年的建设，安庆区域公路（高速公路）、铁路、水运、航空等基础设施虽有一定的发展，但可运输里程长度小，特别是县域内的公路建设还有不足的地方。近几年来，随着政府实施“村村通”工程，许多乡镇都有公路，但由于后期维护资金不足，公路损坏现象较为严重，这严重影响了县域货物运输。货物运输不畅，难以承担区域性的物流服务，与物流枢纽城市的要求相差甚远。

受长江阻隔的影响（安庆市铁路不能过江），物流通道总体上存在铁路运输能力不足、高等级公路总量小、港口服务功能弱等问题；多式联运发展滞后，主要表现为多种交通方式之间有效衔接不够，公路、港口和铁路货运站场、仓储设施等利用率不足；物流技术装备水平不高，科技含量高、技术性能先进、高能低耗的厢式货车和冷藏车等专用车相对较少。

第四章　安庆市物流业功能定位与发展模式

一、安庆市物流业发展的竞争力分析

安庆市位于皖鄂赣三省交界地带，处于武汉、合肥、南昌、杭州四个省会城市的中心，是皖江城市带中的重要城市，临近环鄱阳湖经济圈、武汉经济圈和长三角经济圈，贯通南北，承接东中西，区位优势较好。其物流业发展市场竞争力优势明显，现代物流业发展潜力巨大。

（一）安庆市物流业发展的优势

安庆市拥有247公里长江岸线，条件优越，适于大规模开发利用的一、二级岸线73.3公里，其中尚未开发的岸线所占比例达60%以上。安庆港是安徽省长江北岸唯一的深水良港和国家一类水运口岸，年吞吐能力达2000万吨。港口腹地资源丰富，发展空间广阔，是皖西南地区和长江中上游省市部分物资中转集散地和接通运输中心。

与周边城市相比，安庆市的石油化工、服装纺织、建材、农副产品、商贸业等行业的区域性竞争优势明显，以安庆石化、曙光化工、安徽华茂、海螺水泥、稼仙米业、南翔集团等为代表的龙头企业在中部地区乃至全国负有盛名。相对优势产业的形成为物流业的发展提供极大的发展空间和发展思路：集中优势资源，实施错位发展策略，做精、做专专业化物流，逐步拓展业务覆盖范围，以物流业务带动产业结构调整，为承接产业转移创造良好的条件。

（二）安庆市物流业发展的劣势

1. 物流业发展基础薄弱

从物流业务的历史数据和物流发展的现状来看，安庆市物流业的发展基础比较薄弱。全市3A级以上物流企业很少，物流企业发展普遍存在经营规模小、管理不科学、经济效益不高等问题，物流业务处于传统阶段（如运输、仓储），物流增值服务几乎空白，现有物流企业不具有竞争优势，区域竞争力明显不足。

2. 物流资源整合面临压力

资源整合体现在两个方面：一是物流服务组织形式的整合，即小规模、零散的货运企业、货代企业、物流企业的整合。这些企业由于管理理念落后和资金不足，无法做大做强，但是，如何整合安庆市已有的这类企业，培育龙头企业，发挥其规模优势，是一个较难解决的问题。二是货源的整合，即制造业企业、商贸企业及农业龙头企业与物流业如何联动发展。在第三方物流企业整体实力不强、供应链管理和物流信息技术落后的情况下，有限的货源被分散，如何实现联动发展、集中优势资源、培育龙头企业、创新发展模式，是政府和企业面临的一大难题。

3. 现代化大型物流企业发展缓慢

物流管理理念、人才、运营网络技术、资金、客户资源是影响物流企业发展的最主要因素，然而，在上述几个方面，安庆市物流企业非常欠缺。目前，多数货运企业、物流企业的管理层、操作人员缺乏现代的物流管理理论，物流从业人员文化水平不高、实践能力不强，企业缺乏大客户的业务支持，也缺乏资金和技术，第三方物流企业做大做强难度较大。

（三）安庆市物流业发展的机遇

1. 物流业具有前所未有的发展机遇

随着国家《物流业调整和振兴规划》的出台，物流业在国民经济中的地位提升到一个新的高度。物流业作为复合型生产服务业的地位被广泛接受，全国各级政府给予充分重视，并着手制定物流业发展规划，出台一系列促进物流业发展的扶持政策，物流业的政策环境向好。

2. 促进中部地区崛起的政策规划

2009 年 9 月，国务院常务会议讨论并原则通过了《促进中部地区崛起规划》，规划指出，争取到 2015 年，中部地区实现经济发展水平明显提高，加快形成沿江、陇海、京广、京九“两横两纵”经济带。中部地区历来是我国重要的粮食、能源、原材料、装备制造业和综合交通运输枢纽，在经济发展中占有重要的地位，规划的出台和一系列配套项目的推进，必定能为包括安徽省在内的中部六省提供巨大的发展机遇。

3. 皖江城市带承接产业转移示范区发展规划出台

为推动全国产业结构升级，探索中西部地区大规模承接产业转移的新途径和新模式，促进区域协调发展，安徽省制定《皖江城市带承接产业转移示范区规划》并提交国务院审批。该规划提出了一系列鼓励示范区经济发展的举措和保障措施，安庆作为区域副中心，发展前景乐观。

（四）安庆市物流业发展面临的挑战

中部沿江地区区位和交通资源相近、产业基础相似的特点，决定了安庆市物流业发展面临较大的竞争压力。除了合肥、武汉、南昌三个省会城市，邻近安庆的芜湖、九江对安庆市物流业的发展构成较大的竞争威胁。芜湖市的物流发展起步较早，现代化、专业化的物流企业已初具规模，物流发展现状明显优于安庆市；九江市的物流发展现状与安庆市基本相当，但在港口经济腹地资源方面，九江市是江西省唯一的港口城市，其资源优势明显优于安庆市，并且已成功引进上港集团，发展前景向好。

1. 来自周边芜湖市的竞争

芜湖市近些年来经济发展较快，芜湖市物流业发展也走在沿江城市前列。

整体来看，芜湖市基本形成了以高速公路、铁路、港口为主架构的综合交通网络。公路方面：目前，芜湖市等级公路 4816 公里，公路密度为 145.07 公里/百平方公里，合芜、芜杭、沿江、芜雁等高速公路在芜湖交汇，国道 G205 和 G318 以及多条省道穿境而过。铁路方面：芜湖境内铁路网密布，淮南线、合杭线、皖赣线和宁铜线在芜湖交汇，芜湖东站年编解能力 7.6 万列，折算货物通过能力 2.3 亿吨，两淮、西北、西南、中西部地区到发长三角及皖赣线、福建沿海地区大部分客货和津浦线分流货物均在芜湖编组配送。港口方面：芜湖港是长江溯江而上的最后一个深水良港，共设立八个长江港区、八个支流港区，建有 5000 吨级码头泊位 33 个，其中中水期可靠泊万吨级轮船的泊位 10 个，港口吞吐能力 6500 万吨。经过近几年的发展，芜湖港裕溪口煤码头已成为长江第一大煤炭能源中转港，朱家桥外贸码头成为安徽省最大的外贸、集装箱主枢纽港，港口集疏运体系完善。

截至 2008 年年底，芜湖市具有一定规模的第三方物流企业 18 家，企业管理理念比较先进，现代物流信息技术、网络技术逐步渗透到物流服务各个环节，形成了一批有代表性的现代化专业物流企业，如安得物流（4A 级）、奇瑞物流、远方物流（3A 级）、招商局物流等；全市拥有货运企业 213 家，货运车辆 11679 辆，总吨位 54539 吨；初步形成了长江市场园、芜湖港集装箱、长街小商品批发市场等物流中心；芜湖货运配载中心位于长江市场园区内，拥有 218 家从事货运代理、配载的小型物流中介企业。在物流基础设施布局上，政府已经重点规划建设四大物流园区：芜湖港物流园区、城东物流园区、城南物流园区、三山物流园区，总规划面积 700 公顷。

芜湖市政府对物流业发展高度重视，近年来，更是将物流业发展提升到“三产兴市”战略的高度，并围绕物流产业发展分别制定了多项规划，包括《芜湖市现代物流规划》（2001 年）、《芜湖市“十一五”物流规划》（2004 年）、《芜湖市重点物流项目建设规划研究》（2004 年）等。近期，为扶持物流业更好更快发展，政府已讨论并即将出台《关于加快物流业发展的若干政策》和《芜湖市人民政府贯彻〈安徽省现代物流业发展规划〉的实施方案》，并对社会公布扶持物流业发展的若干政策。

2. 来自周边九江市的竞争

据了解，九江市已初步建立起了以公路、铁路和水运为主架构的综合交通运输网络。公路方面：九江长江大桥连通武汉、合肥、南京，昌九、九景高速公路连通江西全省，国道 G105 和 G316 穿越境内，多条纵横交叉的省道与高速公路、国道相连，形成了四通八达的公路运输网。铁路方面：京九、合九、武九、铜九以及在建的九景衢等五条铁路在此交汇，境内下辖 23 个火车站。港口方面：九江市是江西省唯一的港口城市，也是长江流域的十大港口之一，泊位一百多座，最大靠泊能力 5 千吨；近几年，九江港引入上港集团参与码头运营，新建大型集装箱专用码头两座，目前，集装箱吞吐能力已达到 10 万 TEU，港口配套公路、铁路等集疏运设施建设逐步推进。

目前，九江市 3A 级以上物流企业已有多家，许多传统运输、仓储企业已向现代物流企业转化，它们不仅提供传统的运输仓储服务，而且物流管理理念更新较快，运用了现代物流管理方法和信息技术，同时大力发展电子商务，九江市现代物流业发展明显加快。

早在 2006 年，九江市政府曾制定《九江市现代物流产业发展规划纲要》，要求依托全国粮、棉、盐、油、煤等储备库资源，借助水路、铁路与公路互动，将九江市建设成为赣、鄂、皖、湘区域性转港贸易物流中心和区域性物流节点城市。2009 年 7 月，九江市发展和改革委员会发布了《加快九江港口物流业发展的政策建议》，指导全市物流业的发展，实施“走出去、引进来”战略，成功引入上港集团入驻九江港，同时配套引进“上港物流公司”，借助上港集团丰富的码头管理经验、人才、运营网络、客户资源和技术等优势，积极发展港口物流业务。

二、安庆市物流业的功能定位与发展思路

（一）安庆市物流业发展的战略定位

根据现代物流发展理论，一个国家和地区发展物流业，一定要根据所处的区位优势和交通条件，科学合理地确定物流业发展目标，从战略的层面上，制定物流业发展战略。

安庆市地处皖鄂赣三省交界处，是长江三角洲、武汉经济圈、环鄱阳湖经济圈的交汇点，是承东启西、贯通南北的交通枢纽，是皖西南中心城市。

优越的地理条件和交通优势，安庆市可以把现代物流发展的战略定位为：立足皖西南、面向长三角、辐射皖鄂赣、服务全国、连通国际的皖西南物流中心城市。

（二）安庆市物流业发展的总体指导原则

根据区域物流业发展的基本原则，结合安庆市经济发展状况和物流业发展水平，确定指导安庆市区域物流的六大原则。

1. 注重与安庆市经济发展相适应原则

依据区域物流发展的要求，区域物流的发展规划应从区域经济发展的需要出发。也就是说区域物流的规划应充分考虑区域经济的发展对区域物流的需求，合理估计区域物流的市场容量或规模，使服务提供和服务需求相互适应。既要避免物流业发展不足，又要防止物流资源浪费的现象。因此，安庆市发展现代物流业必须结合安庆市经济发展状况（现在和未来发展），科学合理地确定区域物流发展规模和结构，实现安庆市区域物流业与区域经济发展同步、协调发展。

2. 统筹安排原则

区域物流是一个庞大而复杂的社会系统兼工程，必须运用系统的方法进行规划，既要统筹兼顾，也要保证重点、兼顾一般，还要注意挖掘区域物流发展的潜力，充分调动参与区域物流的各个部门、各个环节和区域内的各种社会力量，以及其他一切关注区域物流发展的相关部门，充分发挥它们的积极性和主动性。政府应对区域内原有的相关物流企业资源进行整合，发挥各自优势，统筹安排，在更高的层面上实现安庆市现代物流业的均衡发展。

3. 协调规划原则

区域物流发展与区域内其他的经济建设既相互管理、相互促进，也相互制约。区域物流的发展规划应与区域的其他各项经济建设相互协调，同时应与区域的社会、文化、政治、教育等建设和发展相互协调，切不可孤立进行。应强调组织物流的各部门及运输、保管、装卸、包装、流通加工、配送、信息处理各环节的相互协调，必须加强信息交流，在时空上互相衔接。安庆市有关部门应站在全市的高度，协调相关部门，科学合理规划物流业的发展。

4. 充分利用现有物流资源，合理优化资源配置原则

现代物流强调的重点是通过现代先进技术的运用，对现有物流资源加以整合利用，而不是过多地上新的项目。要正确理解“第三利润源”的真正内涵，应更多地从成本节约和从物流的乘数效应的角度去理解物流是“第三利润源”。从实际经营效果来看，物流产业是一个利润水平较高、辐射带动效应强的产业。因此，应加大物流资源的投放，合理优化配置物流资源，加快物流业的快速发展。

5. 规范经营原则

规范经营是指区域经济的主体应依据现代物流的要求，在规划时，对区域物

流具体运作和物流流程进行规范，并确立科学合理的评价标准体系，依此进行区域物流组织和管理，在区域物流的发展过程中，有效降低区域物流资源整合的成本和损失，提高区域物流发展的质量。对区域物流的规范化运作，不论从物流服务的提供方，还是从物流服务的需求方而言，都是十分必要的。现代物流需要对其所有的系统要素，围绕着物流成本与物流客户之间的平衡进行系统优化。在既定的物流成本预算下，尽可能使物流客户服务水平得以提高；反过来，要在既定的物流客户服务水平下，使物流成本尽可能降低。许多研究表明，要实现这一平衡，必须通过制度的合理安排，对区域物流平台构筑的流程和物流的流程进行规范。唯有如此，才能有效提高区域物流的运作质量。

6. 产业联动发展原则

大量的研究和实践证明，产业集群是提升区域经济竞争实力的有效形式。福建东南汽车的迅速发展和壮大便是一个很好的例证。因此，安庆市区域物流发展的规划应充分考虑产业集群发展的客观规律。通过配套、完善的物流服务使在其服务范围内的产业集聚发展，同时也为区域物流自身创造更广阔的物流需求空间，促进物流产业的发展。

（三）安庆市现代物流业的发展思路

1. 积极培育市场需求

通过多种途径扩大物流市场需求。安庆市目前具备物流发展的区位、交通基础优势及产业条件，但第三方物流发展相对缓慢，社会物流市场需求不足。要通过物流规划引导，积极扩大物流市场需求。

安庆市地处皖鄂赣三省交界处，是重要的区域性中心城市之一。按照安庆市的城市功能定位、经济发展水平和基础设施等条件，依托区位优势，可以挖掘三省交界区域的重要通道和物资集散的潜力，借助皖江城市带承接产业转移示范区建设的区域综合开发，围绕石油化工、纺织服装、汽车零部件及船用设备、造纸印刷、包装、农产品深加工以及旅游业，发挥连接长三角与中西部资源主产区重要纽带的作用，大力发展面向皖鄂赣、畅通国际的现代物流产业。

（1）培育物流市场需求

坚持扩大物流需求与改善物流供给相结合，推进工商企业物流优化管理与发展社会化、专业化物流服务企业相结合，培育物流市场和规范物流市场相结合，鼓励工商企业将物流服务有效分离出来，实施物流企业再造工程，加快企业组织创新，变传统物流为现代物流，变物流自理为物流代理，变企业物流为物流企业，优化物流供给，培育物流需求和物流市场。

（2）鼓励制造企业剥离物流业务

大型工业企业在完善内部物流系统的基础上，逐步把物流系统与生产制造系统分离开来，推进主辅业务分离。积极发展物流外包业务，有条件的企业，可把分离的物流系统组建为有行业特色的物流企业，大力发展有特色的第三方物流，为其他企业提供物流服务。另外，依托安庆发达的商贸流通业，引导光彩大市场、汽配市场等市场交易方式与功能创新，支持连锁经营、电子商务等现代商业模式的发展，拓展物流服务新的需求。

（3）提高流通企业物流效率

流通企业要加快运用现代化的物流技术，实现供应链一体化的物流配送服务，降低流通成本，提高经营效率和服务质量。鼓励大型批发企业利用电子数据交换技术，加快商品周转，努力延伸产业链条，提高批发服务的附加值。建立公共的物流中心，鼓励大中小型零售企业逐步把商品采购、运输、仓储、加工、整理和配送等物流业务分离出来，交由第三方物流企业代理。加强配送中心建设，积极发展各种形式的配送服务。

（4）加快第三方物流企业发展

鼓励运输、仓储、配送、货代、多式联运企业通过参股、兼并、联合、合资等多种形式进行资产重组，扩大经营规模。逐步培育一批服务水平高、市场竞争力强的跨省、跨区域、跨多种所有制类型的大型专业第三方物流企业。

支持和鼓励工商企业逐步将原材料采购、运输、仓储、配送等业务分离，由专业物流企业承担，大力培育发展第三方物流，促进物流的专业化、社会化，实现高效物流。

（5）积极发展大宗商品和特种商品物流

重点发展石化、纺织服装、汽车零部件及船用设备制造、粮食、鲜活农产品、冷冻（藏）食品等商品物流系统改造项目，拓展大宗商品和特种商品的运输通道，形成高效便捷的运输网络。围绕发展订单农业，加快鲜活农产品储藏、加工和冷冻运输设施建设，促进鲜活农产品物流配送的发展。开展废弃物回收物流体系研究，鼓励资源再生利用，保护环境。开展应急物流体系建设研究，形成能够应对自然灾害、流行疾病爆发等突发性事件的应急物流服务体系。

2. 加快培育和引进大型现代化物流企业

以加快现代物流发展为契机，培育一批具有市场竞争力的现代物流企业，大力发展第三方物流。鼓励和支持第三方物流企业与工商企业之间的合作，共同构建物流服务体系，实现物流企业经营主体、投资主体的多元化和物流服务形式的多样化，满足工商企业的综合性、全过程物流服务需求。

（1）培育提升现有物流企业

鼓励物流企业进行品牌创建、股份制改造，通过兼并、联合、收购等形式进行资产重组，不断壮大经营规模，培育扶持一批具有示范带动作用的现代物流企业。抓好安庆现有物流资源整合，通过改组、收购、兼并、股份合作等方式，加快内部资源整合和挖潜。重点扶持在石化、汽车零部件及船用设备制造、棉纺服装和农产品深加工等重要领域、重要环节中具有综合服务能力的物流企业。支持重点物流企业对优良物流资源进行整合，进一步优化资源配置，提高资源运营效率，不断增强安庆现代物流业的竞争力。

（2）积极引进省内外大型物流企业

安庆市可通过招商引资，积极引进省内外知名的第三方物流企业，鼓励国内外大型物流企业入驻安庆市各主要物流园区、物流中心或配送中心，并在安庆设立采购中心、区域分拨中心、配送中心。吸引国内外大型物流企业落户物流园区和产业集聚区，发展第三方物流和特色加工物流；同时，支持各区（县）按照自己的优势发展物流中心或配送中心，形成合理的物流业结构体系，降低企业的物流成本。

3. *加快物流基础设施建设*

进一步加大现代物流基础设施建设的力度，完善公路网络、管道及内河航道建设，建成方便、快捷、高效的物流运输通道，促进现代物流企业的成长壮大和现代物流方式的广泛应用。重点建立一批以现代理念和现代物流设施、设备武装起来的物流园区、物流中心或配送中心等物流中心节点。

（1）加快综合交通基础设施的建设

安庆市目前虽然已经基本形成了以公路、铁路、内河航运、航空和管道交通构成的立体交通网络，但与现代物流发展的要求还有一定差距。要加快高速公路、铁路、内河港口、机场和海关的建设，构筑陆路、水路和空中相互衔接和补充的立体交通网，形成一体化的综合交通网络，为物流业的发展提供有力支撑。

① 加快外部通道建设

要完善公路路网结构，构建高速公路网络架构；加快铁路改造和扩能，建设和改造重点干线，优化路网结构，加强既有铁路的扩能提速改造，建设与国有铁路连接以及为大型企业服务的地方铁路和专用线；扩大长江河道水运网建设，拓展水上运输渠道。

② 完善内部交通网络通道建设

大力发展农村公路，改造升级干线公路；加快内河航道的整治与建设步伐，发挥安庆水路运输通江达海的优势。按照大型物流园区、专业物流中心及配送中心体系的布局要求，加快物流节点设施之间的运输通道建设。

（2）加快物流节点基础设施建设

① 在安庆市主城区集中力量做好大型物流园区的规划建设

一方面，配套石化工业园的规划建设，规划建设石化物流园区，建成长江中下游重要的、专业性的石化产业物流服务中心；另一方面，依托安庆港的优势，加快港口综合物流园区的建设步伐；同时，依托安庆光彩大市场大力建设商贸型物流园区，发挥安庆市商贸中心的商贸流通作用。加快物流园区的建设，围绕安庆经济发展的特点，加快建设石化物流园区、农产品物流园区、港口物流园区和商贸物流园区。在此基础上，完善安庆市物流节点建设，构建分布合理、功能优化、管理一流的现代化物流体系。

② 加快物流中心的建设

加快五里庙集装箱物流中心、马窝散货物流中心、枞阳物流中心、望江物流中心、桐城物流中心和潜山物流中心的建设。逐步完善与工业品配送、农产品物流及商贸物流相配套的配送中心体系建设。在安庆市域范围内规划建设十四个配送中心，主要涉及农副产品的集散、农资及日用品的配送、原材料及工业品配送等。

4. 坚持区域特色物流发展

安庆市经济发展中具有很多特色产业，根据区域物流发展的相关理论，区域物流发展应紧密联系区域经济，特别是区域特色经济。加强区域特色经济建设，发展区域特色物流，是快速发展区域物流、形成区域物流品牌、提升区域物流核心竞争力的关键。安庆市拥有石化化工、汽车零部件、农产品、港口等优势行业，因此，要发展安庆市的物流业，在以上行业应重点发展，走特色区域物流发展之路。

5. 实施可持续物流发展

物流的建设要能促进经济的发展，改善交通与环境。要避免货运车辆通行对市区交通的影响，减少对城市不必要的干扰，减轻环境污染，实现物流与经济建设的健康、快速、可持续发展。安庆市在发展区域物流的过程中，必须围绕物流业可持续发展的要求，贯彻“绿色物流”指导思想，本着节约资源、注重物流资源的优化合理利用的原则，降低物流成本，减轻物流过程中的环境污染，加快区域绿色物流的发展步伐。

三、安庆市物流业发展模式选择

区域现代物流业的发展，已成为我国各级地方政府和物流企业较为关注的热点问题。但是，一个区域物流产业的发展模式及所实施的政策措施是与该区域经济发展模式和水平、地理区位、产业活动、流通活动以及该区域的物流基础设施建设水平等软硬条件密切相关联的。因此，只有在弄清哪些要素在区域物流产业的发展进程中产生了影响之后，才能有效地确保一个区域能够选择出正确的区域物流发展模式并制定出有效的政策措施加以引导。

所谓的区域物流发展模式，就是指一个国家或地区所选择的关于该区域物流产业、物流环境的总体发展战略以及与该战略配套的相关运作机制的总结，它是对整个区域物流产业发展思路的一种高度概括。一个区域要成功地选择出适合本区域的物流发展模式的一个重要前提，就是对影响物流产业发展的关键因素和机制进行深入分析，进而才能有效地选择出正确的区域物流发展模式。一般来说，现代物流发展模式有以下几种：

（一）基于产业集聚区的区域综合型物流发展模式

基于产业集聚区的区域综合型物流模式，是以区域内的产业聚集区各产业组织为主要服务对象，为各产业组织物流供应链活动提供终端物流配送服务和区域性物流服务。其主要特征为：有覆盖整个区域的完善物流网络，定制化、灵活性、柔性的服务特征；在产业组织关联度强的产业集聚区中，基本模式主要表现为供应链一体化；在关联度弱的产业集聚区中，更多表现为综合物流服务模式。这种模式在我国主要存在于高新技术开发区、经济技术开发区等一些特定区域。该模式外在经济环境主要有以下特点：

1. 所在区域物流需求旺盛、客户相对集中

从产业经济学角度看，产业聚集区以专业化分工与社会化协作为基础，使得某一特定领域、特定产业链得到纵向与横向拓展，为区域物流市场发展创造了有利环境。例如以武汉光谷为代表的武汉东湖高新区正在成为我国最大的光纤光缆和光电器件生产基地。光纤光缆的国内市场占有率达到50%。该区拥有光电类企业480家，相关领域从业人员3万人，光电产品年产值120亿元，拥有长飞光纤、武汉邮科院、武汉NEC等众多知名企业，这些都使武汉光谷有较大的区域物流需求。

2. 存在有利于物流产业品牌化和供应链物流管理发展的良好环境

产业集聚区所涉及的主导产业多为电子、汽车及汽配等产业链长的产业，为物流企业业务发展提供了巨大市场；产业集聚区内主导产业多为区域优势产业，为物流企业打造精品物流业务提供了机会；产业集聚区在我国多为产业园区、高新技术产业园区、工业园区的形式，有利于区内物流企业借园区的品牌优势，形成“区位品牌”；集聚区内的资源集中性，为供应链管理提供了良好基础和施展潜能的场所。

（二）基于产业链（集群）的区域供应链一体化型物流模式

产业链是在特定领域中，具有竞争与合作关系的地理上集中并存在相互关联性的企业、专业化的供应商、服务供应商、相关产业厂商以及相关机构等形成的集群。该种物流模式在区域内围绕主导产业形成的产业链，具有相对稳定的供应链物流关系，对物流活动的准时化要求很高，物流信息质量是其运作的关键。该

模式的区域经济环境主要有以下特点：

1. 适用于经济基础好、交通条件便利、有完善产业链结构与合理产业结构的经济区域

如浙江传化物流基地。它位于世界第三大都市经济圈“长江三角洲”南部，所在地萧山区与其邻区的国内生产总值相加在千亿元以上，其周边的经济发达程度可用国内生产总值衡量。该基地半径10公里范围内就聚集了众多的开发区、高新技术区、大型专业市场，其中国家级开发区就有4个，它具有采购、销售“两头在外”的区域经济特色和巨大的现实物流量。该区域工业门类齐全，配套体系完整，机械、汽车、钢铁、轻纺、建材、电子通信、医药等在全国均占有较大比重，劳动者无论是数量还是素质均居全国领先地位。

2. 物流产业在整个产业链中有一定的影响力和控制力

物流业本身就具有很强的产业关联度和带动效应，无论是在广度还是深度上都有很好的发展前景。例如浙江传化物流基地按照立足杭州、服务华东、网络全国的要求，通过先进的物流整合系统，以计算机网络为基础，为物流各方提供实时性信息和其他综合性电子服务。传化物流园区的硬件收入最大不超过5000万元，但园区企业专注于营运中心平台，以其对信息系统的依靠性在整个区域内的产业链中有一定影响力和控制力，这也为其营业收入超过10亿元奠定了基础。

（三）基于区域货物中转枢纽的多功能服务型物流模式

基于区域货物中转枢纽的多功能服务型物流模式，以区域特殊的地理位置为基础，承担区域内外货物中转枢纽功能的物流活动，如港口、区域物流中转中心等。该种物流模式的主要特征有：完善的道路交通条件；大批量货物的集散、存储设施的合理分类；大规模、高效率的装卸、搬运设备。该物流模式的经济环境主要呈现出以下特点：

1. 国家或当地政府的物流发展政策支持

国家或当地政府部门基于一定的战略因素考虑，针对整体经济或区域经济制定相应的扶持政策。具有一定的交通优势或资源优势的区域便成为优先考虑的对象。如天津港，它是与华北、西北等内陆地区距离最短的港口，是我国中西部地区最重要的物资出海通道，是首都北京的海上门户，也是亚欧大陆桥最短的东端起点，是北方最大的对外贸易港口和环渤海地区经济发展的龙头。这种优越的地理条件，使得天津港经济发展规划中的功能定位为“三港两中心”。

2. 集疏运体系较为完善

大规模、先进的装卸、搬运设备保证了货物的高效装卸、及时疏散和转运，为物流产业的发展提供了基础设施保障。例如，天津港在各主要生产环节中已全部实现装卸生产机械化，在专业化泊位的装卸生产中实现了自动化。这种集货物

仓储、分拨、配送功能于一体的现代物流模式，极大地提高了贸易效率。

3. 中转枢纽的经济腹地广阔，腹地间交通便利

腹地的产业和人口向交通干线聚集，连接地区的人流和物流迅速增加，交通干线连接地区成为经济增长点，沿线成为经济增长轴。这种点轴开发效应推动了地区的经济发展。如天津港的直接经济腹地包括京、津、冀、晋四省市，间接经济腹地通过运输网延伸至陕西、甘肃、宁夏、青海、新疆、内蒙古、四川、西藏等地区；腹地以商贸、邮电、旅游、对外贸易及金融为核心的第三产业快速增长；京哈、京沪、京津三条铁路干线在此交汇，外接京广、京九、京包、京佗、石德、石太、陇海、包兰、兰新等干线与全国铁路联网，交通便利。

（四）基于区域交易市场的商贸型物流模式

基于区域交易市场的商贸型物流模式是在已形成的区域商品交易市场背景下，将市场交易服务与仓储、物品配送等活动相结合。这里的区域交易市场主要是指专业的、实物商品交易市场，有较大规模。如大型农产品、医药等交易市场。在该模式下物流活动主要特点是：区域交易市场的交易量大、物流活动集中且频繁，对物流的需求较大；批量小，批次多，品种多样化，较大的需求不确定性；强调仓储和配送功能，虚拟的电子化交易平台，注重物流的系统柔性。基于区域交易市场的商贸型区域物流模式经济环境通常有以下特点：

1. 一定规模的商贸经济、较强的经济辐射能力使其成为区域经济增长极

一种物流模式的形成源自于对其需求，区域内受不同区位、资源等的导向，某一类商品经济的发展成效显著，形成较大规模，区域内基于区域交易市场的商贸型物流模式发展起来，逐渐形成能带动周边经济发展的环境。如浙江义乌小商品市场，其所涉及的行业之多、小商品种类之繁居全国之首，商品流通范围也扩展至全国。义乌小商品的物流也成为浙江省三大物流中心之一，其市场信息传播渠道宽敞、网络庞大、辐射强劲，拥有多家小商品市场信息网站，对周边商贸业影响较大。

2. 有与区域交易市场的商贸型物流模式相应的、完善的要素市场支撑

如浙江义乌小商品市场有完善的运输、产权、金融、技术、劳动力等要素市场支撑，有与国内外市场相呼应的较为完善的市场体系。义乌小商品市场已不仅是贸易中心、出口中心、展示中心，也是全国重要的物流中心。同时也形成了有自身特色的块状经济，竞争力很强。

3. 当地政府积极维持良好的外部市场环境

市场经营需要良好的经济秩序和持续稳定的政策，否则区域商品经济难以维持。如义乌当地政府按市场经济发展规律的要求，准确把握政府的职能定位，把政府直接从事经济活动的范围缩小到最必要、最合理的范围内，对市场进行合理

规划布局；在打假治劣、整顿治安、维护市场信誉、确保产品质量等方面下功夫；在税费征收方面，出台了很多优惠政策。

（五）四种典型区域物流产业发展模式的比较

从以上介绍可以看出，四种典型区域物流产业发展模式都有自己的特点，但不论哪种发展模式，都具备物流产业发展模式必须满足的最基本的要求，只是程度有所差别。各个模式之间的特点不是独立的。例如，无论是基于产业聚集区、产业链（集群）的区域供应链一体化、区域货物中转枢纽的多功能服务型，还是基于区域交易市场的商贸型的物流模式，都离不开当地政府在物流发展促进、物流设施供给方向的政策支持等；再如，基于产业聚集区的区域综合型物流模式的重要特点之一是所在区域的物流需求旺盛、客户相对比较集中，而对于其他三种模式而言，一定的物流需求和客户集中度也是必要的，但其程度可以相对弱一些。

（六）安庆市现代物流业发展模式选择

结合安庆市区域经济发展特点，安庆市发展现代物流业可以采取第四种物流发展模式，即基于区域交易市场的商贸型物流模式。

众所周知，安庆市经济环境的外部特征较为明显，安庆市拥有安庆石化、曙光化工等大型化工企业，化工产品供应华东地区，由此产生的物流量巨大。据统计，2012 年，安庆石化农产品原油及其他附属产品达到 1065 万吨，预计到 2020 年将达到 1518 万吨。根据曙光化工集团的规划，在未来 5 年内，其产能将扩大 3 倍，其物流需求量超 800 万吨。

安庆市农业生产基础雄厚，农产品深加工工业发展较快。安庆市粮食、棉花、油料、畜禽肉、茶叶及蚕茧产量位居安徽省前列，是长江中下游、皖西南重要的农产品集散地和供应地。现已形成了粮油加工、食品制造、羽绒加工等优势行业，形成了一大批具有一定规模的农产品加工企业，农产品物流量逐年增加，预计未来将达到 1000 万吨。另外，安庆市纺织服装、汽车零部件、粮食等行业发展也较快，基本形成具有一定规模的产业群。安庆市可以打造皖西南重要的农产品批发交易市场，辐射长三角的化工产品供应市场；同时，可以建立纺织服装、汽车零部件等商品贸易的重要的商贸物流大市场。以此做大做强安庆市的现代物流业，带动区域其他物流行业，促进经济快速发展。

同时，安庆市委、市政府高度重视农产品物流、化工物流及纺织服装、汽车零部件物流业的发展，在政策支持和物流环境的改善上，积极出台政策，扶持物流业的发展。我们坚信，安庆市大力发展以上述特色商品为集散地的区域交易为主的商贸物流发展模式，是安庆市发展现代物流业的较好选择。

第五章　高职物流管理专业服务区域经济发展的实证研究

——以安庆职业技术学院物流管理专业建设为例

一、高职物流管理专业发展前景分析

现代物流，又被称为“第三利润源”。现代物流业是运用信息技术和供应链管理方法，对分散的运输、储存、装卸、搬运、包装、流通加工、配送、信息处理等基本功能进行系统整合和一体化运作的复合型产业。加快发展现代物流业，对于优化资源配置，改善投资环境，广泛吸纳就业，推进产业结构调整升级，提高经济运行质量和效益，增强国民经济竞争力，都具有重要意义。与发达国家相比，美国物流成本占 GDP 的比例为 9%，而我国物流成本占 GDP 的 18.1%。我国物流成本过高的主要原因，一是产业结构因素，二是国民经济的粗放式管理，三是物流业整体管理水平低。实践证明，产业的发展需要人才作支撑，人才的培养以产业的发展为基础，高职院校物流管理专业只有培养高素质的技能型物流人才，才能促进现代物流业的发展。进行高职物流管理专业发展的 SWOT 分析，可以为高职院校物流管理专业的顶层设计提供依据，同时也是抓好物流管理专业建设、提高人才培养质量的重要前提。

（一）高职物流管理专业发展的 SWOT 分析

SWOT 分析法又称态势分析法，是一种能够较客观而准确地分析和研究一个单位现实情况的方法，具体是从优势（Strengths）、劣势（Weaknesses）、机会（Opportunities）、风险或威胁（Threats）等四方面加以分析，由其英语单词首字母组成，故称为 SWOT 分析法。现以此方法对高职物流管理专业进行分析。

1. 专业优势

（1）区位优势

安庆职业技术学院所在的安庆市位于安徽省西南部、长江下游北岸、皖鄂赣三省交界处，是连接长江三角洲和中西部地区的重要交通枢纽，具有承东启西的区位优势。同时，安庆市是安徽省三大区域性中心城市之一，是沿江产业发展轴“三大产业组团”之一，是安徽省五大物流枢纽之一。按照安徽省综合交通体系发展规划，到2020年，安庆市区域内将建成“两横两纵”铁路骨架和“两横两纵”高速公路骨架。铁路、公路、长江航运、航空运输四通八达，互为补充，将使安庆市对周边地区形成很强的辐射功能。根据城市总体规划、城市商业网点规划和现代物流发展规划的要求，安庆市商贸物流业发展以建设区域性商贸物流中心为总目标，以改造老城区商业中心和建设新城区商务中心为主要任务，强化市场带动、商贸集聚、物流辐射三大功能，建设迎江区、大观区、宜秀区和安庆经济开发区四大商贸物流板块，形成城乡协调发展的商贸物流新格局。

（2）办学基础优势

一是师资队伍。安庆职业技术学院物流管理专业现有校内专任教师10人，其中正高职1人，副高职3人，省级教学名师1人，省级专业带头人1人，省教坛新秀1人，双师型（素质）教师9人。近年来，本专业教学团队在教学科研方面取得了较为丰富的成果，主持十余项各级各类科研项目，获得多项成果和奖励，公开发表专业学术论文近百篇，出版教材、专著十余本。此外，学院还聘请十多位行业企业及相关高校专家担任本专业兼任教师。二是人才培养质量。主要体现在以下几方面：第一，学生考证通过率较高。近几年来，物流管理专业毕业生助理物流师考证通过率达70%。第二，学生在各类职业技能比赛中有不俗的表现。2009届物流管理专业一毕业生获安徽省第三届“挑战杯”大学生课外学术作品竞赛一等奖；2010年，物流管理专业代表队首次参加安徽省高职高专物流技能大赛，获二等奖；2011年，2009级物流管理专业一学生参加全国网络创业大赛获全国决赛三等奖，并获“创业优秀团队”荣誉称号。第三，毕业生综合素质较高。多年来，上海、杭州、南京以及本地多家知名企业慕名到学院招聘毕业生，用人单位对学院物流管理专业毕业生的思想品德、专业素质以及适应工作岗位的能力较为满意。三是政策支持。2011年，安庆职业技术学院物流管理专业被列为中央财政支持的高等职业学校提升专业服务能力建设项目，同时被安徽省教育厅确定为省级特色专业。有了中央财政的支持，不仅使专业建设经费有了较为充分的保障，同时，专业建设过程中与省内外同行交流、学习的机会更多，专业建设的效果更有保证。

（3）学院“十二五”发展规划

产业发展是地方高职院校专业建设和发展的基础和支撑。作为地方高职院校，在专业建设上要坚持与区域产业布局紧密结合，要瞄准区域经济发展趋势，以区域产业发展为导向构建专业结构体系，努力打造地方办学特色。《安庆职业技术学院“十二五”发展规划》中指出：“……以专业建设为龙头，紧紧围绕皖江城市带承接产业转移示范区建设，大力发展农林、制造、建筑、旅游、物流、轻纺和化工专业……把我院建设成与地方经济发展紧密结合、工文兼备、工科为主的地方性高职院校。”

2. 专业劣势

（1）受生源总量减少的影响，生源质量有所下降

近年来，我省参加高考的学生人数呈下降趋势：2010 年比 2009 年减少 1 万人，2011 年比 2010 年减少 2. 2 万人，2012 年比 2011 年又减少 3 万人。在生源总量减少、高考录取率逐年上升而本科院校招生计划不降反增的情况下，我省 2009 年至 2012 年高职文理科最低录取分数呈直线下降趋势（文科录取线从 2009 年的 365 分下降到 2012 年的 200 分，理科从 2009 年的 326 分下降到 2012 年的 200 分）。虽然录取分数线在各高职院校之间以及各高职院校不同专业之间下降的幅度有所不同，但从整体上看，录取分数线的下降会导致高职物流管理专业生源质量的下降。

（2）人才培养模式创新不足

人才培养模式的改革创新是高端、技能型人才培养的重要保证，为此，各高职院校围绕高职教育的人才培养目标，积极探索适合本校特点的人才培养模式。安庆职业技术学院物流管理专业在办学实践中，注重技术与人文、理论与实践、学校与企业、课程与考证相互融通，做到专业认知、专业基础学习、专业模块学习、职业定位专项实习、顶岗实习五个教学环节层层推进（即“四融通、五推进”人才培养模式），取得了一定效果。但是，由于主客观原因，本专业在办学过程中还存在不少问题，主要表现在：“工学交替”力度不够，时有脱节，课程体系和教学内容与岗位能力尚有差距；校企合作体制机制创新不够，校企对接的广度和深度不足，与部分企业合作不够稳定；学生在职业意识、职业道德的养成方面，需进一步加强培养等。

（3）办学条件需要改善

一是校内部分专业教师缺乏行业、企业的工作经历，实践经验较为缺乏，实践教学能力比较薄弱；同时，企业精英、业务骨干难以聘请，相关课程的“教学做一体”教学仍有难度。二是校内实训设施满足课程训练需要的数量尚显不足，缺乏足够的供学生“真题真做”的软硬件设施设备，校外实习基地尚不稳定。

3. 专业发展机会

（1）物流产业发展

2009 年 3 月，国务院发布了《物流业调整和振兴规划》，强调必须加快发展现代物流业，建立现代物流服务体系，以物流服务促进其他产业发展。到 2011 年，我国培育了一批具有国际竞争力的大型综合物流企业集团，物流业的规模进

一步扩大。为促进我省物流业的发展，安徽省人民政府制定了《安徽省现代物流业发展规划》，该规划提出：2009 年至 2015 年，大力发展三大物流区域、构筑五大物流枢纽、建设五大特色物流中心、规划五个地区性物流节点城市，力争使现代物流业发展成为安徽省有竞争力的主导产业。同时，随着国家扩大内需政策和中部崛起战略的逐步实施、泛长三角地区分工合作的深入推进、合芜蚌自主创新综合配套改革试验区的加快建设，尤其是国家级皖江城市带承接产业转移示范区的设立，必将给安徽省物流业的发展带来重大机遇。近年来，随着区域经济的整体发展，安徽省物流业取得了长足进步，已成为安徽经济发展的重要增长点。据统计，仅 2011 年上半年，安徽省共完成货运量 102 881 万吨，货物周转量为28 598 966万吨公里，分别比上年增长 17.5% 和 19.8%，物流业已成为安徽省重点发展的十大产业之一。《安庆市国民经济和社会发展第十二个五年规划纲要》把现代物流业列为重点发展生产服务业。安庆市现代物流业发展的总体思路是：围绕石化、轻纺、机械与装备制造等支柱产业，建设三大特色物流园区和八大综合物流中心，积极发展配送中心和专业市场，完善物流网络体系；引进国内外知名物流企业，培育壮大一批现代物流集团，加快发展第三方物流；推进物流标准化建设，提高供应链过程管理效率；建立功能齐全的公共物流信息平台，促进物流信息资源共享和物流网络互通互联，建设“立足皖西南、面向长三角、辐射皖赣鄂”的区域性物流枢纽城市，形成“一核”（安庆市区物流产业聚集核）、“两轴”（物流产业沿江发展轴和沿路发展轴）的空间发展格局。

（2）物流人才需求

随着我国社会经济的快速发展，物流业已成为吸纳劳动力较多的行业之一。“十二五”期间，我国物流业每年需新增就业人员约 140 万人，其中 85% 是一线操作岗位，而目前国内职业院校物流专业每年的毕业生人数约 40 万，远不能满足企业的用人需求。根据市场预测分析，仅安庆市未来 3 年将需要采购、配送、仓储和物流管理的操作人员为 1 万人以上。在物流人才培养方面，全国物流行业从业人员的学历水平、高级技师人员比例、高级工人员比例远低于全国各行业的平均水平，而目前我国高职教育中物流管理专业普遍存在办学实力不强、投入不足、学校育人与企业用人供需脱节、学校和企业缺乏有效的交流平台等问题，因此，培养适应物流产业飞速发展的高端、技能型专门人才是当务之急，也是高职院校的职责所在。

（3）政府对物流人才培养的重视

国务院《物流业调整和振兴规划》明确提出加快物流人才培养的政策措施，包括：加强物流人才需求预测和调查，制定科学的培养目标和规划，发展多层次教育体系和在职人员培训体系；利用社会资源，鼓励企业与大学、科研机构合作；编写精品教材，提高实际操作能力，强化职业技能教育，开展物流领域的职业资质培训与认证工作；加强与国外物流教育与培训机构的联合与合作等。以上措施的出台，对高职物流管理专业的发展具有积极意义。

4. 专业面临的威胁或风险

（1）开设物流管理专业的高职院校多

到2011年7月，安徽省有53所高职院校开设了物流管理专业，这在全省范围内形成了物流人才培养的竞争格局。物流管理专业快速发展的背后存在着办学理念落后、办学定位不准、教学方法手段单一、教师解决企业实际问题能力弱等问题，人才培养质量不能适应现代物流业快速发展的需要，专业发展环境面临不少困难。

（2）人才培养目标定位不够明晰

主要表现在以下三方面：一是我省高职院校物流管理专业建设起步较晚，专业建设缺乏统一规划，教学内容、课程设置与物流企业岗位的实际需求有较大差距，与区域经济发展存在一定程度的脱节；二是办学实践中，高职院校对本专业的中高职教育人才培养的目标区别还不够清晰，高职物流管理专业对于要培养学生什么样的核心技能和核心能力存在模糊认识；三是在物流管理专业设置和定位中，不少高职院校没有仔细研究其他高职院校同类专业的特点，更谈不上做到在专业办学方向上的市场细分。

（3）物流行业从业人员门槛不高

随着我国物流业的发展，必然引发对物流人才需求量的加大。现代物流业对物流人才的需求具有层次性，而从目前来看，我国物流业生产力水平不高，物流设施、设备还不够先进，信息技术在物流业的应用还不够广泛，物流业中从事运输、包装、配送、仓储等岗位工作的基层作业者缺口较大，这些岗位对物流从业人员的学历、专业技能和综合素质的要求不高。据笔者调查，不少物流企业为了节约费用开支，大量聘用非物流管理专业毕业生或是文化程度较低的人员到相关岗位工作。这些人员占据了大量的物流工作岗位，无疑会给高职物流管理专业毕业生的对口就业带来较大冲击。

（二）高职物流管理专业发展的对策

1. 推进校企对接：建立校企共建运营模式

由学校牵头，联合物流行业、企业共同成立物流管理专业建设指导委员会，并建立相应的工作机制。在专业指导委员会的指导下，制定专业人才培养目标和培养规格，建设专业模块化课程体系、实习基地、“双师”结构教学团队，完善人才培养的激励机制，拓宽毕业生就业渠道等工作；同时，将社会主义核心价值体系、现代企业特别是物流企业优秀文化理念融入人才培养的全过程，强化职业道德和职业精神培养，推进素质教育，实现职业教育和社会需求的无缝对接，形成校企共建专业的运营模式。

2. 探索系统培养：突出中高职衔接

根据职业教育的特点和全面培养的理念，把中等、高等职业教育纳入以物流企业为枢纽的协同发展体系，扩大校企、校际合作的广度和深度，实现中职、高职的纵向衔接；以专业和人才培养为纽带，进行职业教育资源的整合、融通和共享，突破阻碍职业教育资源整合与共享的体制障碍，实现中职、高职的横向衔接。中高职的衔接主要体现在办学指导思想、课程体系、培养方案、教育制度和招生政策等方面。校企、校际的合作以“多赢”为原则，实现资源互补、政策共享、分段培养和科学发展的目的，完善现代职业教育体系，逐步形成具有区域特色和能够推广应用的系统培养模式。

3. 强化实践育人：突出“三环”相扣

实践性教学的三环是指情境教学职业能力实训、职业定位专项实训和顶岗实习职业实训，每环节的实训都是在对前一个环节实训结果进行充分分析的情况下，根据教学标准，制订具体的实训方案，确保实训效果。探索建立“校中厂”“厂中校”等形式的实践教学基地，推动实践教学改革。强化教学过程的实践性、开放性和职业性，为校内实训创建真实的岗位训练、职场氛围和企业文化。采用行为导向、情境教学、理论与实践一体的教学方法，大力推进实践教学方法和实践课程体系的改革创新，充分发挥校内外实习实训基地的育人功能。在实践教学方案设计与实施、指导教师配备、协同管理、实习实训安全保障等方面与企业密切合作，提高教学效果。

4. 转变培养方式：完善“四融通、五推进”的人才培养模式

以服务为宗旨，以就业为导向，以突出“零适应期”为原则，对物流行业的发展开展专项调研和分析论证，利用与挖掘各类办学资源，动态调整本专业人才培养目标，完善“四融通、五推进”的人才培养模式。构建以学生为中心、以“工作任务驱动为导向”、以职场典型真实任务为主要教学内容、功能相对独立的模块化专业课程体系。在课程开发过程中，骨干教师到企业见习或挂职，了解物流管理工作流程，分析物流管理岗位核心能力，确定基于工作过程项目驱动的课程整体设计目标与综合项目，形成以合作企业的真实任务为基本素材、具有一定特色的校本课程。通过校企合作、产学结合，建设校企一体情境教学的实训体系，巩固项目导向模块化课程教学效果。

5. 建设教学团队：突出全方位、一体化

“全方位”是指“副高及以上职称+物流高级职业资格”的“双师型”专业带头人，“中级职称+物流中级职业资格”的“双师素质”专业骨干教师，“高学历+优良职业道德”的“综合”素质型基础课教师。“一体化”主要表现在全体教师共同的目标是培养学生的职业素养、专业技能和职业道德。为此，一要注重“两大内

涵”建设：即教师基本素质和教师队伍技术服务与创新能力建设；二要强化“四个项目”建设：即专业带头人、骨干教师、“双师结构”教师团队和兼职教师队伍建设。

6. 实施第三方评价：建立开放性质量评价、监控体系

树立全面质量观、全程管理观、全员参与观的质量监控与保障意识，建立行业协会、用人单位、学生及家长和研究机构四方参与的开放性质量评价、监控系统，全程监控教学质量各环节，特别注重社会人才需求调研和毕业生跟踪信息调查，根据岗位工作实际需要进行人才培养方案和质量标准的滚动修改，完善“教、考分离”的质量监控体系，形成较为科学的教学质量标准和人才培养质量评价体系。

二、高职物流管理专业建设方案

（一）专业建设背景和基础

1. 地方社会经济发展要求

安庆市是皖西南区域性中心城市，是长江流域重要的物流中心。市委、市政府以党的“十七大”精神为指导，深入贯彻落实科学发展观，坚持扩大内需的方针，围绕建设区域性商贸物流中心的目标，根据《皖江城市带承接产业转移示范区规划》，着力发展大商贸、大市场、大物流，建立以骨干龙头企业和大型购物商场、综合市场、专业市场、物流园区为支撑，各类中小流通企业和特色市场为补充，各种要素市场相配套的商贸物流体系，以推动城乡市场、内外贸易、承接加工贸易产业转移与物流配送的联动发展。根据城市总体规划、城市商业网点规划和现代物流发展规划的要求，安庆市“十二五”发展规划明确商贸物流业发展的基本框架是认真组织实施“1234”发展计划，即以建设区域性商贸物流中心为总目标，以改造老城区商业中心和建设新城区商务中心为主要任务，强化市场带动、商贸集聚、物流辐射三大功能，建设迎江区、大观区、宜秀区和安庆经济开发区四大商贸物流板块，形成城乡协调发展的商贸物流新格局。把安庆建成立足当地、辐射周边的商业中心和放眼沿江、面向全国的商贸物流中心。

2. 物流管理专业人才市场需求

行业的快速发展必然引发对人才的迫切需求。据新华社报道，中国国内物流教育起步较晚，物流人才已被列为全国12类紧缺人才之一。经预测，2010年，中国对大专以上物流人才需求量约为30万至40万人，在职人员培训需求达到100多万人。我国物流从业人员学历普遍偏低，拥有大学专科以上学历的仅占21%左右，拥有物流管理专业更高层次的人数更少。据了解，目前，安庆市急需具有一定理论基础、具备一线操作技能和管理能力、熟悉仓储、运输和配送管理等业务的一线操作人员与管理人员。

3. 物流管理专业建设需要

高职物流管理专业的培养目标是培养高端技能型物流人才。目前，我省已有50多所高职院校开设了物流管理专业，但由于起步较晚，缺乏统一规划，教学内容、课程设置与物流企业岗位实际需求差距较大，与区域经济发展存在一定程度的脱节，教学方法和教学手段较为简单，专业特色不够鲜明，学生综合能力不够理想。因此，提高人才培养质量，为社会及行业输送更多高素质、高端技能型物流管理人才，是高职物流管理专业义不容辞的责任。

4. 物流管理专业的现状与优势

(1) 实习实训条件较为完善

近年来，学院已投入100多万元建成了一个物流实训室，该实训室拥有专业机房1个、教师机1台、学生机62台、投影仪1台，并安装了第三方物流、运输管理、仓储管理、物流仿真等教学软件，可以开展运输管理、仓储管理、单证制作等实训。物流沙盘实训室能够开展虚拟物流公司模拟实训。学院还将投资建设二期、三期物流实训室，以更好地满足物流管理专业教学实训的需要。另外，还建立了电子商务、ERP、商务谈判和会计电算化等实训室，较好地了满足本专业相关课程的实训教学要求（见表5-1）。

在校外实习实训基地建设方面，学院与安庆烟草配送中心、安庆邮政配送中心、苏宁电器、南京雨润集团、安庆新百有限责任公司、安徽黄梅飘香食品有限公司等13家企业建立了校外实习实训基地，这为物流理论知识教学和业务技能培训提供了保障。

表5-1　现有实训室设施及功能

序号	项　目	主要功能	主要设施设备
1	物流实训室	(1) 供应物流实训（原材料采购、运输、入库、库存管理、配送等）； (2) 物流信息技术实训； (3) 采购与仓储实训； (4) 配送中心运作与管理实训	服务器1台、教师用机1台、学生用机62台、投影仪1台、桌椅64套，第三方物流管理系统1套
2	电子商务实训室	(1) 电子商务B2B实训； (2) 电子商务B2C实训； (3) 电子商务C2C实训； (4) 物流管理； (5) 网络银行及其管理； (6) CA认证	服务器1台、教师用机1台、学生用机62台、投影仪1台、桌椅64套、电子商务实训软件1套

（续表）

序号	项　目	主要功能	主要设施设备
3	商务谈判实训室	商务谈判案例分析 商务谈判模拟	计算机4台、投影仪1台、商务谈判实训软件1套
4	物流沙盘模拟实训室	物流企业管理实训	计算机4台、投影仪1台、物流沙盘实训软件1一套
5	会计电算化和 会计综合实训室	会计电算化和物流成本实训	服务器1台、教师用机1台、学生用机62台、投影仪1台、桌椅64套、会计电算化软件1套、会计综合实训设备2套
6	ERP实训室	企业经营管理实训	计算机4台、投影仪1台、经营管理实训软件1套

（2）师资队伍结构日趋合理

学院历来重视物流管理专业的师资队伍建设，采取了多种途径加强师资队伍建设：一是引进了多名具有高学历、高职称、富有实践经验的“双师型”教师；二是鼓励教师提高学历层次；三是安排教师外出进修、培训、实习；四是聘请物流方面的技术骨干来校培训、授课，丰富教师的教学素养。经过多年办学经验的积累，学院现已形成了一个知识结构合理、教学方法创新、理论与实践水平较高的高素质教学队伍。

教学团队职称结构合理、学历层次较高、年龄分布适当，可以做到专兼结合、优势互补。从教学团队成员的职称结构看，现有33名教师中，高级职称7人（其中：教授2人），占总数的21%；中级职称18人，占总数的55%。从团队成员的学历层次看，硕士以上学位有14人（其中：博士2人），占总数的42%。从团队成员年龄分布来看，50岁以上教师1人，占总数的3%；40~50岁的教师18人，占总数的54%；30~40岁的教师10人，占总数的30%；30岁以下4人，占总数的13%。在教学团队成员中，校内专任教师与校外兼职教师为2∶1。

(3) 教学科研成果愈加丰富

近年来，本专业教学团队在教学科研各方面取得了丰富的成果，主持二十余项各级各类教学科研项目，获得了多项成果和奖励。在各类学术刊物上公开发表论文100余篇，出版专著多本，编写教材十余本。部分教学科研成果见表5-2、表5-3、表5-4。

表5-2 教学团队成员的主要教科研项目情况表

级别	项目名称	项目类别	立项年份	主持人
省级以上项目	高校科学、人文、艺术教育的融合与培养社会主义“和谐人”的实验研究	省级教学研究重点项目	2010	孙晓峰
	基于职业能力的高职会计电算化专业课程体系创新研究	省级教学研究一般项目	2010	朱重生
	农民工培训和用工市场需求现状调查与研究	省人社厅横向项目	2011	储诚炜
	承接产业转移背景下的区域协调发展研究	省高校优秀青年人才基金重点项目	2010	曹言红
	皖江城市带高职教育集约化发展研究	省人文社科重点项目	2010	吴一鸣
	我国高职教育区域集约化发展研究—以皖江城市带为例	中国高等教育学会高职专项课题	2011	吴一鸣
	保健品企业社会责任研究	省级人文社科一般项目	2009	王　瑛
市级项目	产业转移背景中安庆市农村经济合作组织发展研究	安庆市商务局横向委托课题	2010	汪全报
	以生产性服务业为突破口，促进安庆现代服务业加快发展	安庆市发展和改革委员会横向委托课题	2010	汪全报

（续表）

级别	项目名称	项目类别	立项年份	主持人
院级项目	基于“工学结合”背景下的高职物流管理专业应用型人才培养模式的研究与实践	院级教学研究重点项目	2008	王　瑛
	物流管理专业建设	院级重点建设专业 院级教改试点专业	2010	朱重生
	安徽省城乡一体化进程中高职教育发展问题研究	院级人文社会科学一般研究项目	2010	王　浩
	构建保健品企业社会责任长效机制研究	院级人文社会科学一般研究项目	2010	王　瑛
	农民教育视野下新型农民的“现代性”价值和素质结构研究	院级人文社科学一般研究项目	2010	储诚炜
	基于“以港兴市”战略下的安庆港口物流发展模式研究	院级人文社会科学一般研究项目	2010	高　飞
	“配送中心运作与管理”课程	院级精品课程	2009	王　瑛
	“采购与仓储管理”课程	院级教改课程	2009	高　飞
	经济与管理示范实习实训中心	院级质量工程项目	2011	汪全报
	“外贸单证”课程	院级教改课程	2010	汪全报

表5－3　教学团队成员主要成果和获得奖励情况表

序号	成果及奖励名称	获奖年份	获得者
1	安徽省省级教学名师	2009	孙晓峰
2	安徽省省级优秀教学成果一等奖	2010	孙晓峰
3	安徽省高职教育“教学做”合一模式的理论与实践课题一等奖	2008	孙晓峰
4	安徽省第三届“挑战杯”大学生课外学术科技作品大赛优秀指导教师	2009	施运华、王似保
5	安徽省物流技能大赛优秀指导教师	2010	高　飞、段春晖
6	安徽省职业技能大赛优秀指导教师	2011	李进恩、王似保

（续表）

序号	成果及奖励名称	获奖年份	获得者
7	安徽省职业技能大赛优秀指导教师	2008、2009	程　锦
8	安徽省省级教坛新秀	2008	汪全报
9	安徽省省级教坛新秀	2010	朱镇斌
10	安徽省第四届“挑战杯”大学生课外学术科技作品大赛优秀指导教师	2010	王似保、任媛媛
11	安徽省“合锻杯”大学生课外学术科技作品大赛优秀指导教师	2011	朱宜娟、王似保
12	市级优秀党务工作者	2011	朱宜娟
13	院级课堂教学大赛一等奖	2009	汪全报
14	院级课堂说课大赛一等奖	2010	朱宜娟
15	院级优秀教师	2009	王　瑛
16	院级优秀教师	2009	程　锦
17	安徽省“我为建设职教大省献良策”征文二等奖	2010	汪全报
18	安徽省“我为建设职教大省献良策”征文三等奖	2010	朱重生
19	院级优秀教育工作者	2009	高　飞

表5－4　教学团队成员编写教材一览表

序号	教材名称	出版单位	教材类别	出版年份	参与情况
1	现代物流采购管理	安徽大学出版社	省“十一五”规划教材	2009	朱重生副主编 王瑛参编
2	现代物流管理基础	安徽大学出版社	省“十一五”规划教材	2009	朱重生参编
3	采购与仓储	清华大学出版社		2007	王瑛主编
4	物流基础	中国铁道出版社		2007	王瑛副主编
5	现代物流仓储管理	安徽大学出版社	省“十一五”规划教材	2008	王瑛参编

（续表）

序号	教材名称	出版单位	教材类别	出版年份	参与情况
6	现代物流基础		校本教材	2011	王瑛主编
7	公共关系原理与实务	清华大学出版社		2007	王瑛参编
8	管理学原理	安徽教育出版社	精品教材	2009	王瑛副主编
9	国际贸易实务	首都经济贸易大学出版社		2009	汪全报副主编
10	市场营销		校本教材	2010	李进恩主编 王似保副主编
11	基础统计	教育科学出版社	教育部“十一五”规划教材	2011	谭维奇主编 汪全报等参编
12	现代物流概论	安徽教育出版社	精品教材	2009	高飞副主编
13	经济法	安徽教育出版社	精品教材	2009	朱宜娟副主编
14	商务礼仪实训教程	清华大学出版社		2010	王似保副主编

（4）学生综合素质较为突出

为调动学生勤练专业技能，培养学生的综合素质，学院先后组织学生积极参加各项职业技能比赛。2009 年，由施运华、王似保老师指导，2009 届物流管理专业学生施保林完成的《金融危机背景下我国农村劳动力转移问题研究——太湖县劳动力转移调查与分析》在安徽省第三届“挑战杯”大学生课外学术科技作品竞赛中，获一等奖，并获全国第十一届“挑战杯”大学生课外学术科技作品竞赛三等奖。2010 年，物流管理专业代表队首次参加安徽省高职高专物流技能大赛，荣获二等奖。2011 年 2 月，2009 级物流管理专业学生王飞飞参加全国网络创业大赛获全国决赛三等奖，并荣获“创业优秀团队”荣誉称号。此外，该同学还荣获第四届“E 路通”大学生网络商务创新应用大赛华东赛区专科组一等奖、第四届“挑战杯”安徽省课外学术科技作品竞赛二等奖。为培养全体学生的职业素质和实践技能，学院每年都要举办校内物流技能比赛、营销策划大赛和职业生涯规划大赛等。由于毕业生综合素质较高，近年来，上海、杭州、南京、深圳以及本地多家知名企业慕名到学院招聘毕业生，用人单位对学院物流管理专业毕业生的思想品德、专业素质以及适应工作岗位的能力较为满意。

（5）辐射引领作用开始显现

学院围绕物流管理专业群建设，加快市场营销、电子商务、国际贸易实务等专业建设步伐，利用物流管理专业的师资力量和实训基地为相关专业学生提供理论教学和实践指导。近几年来，学院为社会培养了数千名德技双馨、深受社会欢迎的各专业毕业生。

(6) 社会服务能力明显增强

学院利用物流管理专业教学经验丰富的师资队伍，先后组织过多种行业从业资格人员的教育和培训，例如举行助理物流师、会计从业资格证、初级会计师、助理营销师、助理电子商务师等各种培训。学院为地方物流及相关企业培训了大量物流骨干人才，取得了良好的社会效应；部分教师利用自己的专业优势，在多个物流企业、会计师事务所及相关行业组织担任兼职培训教师；还有部分中青年教师利用暑假到安庆鑫雨太阳能责任有限公司、安徽青园集团、安庆贝斯特公司等企业兼职。为加强师资队伍建设，提高教师的实践能力，拓宽教师的社会服务渠道，本教学团队选派两名骨干教师到安庆市发展与改革委员会、安庆市商务局挂职锻炼；骨干教师参与研讨安庆商务发展“十二五”规划，到物流及相关企业开展调研活动。这些活动使团队的专业能力得到发挥，服务于地方经济建设的作用凸显。本专业团队通过多年的社会服务活动，为区域物流管理专业人才的培养和社会经济的发展作出了很大贡献，赢得了良好的社会信誉，并逐渐形成了社会服务的品牌效应。

（二）专业建设目标

1. 总体目标

通过专业内涵建设，创建校企共建专业的运营模式，在校企共建专业的运营模式下构建以项目任务和工作流程为引领、岗位需求和职业技能要求为依据，对接物流管理企业岗位群的“四融通，五推进”的人才培养模式；建设项目导向模块化课程体系，采用理论与实践一体教学模式，以任务驱动精心设置情境，组织课程内容和设计教学活动；积极开发基于工作过程的项目驱动校本教材；打造“全方位一体化”的教学团队建设模式；完善校企一体实训基地建设模式与对接工作过程的“三环相扣”实践性教学体系。以超强的职业性、前瞻性、实践性引领物流管理专业教学改革，突出学院办学特色与人才培养特色，培养面向物流管理行业第一线的、综合应用能力强的高端技能型人才。

2. 具体目标

(1) 构建校企共建专业的运营模式

依据学院校企共建专业规划，由物流产业、企业和专业共同成立物流管理专业建设指导委员会。以平等合作、互利互惠为原则，物流企业和物流管理教研室共同明确物流管理专业的人才培养目标和培养规格，以此为基础，协同合作、共同建设物流管理专业模块化课程体系、实习基地、“双师”结构教学团队、人才培养的激励机制和毕业生就业渠道等内容，实现职业教育和社会需求的无缝对接。经过两年的建设与实践，形成具有广泛推广性的校企共建专业的运营模式。

（2）创新中职、高职衔接的系统培养模式

根据职业教育的特点和全面培养的理念，把中等、高等职业教育纳入以物流企业为枢纽的协同发展体系，扩大校企、校际合作的广度和深度，实现中职、高职的纵向衔接；又以专业和人才培养为纽带，进行职业教育资源的整合、融通和共享，突破阻碍职业教育资源整合与共享的体制障碍，实现中职、高职的横向衔接。校企、校际以“多赢”为原则，实现资源互补、政策共享、分段培养和科学发展的目的，逐步完善现代职业教育体系。经过两年的实践与创新，逐步形成具有区域特色和能够推广应用的系统培养模式。

（3）完善科学的专业人才培养方案

以服务为宗旨，以就业为导向，以突出“零适应期”为原则，树立面向物流行业、服务产业、提升产业的职业教育专业建设理念，结合安徽省和安庆市“十二五”规划，积极预测和适应产业发展的需求，每年对省、市支柱产业或“长三角”经济圈，尤其是要对物流行业的发展开展一次专项调研和分析论证，利用与挖掘学院自身资源，动态调整本专业人才培养目标。经过两年的建设，逐步形成具有一定特色的人才培养模式。

（4）创建“三环相扣”的实践性教学体系

物流管理专业的三环是指物流管理情境教学职业能力实训，职业定位专项实训和顶岗实习职业实训，每个环节的实训都是在对前一个环节实训结果进行充分分析的情况下，根据教学标准，制订具体的实训方案，确保整体的实训效果。专业课采用行为导向情境教学理实一体的教学方法与手段，利用校外实训基地平台实施“教学做合一”的实践教学方法改革与实践课程体系改革。充分发挥校内外实习实训基地的作用，通过两年的努力，进一步完善校内、外实训基地，新增物流综合实训基地一个，依托现有的物流实训基地，成立区域物流服务培训公司，供学生进行专项实训，免费提供技术，为社会提供必要的技术和服务支持。

（5）健全工学模块化专业课程体系

针对本专业所对应的物流管理职业岗位的需求，构建以学生为中心、以“工作任务驱动为导向”、以职场典型真实任务为主要教学内容、功能相对独立的模块化专业课程体系。不断完善专业教学模块，形成特色鲜明的项目导向模块化课程体系。通过校企合作、产学结合，建设校企一体情境教学的实训体制，巩固项目导向模块化课程教学效果。同时，物流管理专业将采用骨干教师参与专业核心课程开发培训，通过到合作企业轮流见习或挂职，以了解物流管理工作流程，分析物流管理岗位的核心能力，从而确定基于工作过程项目驱动的课程整体设计目标与综合项目，以合作企业的真实任务为素材形成科目课程的办法，进行课程开发。经过两年的建设，完成全部优质核心课程标准的制定，把物流管理专业建设为省内知名、区域一流的特色专业；并逐步完成物流管理技术支持工学模块《采购与仓储管理》和《配送中心运作与管理》等校本教材的开发工作，形成精品课程和专业教学资源库。

（6）组建"全方位一体化"教学团队

"全方位"是指"讲师（或正副教授）+高级职业资格（高级物流师等）"的"双师型"专业带头人，"高校教师资格+中级职业资格水平证书"的"双师型"结构专业课教师，"高学历+优良职业道德"的"综合"素质型基础课教师。"一体化"主要体现在所有人员共同的目标是培养学生的职业素养。物流管理专业课教师在教技能的同时要注重培养学生的职业道德，尤其是诚信教育。基础课教师不仅要培养学生必备的人文素质，还要将素质教育的内容穿插于专业教学的各个阶段，为培养学生的专业技能服务。

通过两年努力，建设以专业带头人培养为重点，中青年专业骨干教师培养为支撑，吸纳高水平的现场专家，优化"双师"职称结构，全面提升教学团队知识与技能素质。双师型的教师占专业教师之比达到80%，专兼职的专业教师之比达到1∶1，打造一支由教授和名师、高级技师领军的高师德、有造诣、可实操的专业教学团队。

（7）建立第三方教学质量评价体系

重视教学过程管理，在严格教学管理的过程中，逐步建立和完善项目导向模块化教学质量标准，对项目选择、项目任务和教学内容确定、备课、授课、实训、考核、应提交的工学成果等工学全过程中各个环节制定相应的质量标准。通过两年的努力，完成专业教学标准的制定。

树立全面质量观、全程管理观、全员参与观的质量监控与保障意识，建立行业协会、就业（用人单位）、学校、学生及家长和研究机构五方共管共监的开放性质量评价、监控系统，全程监控教学质量各环节，特别注重社会人才需求调研和毕业生跟踪信息调查，根据岗位工作实际需要进行人才培养方案和质量标准的滚动修改，完善"教、考分离"的质量监控体系，经过两年的努力，形成科学的教学质量标准和人才培养质量评价体系。

3. 人才培养目标和职业核心能力

（1）人才培养目标

学院在结合安徽物流业发展及人才需求状况、利用自身教学资源和整合社会资源的基础上，根据皖西南经济建设的特点，以物流运作需求为导向，以物流功能为指导，立足安徽，面向大中型第三方专业化物流企业、商场超市配送中心及港口物流等行业，培养具有创新精神、团队合作精神和诚信敬业的良好职业素养，从事仓储、配送、货运、国际货代和物流市场调研与开发等岗位群的高素质技能型专门人才。

（2）职业核心能力分析

根据物流管理专业岗位职业素质与能力的分析，本专业毕业生应具备表5-5中的专业知识要求。

表5-5 毕业生应掌握的专业知识

知识类别		知识内涵	支撑课程
专业技术基础知识	市场营销知识	市场营销的基本观念、市场营销组合的策略知识； 市场调研及营销环境分析的知识； 市场的产品策略、价格策略、分销及促销策略知识	市场营销
	物流基础知识	物流学的基本概念和学科组成； 物流学的研究对象和基本理论体系	物流基础
综合化专业技术知识	物流管理专业技能	各种运输方式及合理规划的知识； 采购管理的知识； 仓储技术及其优化的知识； 配送管理和配送中心管理的知识； 供应链理念和设计的知识； 第三方物流企业管理与国际货运代理业务的知识； 商业连锁领域的知识； 物流信息技术的选择和条码的应用知识； 物流企业电子商务知识	运输管理 采购与仓储管理 配送中心运作与管理 供应链管理 国际货运代理 物流信息技术 电子商务

（四）专业建设内容

1. 完善“IEM”的校企共建专业的运营模式

IEM是三个英语单词的首字母，其中：I（Industry）为物流行业、产业，E（Enterprise）为企业，M（Major）为专业，三者精诚合作，成立物流管理专业建设指导委员会，对物流管理专业进行深层合作，实现三方平等合作、共建共享、互动互位和互利双赢局面。

依据学院校企共建专业规划，按照无缝对接、工学结合的要求，校企合作共建物流管理专业的建设内容及其相互关系，如图 5 - 1 所示。

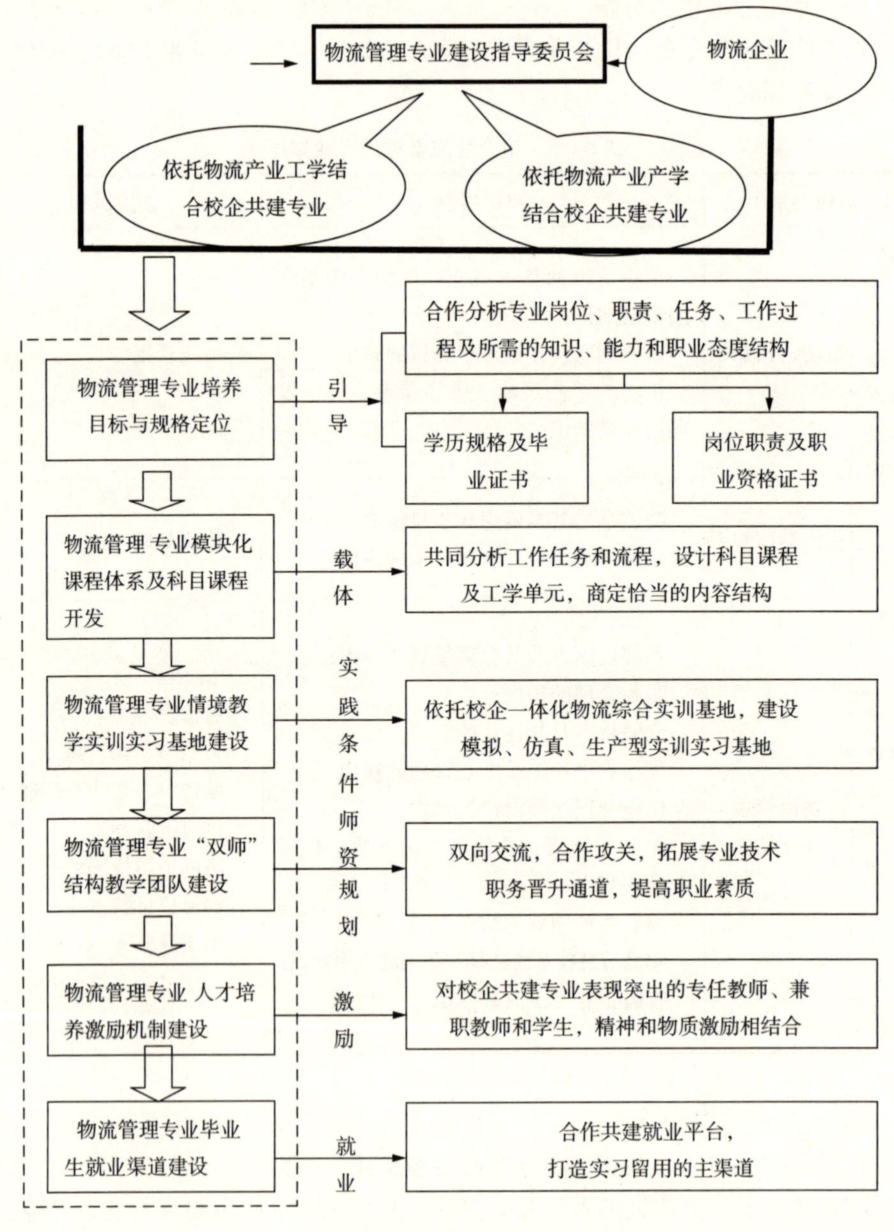

图 5 - 1　IEM 的校企共建专业的运营模式图

（1）校企共同确定物流管理专业人才培养目标和培养规格

校企共建物流管理专业，对物流管理专业人才培养目标与规格进行准确定位，更好地发挥培养目标在专业建设和教育教学中的目标引导作用。校企共建物流管理专业人才培养目标和规格定位的合作分析思路及过程如图5－2所示。

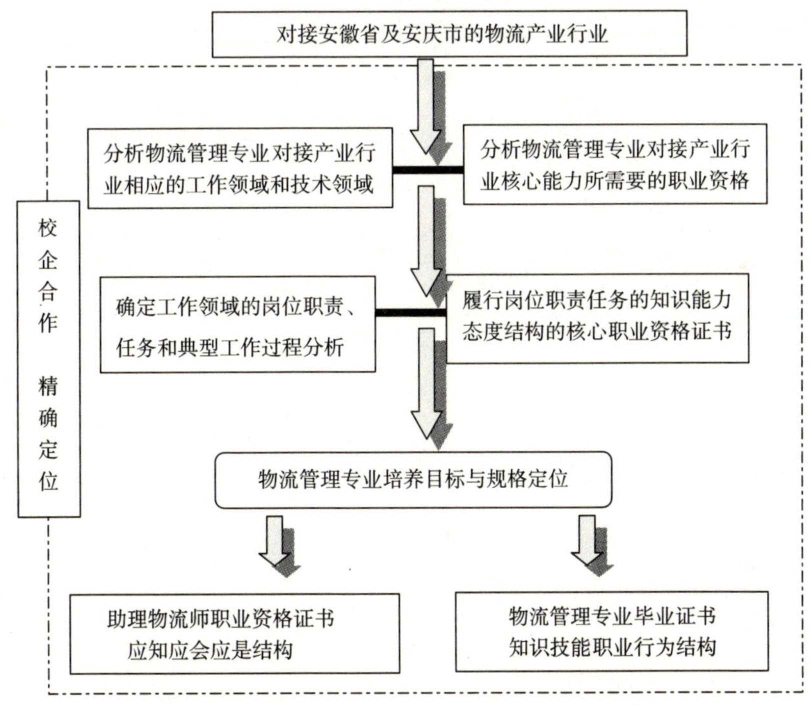

图5－2　校企共建物流管理专业人才培养目标和规格流程图

（2）校企共同开发物流管理专业模块化课程体系

按照学院人才培养方案的要求，物流管理专业的课程体系拟采用“课证融通、情境教学、工学结合”的模块化课程体系，该模块化课程体系由专业基础模块、专业核心模块和职业培训模块构成。在构建课程体系的过程中，需要对物流企业的典型工作岗位进行能力分析，因此与物流企业共同进行课程体系开发显得尤为必要。

构成模块化课程体系的课程开发思路如图5－3所示。合作企业对实际工作中的任务提出、任务归纳整合、典型工作过程分析、工学单元形成以及案例提供上有着不可替代的作用。

（3）校企共建物流管理专业实习实训基地

物流业具有劳动密集型和技术密集型相结合的特点。在物流从业人员中，

75%～85%的人员是从事操作岗位的工作，因此依托校内实训基地，物流管理专业将企业生产型的真实任务和情境，与合作企业共建物流管理专业理实一体情境教学实训基地、仿真型实训基地和生产型实训基地，形成与合作企业互利双赢的实训实习基地体系。物流管理专业校企共建实习实训基地路线图如图5－4所示。

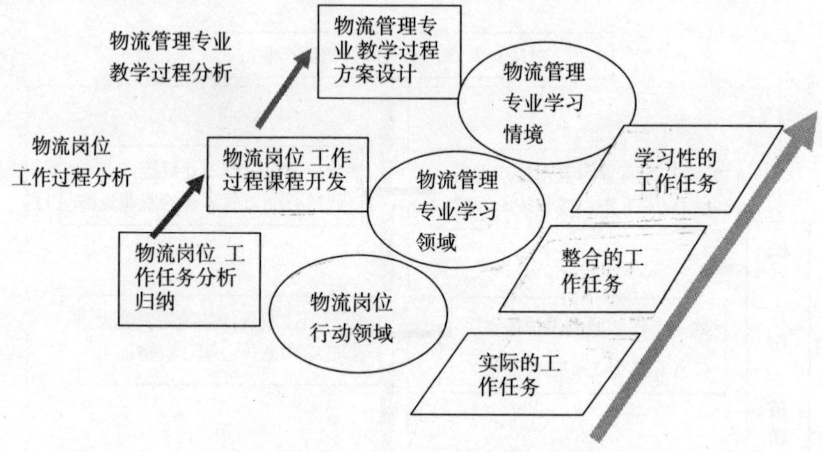

图5－3　物流管理专业系统化课程开发思路流程图

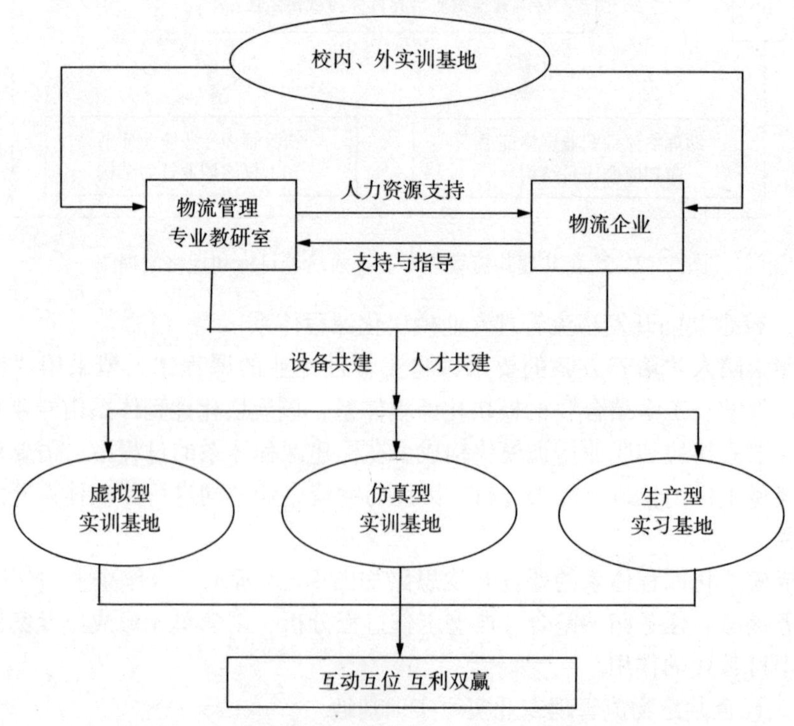

图5－4　物流管理专业建设校企一体化实习实训基地图

（4）校企共同培养“双师”结构教学团队

保证基于工作过程所需的知识传授和职业技能训练的顺利开展是教学团队建设的重要任务。这就要求通过校企合作，大力培养既有高校教师资格和专业技术职务、又有职业资格和技能等级证、德才兼备的“双师”结构师资队伍，具体共建模式如图 5－5 所示。在开辟渠道和实现人员双向交流的基础上，为教师到企业见习锻炼、挂职实践、参与员工培训提供平台，也为聘请企业经验丰富的实践专家到学院兼课任课、当好实训实习指导教师、参与监控人才培养的教学过程和量化评价教学质量创造条件，真正形成出得去、来得了、可干事和有作为的“双师”教学团队的建设机制和素质提升机制。同时，这还能为产学结合、合作研究和共同攻克合作企业在物流管理活动中遇到的难题而提供条件，增强企业的竞争力。

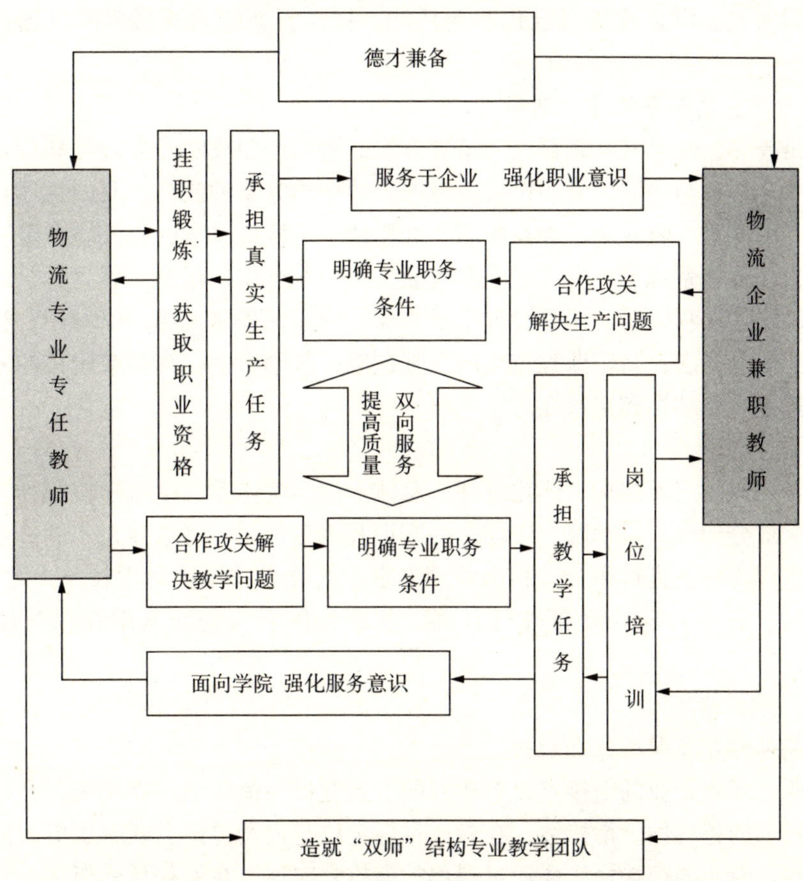

图 5－5　物流管理专业校企共建“双师”结构教学团队模式图

(5) 校企共建物流管理专业人才培养激励机制

为激励在物流管理专业建设中作出突出贡献的教师和表现优异的学生，学院和企业拟联合建立人才培养激励机制，利用学院的奖学金、企业的奖金和工作岗位以及精神激励等手段，鼓励专业教师到企业参与生产性实践、企业技术人员到学院担任项目课程教学任务和实训实习指导任务，形成学生认真学习专业知识和提高专业技能的良好氛围。

(6) 校企共建物流管理专业毕业生就业渠道

建立稳定合作的企业群，除了能提供物流管理专业工学结合和产学结合的企业优势资源外，也为本专业毕业生就业提供了稳定的渠道。物流管理专业与合作企业共建的毕业生就业渠道，主要有以下几种：学生被实习企业留用而形成的就业渠道；发挥合作企业向同行企业和有业务往来企业的推介作用，而形成的就业渠道；因通过合作企业实习强化职业技能、提高择业能力而形成的市场择业渠道等。

2. 中职、高职系统培养创新

一是校际、校企共同制订人才培养方案。聘请中职校的专业教师和行业企业技术人才全程参与中职、高职衔接的专业人才培养方案的制订，共同探讨企业对专业人才的需求、就业岗位和在中职、高职两个阶段应具备的职业能力等。

二是课程体系统筹，中高职融会贯通。与中职合作，根据培养目标，以全局观念统筹构建课程体系，课程设置由浅入深：中职课程重基础，强应用，让学生初步建立职业概念；高职课程重实践，强创新，鼓励学生在真实或模拟的工作场景中发挥主观能动性和实践性。

(1) 运行模式

校企、校际三元结构一体化管理，总体上由学院体系、中职学校和物流企业体系三大部分构成。以学院、中职校内实训基地为依托，将培养人才的体系和物流产业生产的体系进行融合，物流管理专业与合作单位同中职学校在人才培养、项目申报、资源共享等方面进行对接，各课程体系与物流基地在项目驱动下对接。

(2) 建设措施

①加强专业及课程标准衔接

中职、高职专业的衔接宜以专业群的形式宽口径衔接，这样一来，在接口上就有了更强的相容性、衔接性，在专业目标定位与内涵建设上就有了更大的互补递进空间。专业的衔接最终要通过课程的衔接来实现。在课程目标衔接上，要将中职的实用性、操作性、工具性目标与高职的技术性、创造性、人格化目标优化整合；在课程内容衔接上，要根据中职、高职相近专业大类的特点和要求，制定相互衔接的、统一的课程标准，确定科学合理的教学顺序和实施路线，既要避免中职、高职课程内容的重复，又要拓宽和加深课程内容，真正实现课程内容衔接的连续性、逻辑性和整合性。

②加强交流沟通，联办教研活动

在教学过程中，学院每学期与中职校联合举办各对口专业关于课程衔接的教研活动，两校的专业教师一起以“3+2”课程衔接为核心议题，研讨计划、规划教材、交流心得。每学期开学之初，学院组织所有参与“3+2”教学的教师进行讨论，分析学生的特点。针对学生的这些特点，对既定课程的教学内容进行筛选，选取和现实生活较为贴近的部分，设计学生参与度高的教学互动环节。

3. “精技、善道、融通”的人才培养方案创新

依据学院“教学做合一”的人才培养模式，物流管理专业结合专业特点，于2011年实施了“四融通，五推进”的人才培养模式，就是通过“IEM”的校企共建专业的运营模式，将技术与人文、理论与实践、学校与企业、课程与技能考证融通起来。在真实的物流环境中，学院按照专业认知、专业基础学习、专业模块学习、职业定位专项实习、顶岗实习等五个层次逐层推进来培养人才，形成一个“工”与“学”渐进式交替、螺旋式上升、“分阶段、分层次、分目标”的人才培养模式。

为了更好地服务于区域社会经济发展，学院将进一步完善“精技、善道、融通”的人才培养方案。其内容就是：精技即精通物流技能、物流管理技巧和艺术；善道即善于运用物流企业的经营管理之道和高尚的职业道德；融通即技术与人文融通、理论与实践融通、校企融通、课证融通。通过融通手段，最终实现培养的学生具有高超的技能、善于经营管理和良好职业行为的高端技能型人才。

（1）建设内容

①根据物流产业发展的需要，确定物流管理专业人才的培养规格。分析专业对接产业相应的工作领域与技术领域，是制订人才培养方案、确定培养目标和培养规格的前提。物流管理专业将根据物流岗位群对应的工作过程，分析其所需的专项能力，并以此来确定人才培养的基本规格、业务规格和专业核心技能。

②物流管理专业模块化课程体系建设，详见以下课程体系模式建设。

③物流管理专业教学过程实施方案设计。根据企业和劳动力市场对物流管理人才的需求，以服务于经济建设为宗旨，坚持“以就业为导向”“以能力为本位”的理念，建立多样性与选择性相统一的教学机制，以市场为导向，明确人才培养定位，设计课证融通、情境教学、工学结合模块教学方案。

④人才培养方案的设计与调整机制。人才培养方案一经确定后，原则上不得调整，但根据经济发展的形势，在认真考察必要性的基础上由专业教研室写出申请调整培养方案的报告，建立物流管理专业人才培养方案动态调整机制。

（2）建设步骤

按照市场调研→人才培养目标→职业岗位、工作过程分析→典型工作任务、职业能力分析→系列工学项目模块设计→项目课程体系→教学方案设计的路线，系统制订人才培养方案，如图5－6所示。

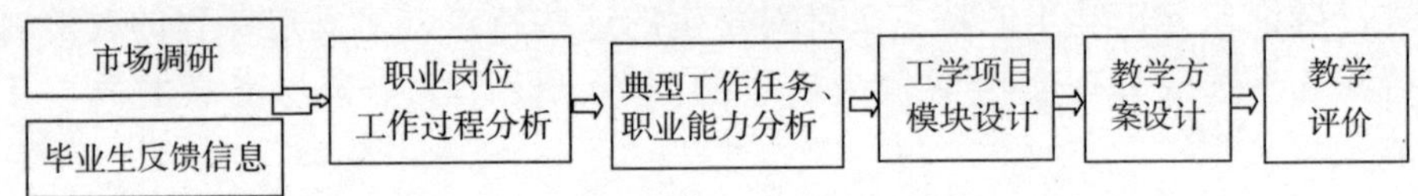

图5－6　物流管理专业人才培养方案制订流程图

（3）运行模式

①校企二元一体化管理模式

校企二元结构一体化管理总体上由学院体系和物流企业体系两大部分构成。以学院校内实训基地为依托，将学院培养人才的体系和物流产业生产的体系进行融合，物流管理专业与合作单位在人才培养、项目申报、资源共享等方面进行对接，各课程体系与物流基地在项目驱动下对接。

②工学结合人才培养运行模式

让学生在工作中掌握职业能力，是职业教育本质内涵的需要；教学需求驱动着“工学结合”培养模式的实施。人才培养模式是制订人才培养方案的依据，物流管理专业制定了“四融通，五推进”的人才培养运行模式，如图5－7所示。

（4）建设措施

①确定物流管理专业人才培养规格的措施

物流管理专业人才培养规格包括基本规格和业务规格，这两个规格的确定是建立在对于与物流管理专业对应的岗位群的工作过程及能力要求的分析基础之上的。

②构建物流管理专业模块化课程体系的措施

一是综合学历证书知识、技能、态度结构和职业资格证书应知、应会、应是结构，确定模块化课程设置体系。学院实行的是工学结合的人才培养模式，学历证书与职业资格证书并重，因此，物流管理专业构建课程体系时，必须做到将学历证书知识、技能、态度结构和职业资格证书应知、应会、应是结构相融合，构建科学的模块化课程体系。

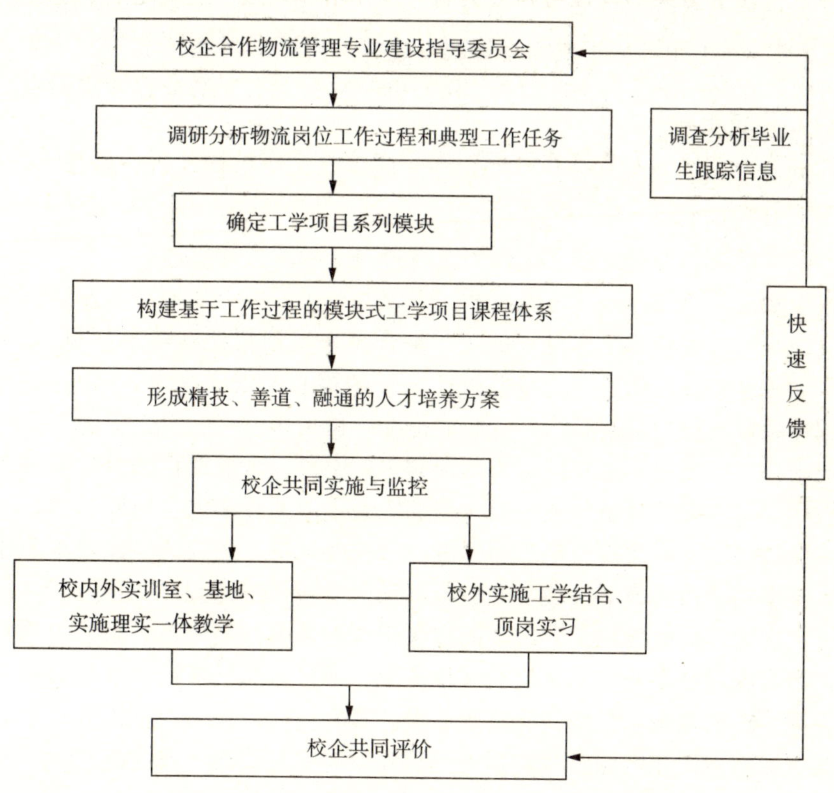

图 5－7　物流管理专业人才培养运行模式流程图

二是确定模块化课程体系科目课程构成。物流管理专业以职业岗位能力为核心构建课程体系，克服高职课程内容的重叠，减少课时数量和课程门数，使课程的功能取向和整个系统的取向一致，通过各门科目的相互配合和协调发展达到课程体系的最佳状态。

③设计物流管理专业教学过程方案的措施

根据企业和劳动力市场对物流管理人才的需求，以服务于经济建设为宗旨，坚持“以就业为导向”、“以能力为本位”的理念，建立多样性与选择性相统一的教学机制，明确人才培养定位，设计课证融通、情境教学工学模块教学方案。

一是物流管理专业教学方案编制流程。具体编制流程是：依据物流管理专业能力确定工学结合项目→依据工学结合项目任务确定情境教学任务→依据情境教学任务确定教学内容→依据教学内容安排教学学期及学时→校企共同组织实施，并组织成果验收与考核。

二是工学结合工学模块教学方案。以物流管理专业课证融通、情境教学、工学结合过程的七个模块为依据，由“学期安排与周数”“岗位专项能力”“课证融通（知识能力素质）要求”“教学内容”“组织实施”“工学具体成果”和“考核方式”等七个部分组成物流管理专业课证融通、情境教学、工学结合模块教学方案。在教学中，将企业的真实项目和工作过程引入情境教学实训室，实现理论实践一体化教学。

4. 模块化课程体系建设

（1）建设内容

①基于物流职业岗位群，构建物流管理专业模块式课程体系

根据物流管理专业人才培养模式，立足服务于安庆市物流产业发展，本专业拟通过四步法构建基于工作过程的工学结合模块式项目课程体系（见图5－8）。根据职业教育特色，物流管理专业人才培养的核心是以就业为导向的课程体系，该课程体系以模块为基本结构，以职业标准岗位工作过程能力要求为项目教学的基本要求，以情境教学工学结合为实训的主要手段，重组课程和教学内容，构建理论教学与实践教学相辅相成、以技能训练为主线的教学内容与课程体系。该课程体系应以岗位群所需职业能力为框架，以技能训练为主线，构建基本职业素质模块、工学结合情境教学模块、职业定位顶岗实习模块课程（见图5－9），从而形成课证融通、情境教学工学结合的模块化课程体系。其中基本职业素质模块由公共素质类课程和专业基本素质类课程构成；课证融通、情境教学模块由仓储业务类课程、运输业务类课程、配送业务类课程和货代业务类课程构成；职业定位顶岗实习模块由职业定位专项实训类课程和顶岗实习就业环节构成。

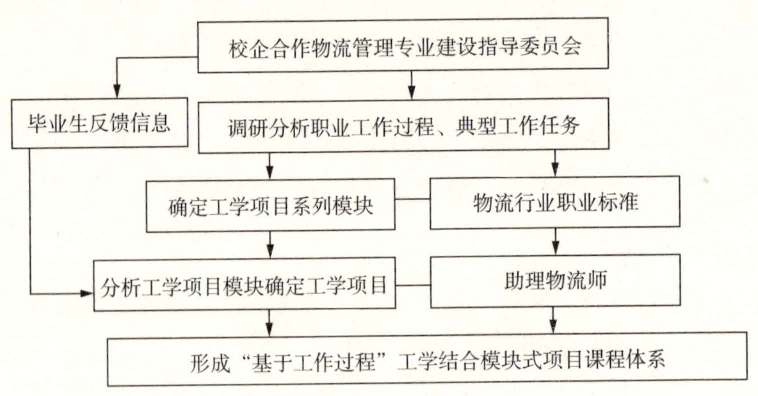

图5－8　物流管理专业课程体系设置步骤图

②基于物流岗位能力需求，整合开发物流管理专业课程

按照“基于工作过程”的工学结合模块式项目课程体系，建立开放式的教学环境，坚持“教学做”合一，构建“理实一体、项目导向、任务驱动”的情境化教学模式，开展以提高学生专业技能为本位的课程改革，组织校企课程专家

和经验丰富的一线教师，按职业岗位的相关性原则和同级性原则，并涵盖职业岗位、职业资格相关等级职业标准，将项目课程体系属行动领域的工学模块单元项目任务，转化为专业学习领域所需的知识、技能和素质，进而整合转换成项目课程。

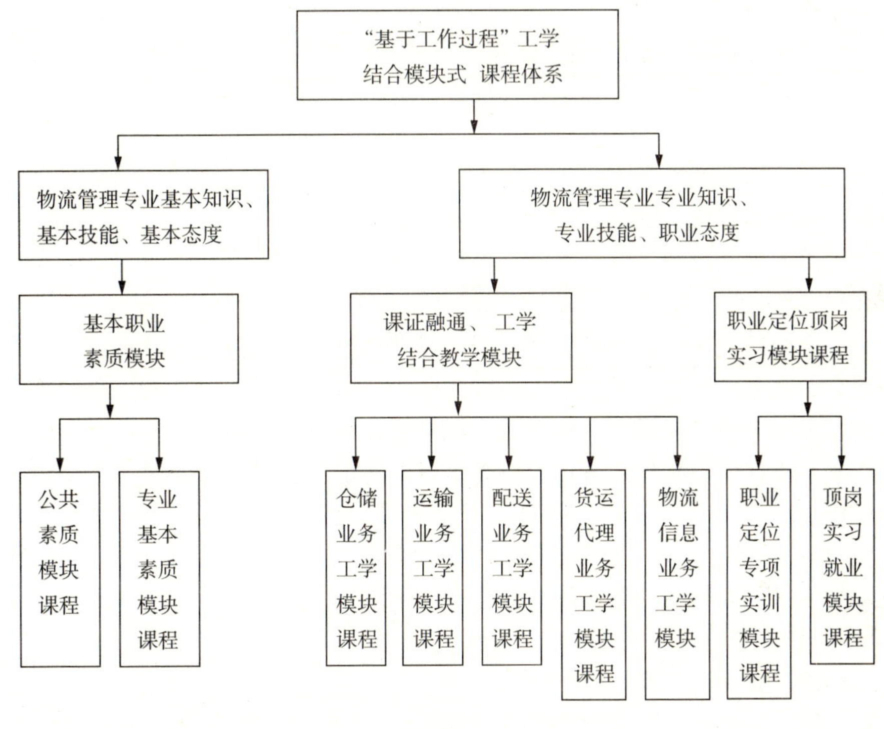

图 5－9

③基于物流岗位工作过程，构建核心课程内容

依据物流岗位能力标准，围绕岗位技能点，根据典型工作任务，确定核心能力，围绕核心能力建设优质核心课程。在核心课程建设中，确定将"配送中心运作与管理""采购与仓储管理""运输管理实务""物流信息技术""国际货运代理实务"5门课程建设成为专业优质核心课程。采用校企合作方式，与港口物流园、安庆烟草配送中心、安徽黄梅飘香食品有限责任公司、安庆新百百货有限公司等不同经营类型的物流企业共同成立课程开发项目组，通过对工作领域、工作行动能力的分析，进行学习领域课程的设置，形成课程标准、学习情境范例、校本教材、多媒体课件、教学素材库、课程考核题库、技能鉴定与考核标准、技能大赛方案等系列成果，力争达到省级精品课程标准要求。

（2）运行模式

基于工作过程的工学结合模块式项目课程体系，是"依托行业、对接产业、锁定职业、服务就业”专业建设思路和“与产业对接、与职场一体的校企共建”专业建设模式指导下的开放性课程体系，必须遵循“工作过程导向、职业能力主线、项目任务载体”的课程建设模式，构建和采用“校企共建，政府、社会、企业、学校、学生五方共管共监”的运行模式。

①组织建设

校企共建专业建设指导委员会和项目建设组负责项目课程体系建设顶层设计、架构设计、方案设计、评价指标体系设计。

②运行实施

项目建设组负责组织市场需求调研、职业岗位、工作过程、典型工作任务、职业能力等方面分析，确定工学项目系列模块，设计专业教学方案及教学流程，实施项目课程与教材开发计划，进行课程评价。

③质量监控

树立全面质量观、全程管理观、全员参与观的质量监控与保障意识，建立政府、社会、企业、学校、学生五方共管共监的开放性质量监控系统，全程监控项目建设各环节，通过多渠道、多途径收集信息，高效处理和诊断信息，快速反馈矫正意见，确保项目课程体系建设的高质量、高水平。将项目课程体系建设的有关制度建设、组织建设、课程体系、教学方案、课程教材、评价标准等上网公布，接受教育主管部门、教学管理部门、教学督导部门、企业专家、学校教师、学生及学生家长和社会其他人员的监控及评价。

（3）建设措施

①精细化分析物流岗位能力结构

物流岗位群对应的工作过程和职业能力（包括专业能力和通用能力）见表5-6所列。

表5-6 物流岗位群对应的工作过程和职业能力分析表

序号	岗位名称	工作过程分析	专项能力	课　程
1	仓库管理员	核对清单—验收货品—签收清单—入库—分类储存—仓库盘点—出库	1. 入库、储存、盘点、出库作业能力及单证处理能力； 2. 仓库的业务组织、协调能力、仓储软件操作能力。	仓储管理实务
				物流信息管理
				助理物流师

（续表）

序号	岗位名称	工作过程分析	专项能力	课　程
2	商品储运员	制订运输管理制度—制订运输计划—制订费用计划—制订行程计划—运输过程控制—行程与车辆跟踪—运输费用总计—运输工作总结	1. 运输计划组织、协调能力； 2. 运输设备及软件操作能力	运输管理实务 包装学 物流系统规划与设计
3	理货员	联系供应商进货—商品入库检验—入库储存—货物分拣与补货—流通加工—配货—包装与搬运—出库与运输	1. 配送中心管理与组织； 2. 配送中心业务处理能力	配送中心运作与管理 供应链管理 市场营销
4	货运代理业务员	接受货主询价—接单—订舱—装箱—报关—提单确认和修改—签单	1. 组织、沟通能力； 2. 国际货物运输管理及报关报检能力	国际货运代理实务 电子商务 客户关系管理
5	物流信息管理员	基础信息管理—订单管理—仓储管理—配送管理—运输管理—商务结算—决策支持	1. 计算机及其网络应用能力； 2. 物流信息技术（数据库、条码识别、EDI、物流信息系统）使用能力	物流信息技术 数据库技术 物流管理基础

（2）建设优质核心课程

物流管理专业拟将“运输管理实务”“采购与仓储管理”“配送中心运作与管理”“物流信息技术”“国际货运代理”5门课程建设成为专业优质核心课程（见表5-7）。

表5－7　物流管理专业核心课程建设规划和设计表

序号	课程名称	主要建设内容	教学模式	教学环境	主要合作单位
1	配送中心运作与管理	确立项目化课程标准，完成项目化讲义编写、课件制作、教学情境范例、资料库、模拟软件系统平台，达到省级精品课程要求	项目导向 任务驱动 工学结合	校内实训室、模拟公司、校外实训基地	安庆烟草配送中心
2	运输管理实务	确立项目化课程标准，完成项目化讲义编写、课件制作、教学情境范例、资料库、模拟软件系统平台，达到省级精品课程要求	项目导向 任务驱动 工学结合	理实一体化教室、模拟公司、校外实训基地	安庆南翔集团
3	国际货运代理实务	确立项目化课程标准，完成项目化讲义编写、课件制作、教学情境范例、资料库、模拟软件系统平台，达到省级精品课程要求	项目导向 任务驱动 工学结合	理实一体化教室、模拟公司、校外实训基地	安庆港口
4	采购与仓储管理	确立项目化课程标准，完成项目化讲义编写、课件制作、教学情境范例、资料库、模拟软件系统平台，达到省级精品课程要求	项目导向 任务驱动 工学结合	理实一体化教室、模拟公司、校外实训基地	安庆新百百货有限公司
5	物流信息技术	确立项目化课程标准，完成项目化讲义编写、课件制作、教学情境范例、资料库、模拟软件系统平台，达到省级精品课程要求	项目导向 任务驱动 工学结合	机房 校内物流管理实训室	校内

5. 教学团队建设

（1）建设内容

根据学院“教学做合一”的人才培养模式，通过与安庆港口物流园、安庆邮政物流中心、安庆烟草配送中心、安徽黄梅飘香食品有限责任公司等企业密切合作，采取“全联动、双岗交替、定向培养”的双师结构师资队伍建设模式，建成一支以本校培养和企业兼职组成的专业带头人为核心，专业水平高、实践能力强、专兼结合的优秀教师团队。师资队伍的“两大内涵”建设与“四个项目”建设见表5－8、表5－9所列。

表5－8　师资队伍内涵建设

内　涵	建设内容
教师基本素质	鼓励和支持中青年教师的学历学位提升，改善教师队伍的学历学位结构。到2013年，45岁以下的教师中研究生学历或硕士以上学位（含硕士）比例占教师的80%以上 鼓励和支持教师晋升职称，优化教师职称结构。到2013年，高级职称教师比例达到35%以上。同时，实习、实训指导教师全部获得高级职业资格证书或中级专业技术职务
教师队伍技术服务与创新能力	以校企共建为突破点，突出抓好“双师结构”师资队伍建设。提高教师队伍的专业实践能力、技术服务与创新能力，造就一批在本行业、安徽地区有影响，在教学、技术、技能、工艺领域有明显优势的“双师结构”师资队伍

表5－9　师资队伍建设项目表

项　目	建设内容
专业带头人	具有5年物流行业工作经验和较高的专业影响力；能够带领骨干教师完成2～3门优质专业核心课程的开发和建设任务。出版优质核心课程教材1部；承担省级以上教改课题1项；为3家物流企业开展咨询服务或进行职业培训
骨干教师	选拔具有中级职称以上的中青年教师作为骨干教师培养对象，鼓励和支持骨干教师参加各种培训，每年到企业挂职工作或顶岗实践1个月以上，并承担一定的企业服务任务。通过2年的培养，使骨干教师成为课程建设负责人。到2013年，计划建成一支由8名教师组成的骨干教师队伍
“双师结构”教师团队	选派专任教师到企业轮岗或到企业挂职工作，或从企业和社会聘请专家到学校担任兼职教师。按照“专任教师职业化，兼职教师专业化”的理念，加强“双师结构”的教师团队建设，力争到2013年“双型素质”教师占专业课教师的比例大于85%，专兼职教师的比例达到1∶1左右，形成专兼结合、素质优良、结构合理的校内外师资结构
兼职教师队伍	聘请物流企业、工商企业一线精通物流管理的专业技术骨干为兼职教师；通过“进学校、上课堂、带学生”等措施培养和提高兼职教师的教学水平；两年内，培养兼职教师13人

(2) 运行模式

采用“IEM”的校企共建、工教结合的师资队伍建设模式，在专业建设指导委员会领导下，进行师资建设规划、教师培训、双师队伍建设、教师顶岗实践、企业人员培训、校企人才共享等管理与培训工作，如图5-10所示。物流管理专业通过校本培训、送培、特培、交流、技能竞赛、轮岗、到企业挂职锻炼等形式培养本专业的专业带头人和骨干教师；另外，聘请企业的能工巧匠和技术人员担任物流管理专业的兼职教师，并通过聘请专业顾问对专业教师的业务进行指导，最后形成由专业带头人、骨干教师和兼职教师组成的物流管理专业教学名师团队。

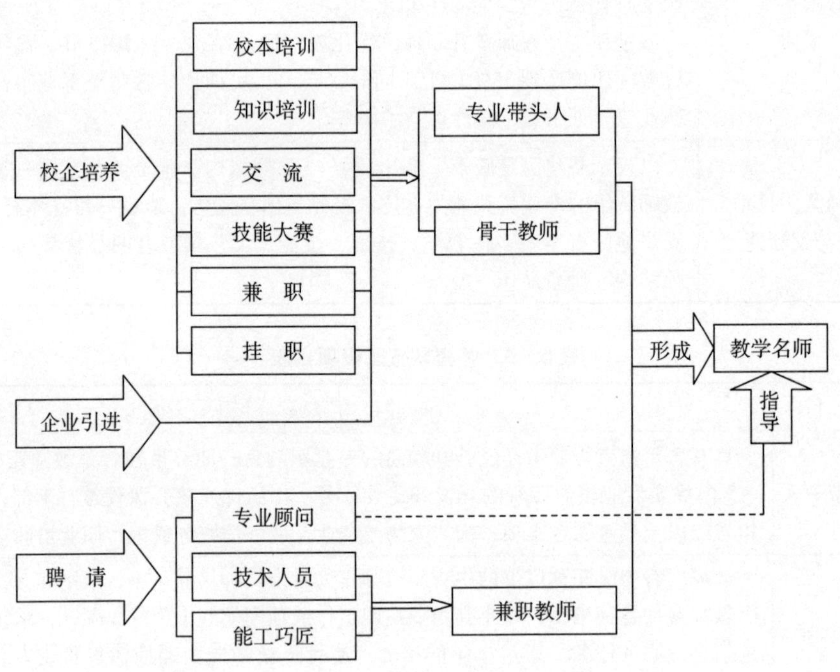

图5-10 物流管理专业师资队伍建设规划图

(3) 建设措施

①坚持以人为本

形成尊重人才、尊重知识的氛围，做到“以人为本”，将学校的办学理念、办学思想及时传达给全体教师，创造温馨的工作环境，增强教师的集体荣誉感和对学校的归属感，充分提高教师工作的积极性和主动性。人性化管理还体现在对教师的使用上，在安排教师的工作时，岗位与教师的业务能力相适应，使每个教师承担适合自己的工作，使每项工作都由胜任的教师去做。同时，要从发展的角度看问题，尽量发挥他们的长处和优势，调动其积极性，实现自我发展。

②严格教学管理

一是合理控制教学工作量，硕士学历或中级技术职称以上的教师周学时一般控制在12～16学时。

二是规范教学管理。抓好教师教案、授课计划大纲、教师电子课件、实训技能指导、作业批改等教学各环节。

三是规范教研活动，以教研室为单位，物流管理教研室的教师相互听课、评课，取长补短。每个教研室每学期应选择三门课程，作为教研室活动予以安排公开课、示范课、优质课，每学期初落实，同时逐步建设具有专业特色的教材库。

③强化技能训练

为健全教师绩效考核机制，物流管理专业在考核时明确每一位教师的专业方向、发展目标和工作任务，把考核重点放在“绩”上，同时兼顾德、勤、能的考察。系部对物流管理专业每位毕业生的职业技能进行全面考查，并根据市场需求逐年调整和充实考查内容，按照细分的各条目，根据学生掌握技能的实用性和全面性作为考核教师的重中之重。

6. 实习实训条件建设

（1）建设内容

根据企业技能要求，增建物流管理实训室，进一步完善现有物流实训室；增加4～5家稳定校外物流企业的实习基地；建设校内物流综合实训基地（物流综合实训基地的主要设备见表5－10），并依托实训基地，创建区域物流服务培训公司，以便更好地服务于学生和社会。

表5－10　物流综合实训基地的主要设备表

项目	设备名称	数量	价格（元）
收货区	RFID射频识别系统	200只	2000
		2套	2000
		1套	25000
	激光条码扫描仪	2套	4000
	多功能工作台	2套	1500
	条码打印机	1套	10000
	条码打印机耗材	1批	2000
	中型货架	2套	3000

（续表）

项目	设备名称	数量	价格（元）
自动化立体仓库	组合式立体库	1套	40000
	巷道式堆垛机	1套	8000
	电气控制柜	1套	30000
	入/出库链式传输线	2套	17000
	入/出库传输线	2套	16000
	90°弧形辊筒传输线	1套	15000
	自动分拣线输送线	1套	30000
	流利式出货台	4套	8000
	激光条码扫描仪	1套	3000
	堆垛机认址检测系统	1套	3000
	光幕安全系统	1套	3000
	大屏幕信息显示屏	1套	4000
	视频监控系统	1套	5000
	出入库管理平台	1套	17000
配送分拣系统	流利式货架	4套	12000
	无动力辊筒输送线	2套	8000
	电子标签辅助捡货系统	42只	4200
		1台	30000
	RF射频手持终端系统	2套	20000
	配送分拣管理平台	1套	1000
托盘货物存储区 叉车拣货区	重型货架	6套	24000
	电子标签（PTL）辅助拣货系统	60只	6000
出库区	多功能工作台	2套	12000
	激光条码扫描仪	3套	15000

（续表）

项目	设备名称	数量	价格（元）
搬运车辆	液压搬运车	4 辆	12000
	液压叉车	2 辆	4000
	平衡重式叉车（全电动）	2 辆	100000
	半自动电力托盘堆高车	2 辆	28000
信息化实训室	品牌电脑	70 台	300000
辅助设备	周转箱	200 只	10000
		200 只	16000
	塑料托盘	40 只	8000
	木托盘	40 只	8000
	手动打包机	5 套	15000
	半自动打包机	2 台	8000
	小托盘	250 只	7500
	模拟包装箱	200 只	6000
	更衣柜	1 套	800
	文件柜	1 套	800
	工具套件	2 套	800
	展板	10 套	2000
	管理 PC	6 套	30000
	交换机	1 套	2000
	模拟物料	1 套	1500
	物料盒	200 个	6000
	物料箱	20 个	1500
	包装耗材	1 套	3000
	服务器	1 套	7000
虚拟软件	仓储配送管理软件	1 套	20000
	运输管理软件	1 套	15000
	供应链管理软件	1 套	15000
	国际物流软件	1 套	15000
合计金额	壹佰零贰万叁仟陆佰元整		1023600

（2）建设措施

为保障实践教学的顺利实施，根据物流管理专业人才培养目标及校内、校外实践教学安排，建立健全实践教学保障机制，做到实践教学的“六落实”，即组织落实、时间落实、地点落实、制度落实、人员落实和经费落实。实践教学保障机制的内容主要包括以下四方面：

①教学组织机构

为保证校内外实践教学的顺利进行，由系教学管理人员和物流企业主要领导组成“物流管理专业实践教学工作小组”，制订实践教学计划，组织协调物流管理专业实践教学工作。

②教学制度

第一，制定物流管理专业核心课程实训课程标准，明确物流管理专业实践教学总体目标及要求，确定各门实训课程的具体目标、实训内容及考核标准；第二，制定实践教学规程，规范物流管理专业实践教学的组织与实施；第三，编制各门课程实训手册，明确该课程实训内容、实训目的与要求、实训准备、实训步骤指导、考核标准等内容；第四，制定物流管理专业实践教学管理制度，包括校内实训管理制度及校外实训管理制度；第五，建立学生实训实习档案；第六，制定学生顶岗实训管理流程，规范校外实训组织、管理、考核。

③实践教学指导人员

在“物流管理专业实践教学工作小组”的协调组织下，由各专业课教师和校外实训基地兼职教师共同担任实践教学指导教师，建立实践教学指导教师档案，对实践教学指导教师的教学任务、教学成果、考评结果进行记录。

④实践教学经费保障

实践教学经费由“物流管理专业实践教学工作小组”根据实践教学任务合理预算，由学校统一管理、统一列支，实施监督和考核。

7. 第三方教学质量监控体系建设

（1）建设内容

依据学校的评价指标体系、评价标准，制定符合物流管理专业特点的指标体系及评价标准，创造性地开展工作（如图 5－11 所示）。

（2）建设措施

一是系主任在院教学工作委员会和专业建设指导委员会的统一领导下，在教务处的指导下，全面负责系教学质量监控工作。

二是系教学管理办公室是系教学质量监控的职能部门，负责收集系教学值班人员、各教研室、各学生班级和学生教学信息员等在各个教学环节中反馈的各种信息，并对其进行记录、分类、整理、归档，对存在问题提出改进和处理意见，将结果反馈给相关部门和个人，重大问题及时反馈给系领导，由系行政办公会议提出处理意见后反馈给相关部门和个人。

三是各教研室（教师）和各学生班级（学生）通过各项教学活动、学生社会实践活动、学生各专业兴趣小组和学生课代表，进行各种教学信息的沟通与反馈，使教与学形成良性互动。

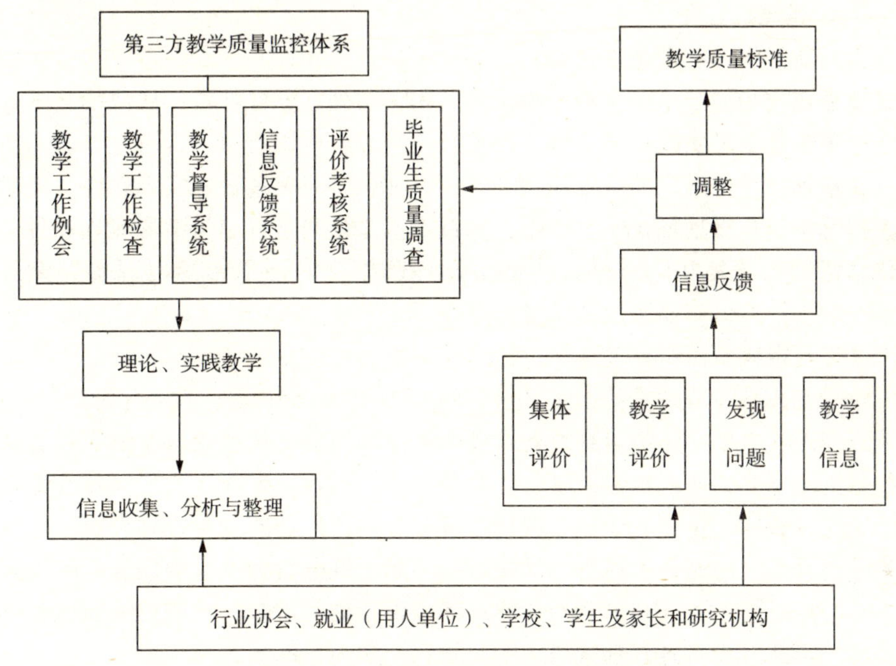

图 5-11　第三方教学质量监控体系运行图

四是教研室监控。监控的方法和途径主要有：教学研讨（教学计划和教学大纲的制订及修订、教学内容、教学方法、教材选用等），相互听课、评课，教学观摩，学期授课计划的执行情况，现代教学手段的应用，作业批改情况，日常检查，内部自评，各项信息反馈，期中教学检查和分析总结，问题的解决及跟踪落实，期末教学检查和分析总结，命题的信度和效度评价，保存相关资料、文件和记录等。

五是在这一监控体系中和所有的部门和所有的个人，既是监督主体，又是监督对象，从而形成了一个全员参与监督、全员接受监督的立体互动、即时在线的教学质量监控体系。

8. 辐射专业群建设

(1) 建设思路

物流管理专业与市场营销、国际贸易实务、电子商务三个专业基础知识相同，专业之间内在联系紧密，课程相互交叉渗透，技能训练项目和内容相近，有相同的专业平台课，面向相近的岗位群。在重点建设专业的带动下，使各专业在课程体系改革、师资队伍建设、实训基地建设等方面资源共享、协调发展。同时，物流管理专业在人才培养模式方面的探索和实践成果，也可供专业群借鉴、移植和运用，从而带动整个专业群的发展与整体水平的提升。

（2）建设内容

①专业群实习实训条件建设

重点建设与完善市场营销和电子商务两个实训室软件配备，形成集教学和培训于一体的创新型实践教学平台，主要对学生综合应用能力进行自主体验与协作式创新培训。一是客户关系管理实训软件。配备客户关系管理实训软件，使学生真正熟练掌握数据挖掘技术及数据存储技术。二是网络营销与策划实训软件。配备网络营销与策划实训软件，使学生熟练利用互联网平台模拟现实环境进行操作。

②专业群师资队伍建设

一是在重点专业师资队伍带动下，重点专业师资参与专业群相关教学工作，将重点专业建设的理念渗透到专业群各个教学环节，把优秀的教学内容和方法传授给教师和学生，实现师资共享、经验共享。二是重点专业优质专业核心课程属专业交叉课程时，重点专业核心课程组要吸收其他专业的青年教师参与，增强重点专业优秀师资对其他专业教师的影响。三是分期分批为专业群培养 2 名专业带头人、6 名骨干教师、10 名双师素质教师，根据教学需要，聘请校外兼职教师进行教学，形成一支具备双师素质、专兼结合、实力雄厚的教师队伍。

③专业群课程建设

一是对重点专业和专业群平台课程进行统一规划集中建设。二是对专业交叉课程成立跨专业课程管理组，共同建设，实现课程资源共享。

9. 社会服务能力建设

（1）建设共享型教学资源库

在学院教学资源库架构下，建设物流管理专业教学资源共享平台和专业门户网站供社会使用。围绕“采购与仓储管理”“配送中心运作与管理”两门优质专业核心课程，两年内建成自主学习型网络课程和物流管理专业教学资源共享平台，以供兄弟院校同类专业资源共享。

（2）开展技能鉴定和社会培训

充分发挥基地的共享性，示范与辐射一两所院校对口专业办学，面向社会开展岗前培训、在职培训、再就业培训、农村劳动力转移培训等，两年共培训 200 人次（含培训对口院校师资）；面向在校学生及在职人员开展物流职业资格培训认证和技能鉴定，每年培训400人次。

（3）提供区域物流技术服务

依托学院教学、实训、研究资源，利用区域物流服务培训中心，为安庆物流企业改造升级提供企业内训、咨询、物流园区规划、物流信息化建设等技术服务。与企业合作开展物流应用技术研究，发明和推广新技术、新项目，促进物流行业的发展。

（四）专业建设举措

贯彻“勤学笃行，德技双馨”的校训、“实践与理论并重，技术与人文融通”的办学理念和“立足安庆，服务安徽，面向全国”的办学定位，积极主动地融入安庆地方产业链，与行业、企业密切合作。力争在两年内，把本专业建设成为在课程体系和教学内容改革、物流实训基地建设、实现工学结合等方面在全省同类院校同类专业中处于领先地位、具有示范引领作用的品牌专业，带动专业群内各专业的改革与发展，为社会培养物流管理领域的高素质、高端技能型人才。

1. 以校企共建专业为平台，完善专业建设的运营模式

通过校企共建的物流管理专业建设指导委员会，对物流管理专业进行深层合作，依据职业教育的特点，从确定培养目标开始，逐步分析、开发模块化课程体系，在实训基地和人力资源上进行协同发展，共同制定专业教学标准，分析、评价教学效果，最终实现学生培养和物流企业之间的零距离对接。

2. 以职业能力培养为导向，创新专业人才培养方案

按照上述专业建设思路，本专业人才培养方案主要突出以下几点：一是突出岗位能力和职业素质培养，注重对学生岗位职业道德和可持续性能力的培养，按照物流管理相关流程工作岗位的要求，重组课程体系和课程内容。把职业考证课程融入相关专业课程设置中去，培养学生职业能力；二是以物流管理岗位群的能力要求为基础，参照仓储管理、货运代理、物流企业工作任务和国家职业资格标准，以物流工作流程为依据，确定职业能力要求和知识模块，构建新的课程体系。淡化专业基础课、专业理论课和专业实训课的界限，扩大、加深与企业的合作范围和层次；三是通过与企业的合作，在课程设计上，依据物流技术标准和物流工作岗位所需掌握的知识、技能、素质，制定全新的课程标准，建设和开发一批工学结合的专业课程。

3. 以实训条件改善为依托，加强校内外实训基地的建设

加强实践性教学环节、突出技能训练，是教学工作的核心内容。学生的实训既包括校内的实习实训，也包括校外实训基地的顶岗实习。良好的校内实习实训条件是实行工学结合培养模式、提高学生职业技能的前提条件；严格管理的校外

顶岗实习是提高学生职业岗位技能的重要保证。

4. 以课程体系优化为中心，共建校企合作的优质核心课程

与行业企业合作，以真实工作任务为载体，与专业职业资格标准相衔接，根据职业岗位能力的要求进行课程体系的开发与设计。围绕职业岗位核心能力的要求，建设优质核心课程。通过与企业、校外实习实训基地间的业务合作，广泛地征求专业建设指导委员会的专家和行业企业一线员工的意见，配套开发具有本校和地方特色的优质课程校本教材。

5. 以教师持续发展为根本，打造工学结合的教师团队

依据学院“教学做合一”的办学模式，创造条件，加强与行业、企业的合作，有计划有步骤地让专职教师参与物流企业一线的实践，提高技术和技能水平，打造一支“双师”型教师队伍。同时，通过对外引进和聘任等方式，坚持数量、结构、质量协调发展的方针，建成一支由本校专职教师和企业兼职教师共同组成的以专业带头人为核心、师德高尚、业务精湛、实践能力强的优秀教师团队。

6. 以完善保障措施为切入点，抓好各项工作落实

（1）政策保障

作为承接产业转移示范区，安庆正规划建立面向全国、连接世界的开放型市场网络体系，市委、市政府也积极利用这一区位规划优势，制定了《安庆市“十二五”发展规划》，并将物流业列入优先发展产业，着力打造皖西南商贸物流中心。这些政策不仅为安庆物流业的发展打造了新的开放平台，而且为学院建设物流管理专业提供了重要的政策保障。

（2）组织保障

本专业建设在学院专业建设指导委员会的统一领导下进行，院专业建设指导委员会的主要职责是负责决策指挥、组织协调、监督指导等工作。

为保证专业建设顺利进行，经济贸易系成立物流管理专业建设项目组，由系主任和专业带头人任组长，行业企业专家、教学副主任、教研室主任、骨干教师为成员，负责做好专业建设方案实施等具体工作，确保项目预期目标的实现。

（3）制度保障

为保障物流管理专业建设的顺利实施，学院将出台一系列文件、政策，对专业的设置和相关人员的调整做出了明确的规定，如《重点专业建设管理办法》《重点专业建设项目评价与考核办法》《重点专业建设项目专项资金管理办法》等一系列管理文件，做到目标明确，责任到人；还将制定《理实一体教学管理办法》《校企合作实习实训管理细则》等制度，规范“四融通，五推进”的人才培养模式建设，完善“IEM”的校企共建专业模式，为专业建设提供全面的制度保障。

（4）经费保障

专业建设的关键是经费保障。为达到预期效果，学院财务处及时足额拨付物流管理专业建设中央财政支持的专项经费，做到专款专用；同时，监督资金使用，提高资金使用效益。此外，根据物流管理专业建设的需要，学院还通过年度财务预算安排、接受合作企业捐赠等方式筹措专业建设资金，以确保物流管理专业建设的各项任务能够如期按质按量完成。

（5）管理保障

①实施精细化管理和项目管理问责制

加强项目过程管理，把专业建设任务分解为多个子项目来建设，实施精细化管理，强化项目责任制度，将各子项目建设目标与各任务承担人挂钩，明确直接责任人。对项目进度、质量和效果进行跟踪监督和检查，确保各子项目按照既定的质量标准按时完成。

②进一步完善教学质量监控体系

发挥教学管理信息反馈的质量监督作用，加强对教学过程的质量控制。同时，对用人单位和校外实习实训企业的教学质量进行监控，将校内外教学质量监控连接起来，建立教学质量控制系统，实现校内外教学全方位、多层次的质量监控。

三、高职物流管理专业人才培养方案的构建

物流管理专业人才培养方案的研究与实践是一个动态发展的过程，需要在研究中实践，在实践中研究，以取得较好效果。安庆职业技术学院于 2004 年开设物流管理专业，该专业人才培养方案在教学实践中不断修订，逐步完善。安庆职业技术学院 2012 级高职物流管理专业人才培养方案如下：

（一）培养目标

在结合安徽物流业发展及人才需求状况，利用自身教学资源和整合社会资源的基础上，根据皖西南经济特征，以物流运作需求为导向，以物流功能为指导，立足安徽，面向大中型第三方专业化物流企业、商场配送中心及港口物流等行业，培养具有创新精神、团队合作精神和诚信敬业的良好职业素养，从事仓储、配送、货运、国际货代和物流营销等岗位群物流业务的高素质技能型专门人才（见表 5 - 11）。

表 5 - 11　物流管理专业学生培养目标

就业面向	第三方物流企业、生产企业、流通企业
就业岗位群	仓储作业；物流运输作业；物流配送作业；国际物流货运代理管理
就业岗位	初次岗位：仓管员、调度员、货运代理员、信息管理员、物流营销员 目标岗位：仓储主管、运输主管、配送主管和物流营销主管

（二）培养规格和要求

本专业主要是培养学生物流管理的基础理论、专业知识和职业能力，使其具备物流管理、物流技术、物流市场开发等能力和良好的职业素养。毕业生应获得以下几方面的知识、能力和素质：

1. 毕业生具备的专业知识

物流管理专业毕业生应具备的知识结构见表5－12所列。

表5－12　物流管理专业毕业生知识结构表

知识类别		知识内涵	支撑课程
专业技术基础知识	市场营销知识	（1）市场营销的基本观念、市场营销组合的策略知识； （2）市场调研及营销环境分析的知识； （3）市场的产品策略、价格策略、分销及促销策略知识	市场营销
	物流基础知识	（1）物流学的基本概念和学科组成； （2）物流学的研究对象和基本理论体系	物流基础
综合化专业技术知识	物流专业技能	（1）运输的各种方式及合理规划的知识； （2）采购管理的知识； （3）仓储技术及其优化的知识； （4）配送管理和配送中心管理的知识； （5）供应链理念和设计的知识； （6）第三方物流企业管理与国际货运代理业务的知识； （7）商业连锁领域的知识； （8）物流信息技术的选择和条码的应用知识； （9）物流企业电子商务知识	运输管理 采购与仓储管理 配送中心运作与管理 供应链管理 国际货运代理 物流信息技术 电子商务

2. 毕业生具备的职业能力

物流管理专业毕业生应具备的职业能力见表5-13所列。

表5-13 物流管理专业毕业生职业能力表

<table>
<tr><th colspan="2">能力类别</th><th>能 力 要 素</th><th>支撑课程</th><th>备 注</th></tr>
<tr><td rowspan="6">通用能力</td><td>英语应用能力</td><td>具备阅读和翻译本专业一般性英文资料的能力，具备基本的日常口语交流的能力</td><td>实用英语</td><td>通过高职高专英语A、B级考试</td></tr>
<tr><td>计算机应用能力</td><td>办公自动化设备和软件的使用能力；利用计算机网络搜集信息、处理信息的能力；能够运用电脑网络处理单据及各类文件</td><td>计算机文化基础、数据库应用基础</td><td>全国高等学校计算机水平考试（一级和二级）</td></tr>
<tr><td>就业创业能力</td><td>获取求职信息的能力；撰写求职自荐书的能力；求职答辩能力；签订劳务合同的能力</td><td>就业指导、课外拓展教育、职业生涯规划</td><td>普通话等级证书</td></tr>
<tr><td>公共关系能力</td><td>交往与组织的能力；解决矛盾的能力；企业形象设计能力；沟通技巧与人际关系协调能力等</td><td>礼仪与社交
公关原理与实务</td><td>公共关系资格证书</td></tr>
<tr><td>持续发展能力</td><td>必须学会学习、善于思考，勤于动手，有捕获信息及整理信息的能力</td><td>素质拓展教育课
职业生涯规划</td><td></td></tr>
<tr><td>创新能力</td><td>学生必须具有创新意识、创新理念、不拘泥于传统模式，敢于提出创新的思想及理念的能力</td><td>素质拓展教育课
职业生涯规划</td><td></td></tr>
<tr><td rowspan="3">经贸基本技能</td><td>营销调研技能</td><td>市场调研、预测的能力；开展广告宣传的能力；营销策划的能力；开拓市场、推销的能力</td><td>市场营销</td><td>助理营销师资格证书</td></tr>
<tr><td>会计业务技能</td><td>会计业务处理的能力</td><td>基础会计</td><td>会计从业资格证</td></tr>
<tr><td>企业管理技能</td><td>企业组织、计划、协调、控制和指挥领导的能力</td><td>物流企业管理</td><td></td></tr>
</table>

（续表）

<table>
<tr><th colspan="2">能力类别</th><th>能　力　要　素</th><th>支撑课程</th><th>备　注</th></tr>
<tr><td rowspan="4">专业综合能力</td><td>仓储业务技能</td><td>（1）入库、储存、盘点、出库作业能力及单证处理能力；
（2）仓库的业务组织、协调能力、仓储软件操作能力</td><td>采购与仓储管理
物流信息技术</td><td></td></tr>
<tr><td>运输业务技能</td><td>（1）运输计划组织、协调能力；
（2）运输设备及软件操作能力</td><td>运输管理实务</td><td rowspan="2">助理报关员
助理物流师
电子商务师
国际货运代理从业资格证书</td></tr>
<tr><td>配送业务技能</td><td>（1）配送中心管理与组织；
（2）配送中心业务处理能力</td><td>配送中心运作与管理、供应链管理、市场营销</td></tr>
<tr><td>货运代理业务技能</td><td>（1）组织、沟通能力；
（2）国际货物运输管理及报关报检能力</td><td>国际货运代理实务、客户关系管理、物流管理</td><td></td></tr>
</table>

3. 毕业生具备的综合素质

物流管理专业毕业生应具备的综合素质见表5－14所列。

表5－14　物流管理专业毕业生综合素质表

<table>
<tr><th>素质名称</th><th>内　涵　要　求</th><th>培养途径</th></tr>
<tr><td rowspan="2">思想道德素质</td><td>认真学习马克思列宁主义、毛泽东思想和中国特色社会主义理论体系，树立科学的世界观、人生观和价值观</td><td rowspan="2">理论课和实践课、“思政课”、形势与政策、素质拓展教育课及活动、综合教育活动等</td></tr>
<tr><td>热爱社会主义祖国，拥护党的基本路线；坚持正确的政治方向。有独立思考、理论联系实际、实事求是的科学态度和优良作风；树立正确的就业观和职业观，具有严谨、务实、诚信、敬业的职业道德</td></tr>
<tr><td>人文素质</td><td>应用语言文字清晰地进行信息、思想、感情的传递、表达和交流；具有文学艺术美学修养；能够正确认识和分析当今时代有关问题</td><td>应用文写作、素质拓展教育课以及其他理论和实践课中融入人文知识、人文思维、人文方法和人文精神</td></tr>
</table>

（续表）

素质名称	内　涵　要　求	培养途径
专业素质	了解国家有关政策；熟悉物流各职能管理；掌握现代物流技术；熟练物流实务操作	相关理论课、专业技术基础课、专业综合技术课及综合技能实训等
身心素质	身心健康，能调控自身心理情趣；具有体育卫生和运动保健素养；树立自觉锻炼、终生锻炼身体的意识；体魄良好，体能达到规定标准	体育课、心理健康教育活动、素质拓展教育课及活动
职业道德素质	适应职业规范和要求；诚实守信	理论课和实践课、素质拓展教育课及社会实践活动等

（三）修业年限

本专业学生的修业年限为全日制三年。

（四）专业核心课程设置

1. 核心课程

采购与仓储管理、配送中心运作与管理、运输管理实务、国际货运代理实务、物流信息技术。具体开设学期及课时见下表 5－15 所列。

表 5－15　物流管理专业的核心课程及其学时

课程设置			课内学时		开设学期	每周学时	备注
类别	序号	课程名称	理论课	实践课			
必修课	1	现代物流基础	48	24	1	4	
	2	采购与仓储管理	48	24	2	4	
	3	配送中心运作与管理	48	24	3	4	
	4	运输管理实务	48	24	3	4	
	5	国际货运代理实务	48	24	4	4	
	6	物流信息技术	36	36	3	4	

2. 专业核心课程简介

“采购与仓储管理”课程主要内容包括两大部分：一是采购管理，二是仓储管理。采购管理部分重点包括采购的基础知识、采购模式、成本分析技术、供货商管理方法，以及企业内部的采购管理策略；仓储管理部分的内容主要包括仓库的设立与布局、商品储存规划、商品储存业务管理、仓储管理技术、仓储包税制度、仓储经济管理。课程包含采购和仓储管理、技术等各方面内容，涵盖了采购和仓储管理的全过程。

“物流信息技术”课程主要内容为物流信息技术概论、物流信息系统概论、物流数据自动采集技术、物流 EDI 技术、物流网络技术、物流运输管理信息系统、生产企业物流管理信息系统、配送中心管理信息系统、电子商务、销售时点管理信息系统、物流信息系统安全技术等。

“配送中心运作与管理”课程主要内容为配送中心类型与功能、配送中心的规划与设计、配送中心的运输管理、作业管理、库存管理以及信息系统管理。

“国际货运代理实务”课程主要内容为国际贸易中货运代理的相关知识，包括国际贸易导论、现代物流管理概述、国际货物运输、国际货运代理、各种国际货物运输业务、货运中的报关与报检业务等。

“运输管理实务”课程主要内容为对铁路货物运输、公路和管道货物运输、水路货物运输、航空货物运输、集装箱运输、联合运输等运输方式的特点和管理实务、运输合同与业务办理、运输成本管理、运输管理技术方法等。

（五）教学环节

教学环节分为理论教学和实践教学。理论教学包括课堂讲授、课堂讨论、习题课等教学环节；实践教学包括实验课、课程实习、实训、职业技能鉴定培训、社会调查、顶岗实习。

具体实施计划如下：顶岗实习方式为校企合作办学、推荐岗位顶岗实习和自主选择顶岗实习三种。实习地点包括校内实训中心和校外实习实训基地。校外实习实训基地见表 5－16 所列，校内实践教学安排见表 5－17 所列，教外实践教学安排见表 5－18 所列。实习指导教师包括校内教师、高职教师、外聘企业业务骨干人员等。

表 5－16　校外实习实训基地企业名称与实训项目表

序号	实训企业	实训项目	签订协议情况
1	安徽黄梅飘香有限公司	商品编码、商品分类及配送	已签
2	安徽宇顺种业有限公司	采购、订单处理及配送	已签
3	索尼数字产品（无锡）有限公司	企业物流管理	已签
4	安庆世家商务酒店	客户维护、仓储	已签

（续表）

序号	实训企业	实训项目	签订协议情况
5	安庆新百百货有限责任公司	条码技术、客户维护	已签
6	安庆市蓝剑文化发展有限公司	单证、条码技术、商品分类	已签
7	安庆药业有限公司	条码技术、商品分类及配送	已签
8	尚高卫浴安徽运营中心	发货计划等	已签
9	安庆市禾丰农资有限公司	单证、货物验收及配送	已签
10	安庆烟草配送中心	仓储、订单处理及配送	拟签
11	安庆集装箱码头	集装箱仓储、装卸及搬运	拟签
12	安庆石油公司	特种货物的仓储、装卸搬运及运输	拟签

表 5－17　校内实践教学安排表

课程设置			课内学时		开设学期	每周学时	考查	考试	备注
类别	序号	课程名称	理论课	实践课					
职业培训模块	1	助理物流师理论知识培训	18		4	30	√		
	2	助理物流师技能操作培训	18		4	30	√		
	3	专业课课程认知实习		30	3	30	√		
	4	物流沙盘实训		30	5	30		√	
	5	第三方物流系统操作		30	5	30		√	
	6	物流系统设计（物流仿真操作）		30	5	30		√	
	小　计（156 课时）		36	120					

表 5－18　校外实践教学安排表

实践教学环节	教学内容	教学地点	开设学期	课时	指导教师
顶岗实习（1）、毕业设计	采购、仓储、配送、运输、货代的课程综合实训	校外实习实训基地（见校外实习实训基地表）	5	300	王瑛、朱镇斌、段春晖、王厚义

（续表）

实践教学环节	教学内容	教学地点	开设学期	课时	指导教师
顶岗实习（2）	物流管理技能综合实训	校外实习实训基地（见校外实习实训基地表）	6	270	高飞、曹言红、江厚平
小　计				570	

（六）毕　业

学生修完教学计划规定的课程，各门课程成绩合格，思想品德和操行鉴定合格，同时，要求通过助理物流师或相近专业的职业资格证书考试，准予毕业并发给国家承认的高等职业技术学院三年制专科学历证书（电子注册）。

（七）学时总量及相关比例

本专业教学总学时：2490 学时，其中课内（理论教学和分散的实践教学）总学时为 1778 学时，分散和集中的实践教学为 1334 学时，约占教学总学时的 53.57%。第三学年专业顶岗。

课程分为通识模块、专业模块和职业培训模块三大模块（见表 5－19）。

表 5－19　课程模块学时及比例分配表

序　号	名　称	学时数	占总学时比例（%）	备　注
1	通识模块	780	31.3	
2	专业模块	954	38.1	
3	职业培训模块	756	30.3	
合　计		2490	100	

平均每学期实际教学周为 20 周，实践环节教学每周按 30 学时折算。综合平均周学时为 20.8 学时。

（八）相关说明

1. 公选课（公选课开课表另附）

公选课自 2012 年 9 月开始试行，第 1～4 学期每个学生每学期至少自主选修 1 门公选课（或讲座课），30 学时以上课程考核成绩，进入个人学籍档案。

2. 通识模块课程的教学要求

通识模块课程教学要有实效性，内容要有针对性。必修课程有三门主要课程进行了教学改革：思想政治理论课，加大了实践教学的课时，以专题形式为主组织教学；就业指导课进行了教学内容改革，注重聘请就业指导教师和校外企业行业专家开设讲座；体育课第一学期按性别分班教学，第二学期学生自主选项分班上课。“大学生安全教育”课由各系部结合新生入学教育进行安排；“军事理论教程”在新生军训活动中统一安排讲座课；“公益劳动”安排在第二学期，集中一周进行，不计入总课时。

3. 关于国家级认证统一考试

（1）学生必须参加教育部统一规定的学生体能测试，成绩进入个人学籍档案。

（2）必须参加国家实用英语应用能力 B 级统考，成绩进入个人学籍档案。

4. 关于院级考试考核

凡 30 学时以上的课程和独立设置的实践性教学环节应作为一门课程考核。学籍管理中的主要课程以教学计划中所列的主要课程为准，专业模块课程原则上总数不超过 16 门，每学期不得超过 4 门，其他课程均为考查。

（九）教学计划进程

通识教育课程的教学计划进程见表 5 - 20 所列。

表 5 - 20　通识教育课程教学进程表

类型	序号	课程名称	计划课时	学期及周学时数				备　注
				一	二	三	四	
必修课	1	思想道德修养与法律基础	42	3				
	2	毛泽东思想和中国特色社会主义理论体系概论	72		4			
	3	形势与政策	24					每学期 6 课时
	4	实用英语（1）、（2）	144	4	5			第二学期末参加 B 级考试
	5	计算机文化基础	54		3			
	6	军事训练及理论教程	76					集中两周
	7	体　育	72	2	2			含体能测试 2 课时
	8	公益劳动	30		2			
	9	就业指导	32			2		文经类专业开设
合　计			522	含实践课 242 学时（体育 64、思想政治理论课 45、军训 60、计算机 27、就业 16、公益劳动 30）				

（续表）

类型	序号	课程名称	计划课时	学期及周学时数				备注
				一	二	三	四	
选开课	1	大学语文	54		3			
	2	高职数学基础	42	3				
	3	高职应用数学	36		2			
	4	物流专业英语	36			2		
	5	基础统计	54			3		
	6	应用文写作	36			2		
	合计		258	含实践课40学时（应用文写作10，物流专业英语12，基础统计18）				
讲座课	1	科学·人文·艺术教育	16		1			自主选开
	2	心理健康教育	16		1			
	3	音乐欣赏	18					
	4	书法	16		1			
	5	普通话水平培训	16		1			
	6	高职毕业设计（论文）指导	9				0.5	

课程设置				课内学时		开设学期	每周学时	考查	考试	备注
类别		序号	课程名称	理论课	实践课					
专业模块	必修课	1	经济学基础	54		1	4	√		
		2	现代物流基础	48	24	1	5		√	
		3	采购与仓储管理	48	24	2	4		√	
		4	公关与礼仪	36	18	2	3	√		
		5	物流市场营销	36	18	2	3		√	
		6	配送中心运作与管理	48	24	3	4		√	
		7	基础会计	34	20	3	3	√		
		8	电子商务基础	26	28	3	3	√		
		9	运输管理实务	48	24	3	4		√	

（续表）

课程设置				课内学时		开设学期	每周学时	考查	考试	备注
类别		序号	课程名称	理论课	实践课					
专业模块	必修课	10	物流信息技术	36	36	3	3		√	
		11	物流企业管理	36	18	3	3		√	
		12	供应链管理	48	24	4	4		√	
		13	国际货运代理实务	48	24	4	4		√	
		14	物流法律法规知识	30	6	4	2		√	
		小计（864 课时）		576	288					
	选修课	1	物流系统规划与设计	30	24	4	4	√		二选一
		2	数据库应用基础	30	24	4	3	√		
		3	商品学	24	12	4	2	√		二选一
		4	经济地理	24	12	4	2	√		
		小计（90 课时）		54	36					
职业培训模块	1		助理物流师理论知识培训	18		4	1	√		
	2		助理物流师技能操作培训	18		4	1	√		
	3		专业课课程认知实习		30	3	30	√		1 周
	4		物流沙盘实训		30	5	30		√	1 周
	5		第三方物流系统操作		30	5	30		√	1 周
	6		物流系统设计（仿真操作）		30	5	30		√	1 周
	7		顶岗实习（1）		300	5	30	√		10 周
	8		顶岗实习（2）		300	6	30	√		10 周
	小计（756 课时）			36	720					
说明：教学总学时 2490 学时（其中分散和集中的实践教学课 1334 学时，课内 1778 学时）										
专业人数：人 系主任签字： 公章： 年　月　日				教务处处长审核签字： 公章： 年　月　日			院领导批准签字： 公章： 年　月　日			

第六章　高职物流原理专业服务于区域经济发展的成果

一、安庆市商贸物流业发展的对策建议

（一）商贸物流概述

所谓商贸物流，是指在商业流通贸易活动中进行的物流过程，统称为商贸物流。商贸物流是现代物流的重要组成部分，发展商贸物流业对于促进区域商业发展，优化区域产业结构，增强区域经济实力等方面具有十分重要的意义。

1. 有利于提高商贸流通行业经营效益

发展现代化的商贸物流，一方面，可以加快商品在流通领域中的流通速度；另一方面，可以对商品流通的全流程进行优化，协调参与商品流通的各部门和各企业，发挥整体优势，降低流通成本。例如，在一定区域范围内，合理布局商贸物流配送节点（配送中心、仓储中心等），提高商品配送的准确率和及时性，减少商贸物流企业在采购、运输、配送环节中的停滞时间，提高商贸流通企业的经营效率，发挥资金的周转效益。

2. 有利于区域商业业态的多元化发展

区域商业业态的多元化是现代商业发展的趋势。加快商贸物流业务的发展，能拓展商品运输、配送的经济区域半径，覆盖更广的商业网点，有利于大中型超市、专卖店、连锁店等多种商业业态的发展，提高城市商业的市场竞争力。同时，商贸物流业务的发展，会改变传统的商业运营模式，发展现代商业运营模式，构建服务良好、功能完善、经营效率较高的区域商贸经营网络。

3. 有利于优化区域产业结构

区域经济的发展离不开区域商贸物流的快速发展。商贸物流是典型的社会服务业，其在商品流通领域，通过实现商品位置的转移和缩短流通时间，产生可观的经济效益和社会效益。同时，商贸物流还可以带动区域其他行业（如运输业、包装业、仓储业）的发展，优化区域相关产业及各产业内部结构布局，有利于提

高第三产业在社会经济结构中的比重，促进区域产业结构的优化升级。

4. 更好地服务于区域消费和生产领域

商贸物流的快速发展，一方面，可以为城市居民所需商品的运输配送提供快捷通道，有利于促进居民的消费；另一方面，商贸物流的发展可以为区域生产企业的原材料采购、产成品销售提供便捷渠道，提高商品（原材料）的进出流通效率，有利于商品的进出通道的畅通，促进商品的流转。

（二）安庆市商贸物流的发展现状

1. 安庆市商贸经济发展较快

“十一五”期间，安庆市商贸物流业发展具有一定的规模。全市居民消费水平平稳增长并位于全省第三位，2010 年全市社会消费品零售总额接近 340 亿元，年均增长 18% 左右。五年来，安庆市初步构建了农村市场流通新体系，建设中小型商品配送中心若干个，基本覆盖全市所有乡镇。家电及汽车摩托车下乡销售补贴工程持续开展，农村市场日渐红火。安庆区域性商贸物流中心建设取得新进展。商业中心改造（人民路改造）和东部、北部新城区商务中心建设协调推进，港口物流与香港远航集团合资建设，新建碧桂园凤凰大酒店，完成光彩大市场四期工程，上海绿地“迎江世纪城”双子座、舒怡家具购物中心等一批重点项目全面推进，形成了各具特色的商贸服务业集聚区。

2. 商贸物流发展取得新突破

安庆市与多个国家和地区建立了贸易合作关系，现已形成了以石油化工、纺织服装、汽车零部件、机电产品、农产品为主体的产业集群。商贸物流领域招商引资工作取得新突破。ATG 活塞环集团、安踏工业园项目、旺旺集团、华谊集团等纷纷到安庆投资，新建了多个商贸物流园。帝伯格茨、怀宁龙徽、望江申洲成为安庆国际商贸物流的重要载体和平台。

（三）安庆市商贸物流存在的问题

近几年来，安庆市商贸物流呈现良好的发展态势，但与商贸物流业发展先进水平相比仍有一定的差距。主要表现在以下几方面：

1. 商贸物流企业规模小，经营实力弱

通过实际调查，我们发现安庆市从事商贸物流的企业主要分布在安庆光彩大市场及周边，分布较散，多数所谓的商贸物流企业经营规模较小，固定资产不到 10 万元，企业流动资产也只有一两台电脑、一辆汽车和简单的装卸搬运设备。一般的商贸企业只有一个门面，大概 30 至 40 平方米，从业人员只有 2 至 3 人，经营行为简单，全年商品流通量也较小，经营效益不高。市场经营不够规范，企业经营实力弱，缺乏市场竞争力。

2. 商贸物流信息支撑不足，信息化程度较低

安庆市80%左右的商贸物流企业处于低层次运作阶段，缺乏现代化信息装备和技术，即使是一些大型商贸企业（安庆市金华联、安庆新百等），其信息化的应用水平也不高。如RF技术、BC技术、EOS等信息技术只有极少数商贸物流企业才具备。这在很大程度上限制了安庆商贸物流企业的运作效率和物流现代化进程。

3. 商贸物流业务单一，增值服务功能欠缺

安庆市多数商贸物流企业由于起步晚，物流经营理念的缺失，商贸物流业务主要是一些简单仓储、单一运输和单向配送业务，综合性商贸物流业务严重不足，商贸物流增值服务领域几乎空白，商贸物流企业经营效益只停留在传统的业务收益上，增值业务收益所占比重很小。例如，商贸物流企业不重视商品在流通过程中的包装、流通加工等增值业务，供应链一体化的现代商贸物流服务模式还未建立。

4. 商贸物流专业人才缺乏，商贸物流投资还应加大

安庆市现在的商贸物流企业基本上是由过去的其他各种企业改制后转型而来，绝大多数员工也是企业改制后重新上岗，没有经过物流专业培训，物流操作技术水平低。同时，由于安庆商贸物流水平较低及从业人员待遇不高等因素，难以吸引高校物流专业毕业生在安庆市商贸物流企业工作。据有关部门统计，安庆市商贸物流企业中，具有大专学历的人员不到10%，其中具有物流专业学历的更少。因此，实践型商贸物流人才和高级物流人才的大量缺乏，在很大程度上制约了安庆市商贸物流业的快速发展。

发展现代商贸物流，还需要政府加大资金投入，近些年来，安庆市政府高度重视商贸物流（明确发展商贸物流是安庆市当前和今后的主要工作之一），投入了大量资金。但是，商贸物流业的发展涉及交通、商业、商务、物流等多个领域，所需资金量很大，政府在此领域的投入还应进一步增大。

5. 商贸物流外部环境不优，政策支持力度不大

商贸物流离不开快捷的商品运输通道，但是，目前安庆市区域内外存在部分收费站点，加大了商贸企业的经营成本。同时，部分县乡公路管理不善和卡、要现象的存在，影响了商品运输、配送的快速流转，延长了商品在途时间，这在一定程度上影响了安庆市商贸物流企业的经营积极性。同时，物流标准化应用少，物流运作流程不规范，政府相关部门办事效率不高，这些都制约了安庆市商贸物流的发展。

安庆市商贸物流产业发展规划尚未真正出台，商贸物流节点布局规划滞后、扶持安庆市商贸物流发展的优惠政策还应进一步明晰，政府出台的扶持商贸物流

的红头文件较少、真正落实的政策还不够。

6. 商贸物流渠道不畅，流通成本较大

安庆市交通基础设施的建设不够完善，港铁联运、港公联运、公铁联运等网状运输网络还未真正建立；同时，商贸物流领域的机械设备使用不足或使用不合理，加之人为因素的影响，商贸物流流通渠道不畅，快捷的物流运输体系建设有待加强。这些因素的存在在一定程度上增加了商贸物流企业的流通成本。

（四）安庆市商贸物流发展的对策建议

安庆市政府现已确定商贸物流是安庆物流产业的重要组成部分。“十二五”期间，将认真贯彻落实国家和省、市物流业调整和振兴规划，加快商贸物流业发展，打造皖西南地区重要的商贸物流中心。

1. 加快制定安庆市商贸物流发展规划

根据国家物流产业调整与振兴规划和安徽省及安庆市物流业发展规划，结合安庆市商贸发展的特点，适时制定安庆市商贸物流发展专项规划（可由安庆市商务局负责）。规划中应明确商贸物流发展的重点和发展方向。结合安庆市经济发展，可在粮油、特色农产品、石油化工、机械零备件和纺织服装等领域进行重点规划。同时，制定商贸物流规划时，应结合国家和安徽省商贸物流发展规划，做到规划既适应商贸物流大方向的发展要求，同时，一定要联系区域商贸物流发展的特点，这样的商贸物流规划才具有科学性和可操作性。

2. 重点发展大型商贸物流企业

发展商贸物流要有重点，不能盲目发展。结合国内外商贸物流发展的成功做法，通常是重点发展几家大型商贸企业龙头，利用它们的影响（如先进的发展理念、合理的发展模式、科学的经营管理等），带动区域其他商贸物流企业的发展，采取“以点带面”的“点辐射”发展形式，加快区域商贸物流企业的均衡发展，提高安庆市商贸物流的整体水平。可以选择几家有一定的经营实力、相当的经营规模、发展潜力大的商贸物流企业，作为重点发展对象。政府在土地、资金、税费等政策方面对它们提供支持。例如，重点支持安徽南翔集团等大型商贸物流企业，在此基础上力争三五年内培育三至四家经营收入超亿元的省内知名、区域一流的商贸物流企业。

3. 进一步加大商贸物流的政策支持力度

安庆市政府应充分认识到商贸物流对其他产业发展的辐射带动作用，明确安庆市商贸物流服务的功能定位，把加快发展安庆市商贸物流产业放在全市经济发展的战略层面来抓。因此，政府应对商贸物流的发展给予相应的政策支持；发挥政府政策引导功能，对安庆市商贸物流的重点建设项目，推荐列入安徽省现代物流发展的重点项目，请求上级给予适当的财政资金扶持；同时，提高政府办事效率，对于商贸物流企业在建设和经营中需要政府解决的问题，相关部门一定要在第一时间内解决，绝不拖拉敷衍；适当减轻商贸物流企业的经营成本，让处于起步阶段的安庆市商贸物流企业尽快度过困难时期，让中小型商贸物流企业尽快成长壮大。

4. 拓展城市及农村市场配送区域

安庆市包括七县一市四区，人口600多万，全市面积达15398平方公里。城区人口接近100万，城区面积也近100平方公里。按照城乡二元结构的差别，首先，大力发展城市商贸配送业务，扩大商品配送服务半径，并逐步向本省池州、芜湖、铜陵和湖北省黄石等区域延伸配送，扩大配送区域，挤占更多的配送市场份额。其次，以乡镇为中心，发展乡镇配送业务，重点配送农村居民日常生活消费品、农业生产资料（种子、化肥、农药等）、家用电器等商品，以满足农村居民生活和生产需要。同时，利用便捷的配送通道，把农村中的特色农副产品、粮食、棉花、畜禽、水产品等快速运输出来，以解决农村产品销售不畅的问题，解除农民的后顾之忧，提高农民收入。

5. 加快商贸物流人才培养和引进

商贸物流业的发展关键是人才。要利用安庆区域的教育资源优势，加强物流理论和实用技术的培训，培养和储备一批优秀的物流人才队伍。针对商贸物流专业人才缺乏、影响商贸物流企业经营的状况，一方面利用安庆物流协会平台，加强商贸物流行业在职人员的技能培训，逐步提高商贸物流从业人员的业务素质和操作能力；鼓励有条件、有实力的大型商贸物流企业与安庆师范学院、安庆职业技术学院等地方院校进行合作，创办校企联合班，委托培养企业需要的商贸物流人才。另一方面要采取“走出去、请进来”的办法，鼓励企业骨干到物流培训院校或机构进修学习；同时，利用一系列吸引人才的政策，吸纳省内外高层次、复合型的商贸物流人才到安庆发展，为安庆市商贸物流业的发展提供强大的智力支持。

6. 加快商贸物流的信息化建设

现代物流是信息化物流，安庆市发展现代商贸物流业，必须加快物流信息技术的建设。但是，物流信息化投资大，一般的企业不愿意或无财力进行物流信息化建设。安庆市可以选择少数经营实力强的大型商贸物流企业，在政府适当资金的支持下，率先建设物流信息平台，采用物流信息技术，推广物流标准化、提升现代物流服务水平。以此为示范，面向全市商贸物流行业，推广条形码、红外线感应扫描、GPS、RFID、POS等信息技术；推行仓储立体化，搬运机械化，分拣自动化，配送网络化等先进物流技术。在此基础上，建设安庆市商贸物流信息平台，搭建与省内外商贸物流企业信息共享的信息网络，让更多的商贸物流企业及时了解全国各地的商贸物流信息，捕捉更多的商贸物流信息，以拓展商贸物流业务，提高经营效益。

商贸物流是现代物流业的重要组成部分，加快安庆市商贸物流业的发展，对于促进安庆市现代物流业发展，提高安庆市区域经济规模和水平，具有重要意义。

安庆市政府应抢抓机遇，积极引导，采取切实可行的政策措施，尽快把安庆建成皖西南商贸物流中心城市。

二、安庆市港口物流业发展的对策建议

所谓港口物流，是指濒临江、河、海等地理位置，优化整合港口资源，以发展水上货物运输、仓储等为特点的港口综合物流活动。港口物流具有物流成本低、发展潜力大等特点，是现代物流业的重要组成部分。国外很多国家十分重视港口物流业的发展，视其为现代物流业发展的重要一极。安庆市作为沿江重要的港口城市，利用优越的港口优势，加快发展安庆市港口物流业，对于安庆市现代物流业的快速发展，促进港口经济实力及区域整体经济发展，具有十分重要的意义。

（一）国外港口物流业的发展现状及成功做法

纵观国外港口物流业的发展过程，其主要经历了传统物流阶段、配送运输物流阶段、综合化物流阶段。国际上著名的港口，如鹿特丹港、安特卫普港、新加坡等，它们在港口物流发展模式及发展水平等方面走在世界的前列。

发展安庆港口物流，借鉴国外港口物流发展的成功做法很有必要。综合国际著名的港口物流业的发展，归纳起来主要有以下主要成功做法：一是港口所在政府统一规划、建设和管理港口物流，构建畅通的集疏运物流网络；实施多样化投资和经营策略，政府和私营企业共同投资，建设现代化的港口物流设施、设备；运用股份合作、租赁等形式灵活经营港口物流，提高港口物流的经营活力；实行市场化的自由港管理模式，吸引更多的物流经营商来港口发展，为它们提供优惠政策和高质量的物流服务；提供进出港货物包装、仓储、流通加工等增值服务。

（二）安庆市港口现状及存在的问题

安庆港口地处长江北岸，在以上海浦东为龙头的长江经济带和以“大京九”铁路为轴线的经济开发带交汇处，是一座兼有沿海和内陆双重优势的多功能综合性的对外开放的国家一类外贸口岸。

安庆港辖区长江岸线较长，大概有250公里，约占皖江北岸线的61%，现辖有市区、宿松、望江和枞阳4个长江干线港区，建有200座左右的专业码头，拥有11个超过5000吨级泊位。2009年至2011年安庆港完成的货物吞吐量分别达

到218万吨、258万吨、354万吨；近三年来完成的集装箱标准箱数量分别达到12706 TEU、14693.5 TEU、18106 TEU。截至2011年6月，该公司已累计完成货物吞吐量212万吨、集装箱12637 TEU、主营业务收入1940万元，分别较2010年同期增长20%、28%、46%。

"十一五"以来，安庆港口物流积极转变发展方式，由传统型走向现代型，物流总量年均保持20%左右的增速，区域性临江产业带、港口商贸物流中心建设步伐加快，"以港兴市、以市促港"的良性互动模式正在形成。安庆港口历年货物吞吐量如图6-1所示。

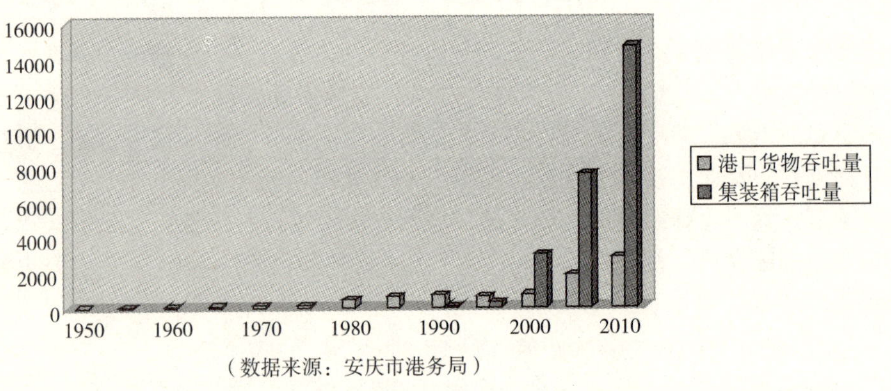

（数据来源：安庆市港务局）

图6-1 安庆港口历年货物吞吐量示意图

1. 安庆市港口物流基础设施较落后

安庆港水上运输码头少，港口发展现代化、专业化程度低。由于投资周期长、港口企业实力弱等原因，港口企业用于投资港口物流设备的资金缺乏，部分装卸搬运设备比较落后，大多采用传统的船运输货物—到达码头后使用起吊设备卸船—临时放置在港口货场—使用汽车联运至目的地的操作流程。笔者通过到安庆港实地了解发现，安庆市可供大型轮船停靠的深水泊位很少，适合大型船舶航运的深水航道里程不到200公里。由于安庆港建设时间较早，没有按照严格的国际化港口物流标准化建设，这在一定程度上影响了物流运作效率。

2. 安庆港口集疏运网络发展较慢

港口物流是物流运输中的一个重要节点，一般情况下它必须与公路运输、铁路运输等相联运，共同完成货物运输。由于水上运输具有运量大、运输成本很低等特点，进入21世纪，越来越多的企业借助水路运输，利用港口城市的优势，大比例运用港口物流进行货物运输。但是，安庆市集疏运主要是以公路运输为主，其运输量较小，而铁路疏运和水铁联疏运发展较慢。安庆市水路、铁路集疏运的比例只有20%、5%左右，与港口物流发达地区相比，差距很大。

3. 港口物流专业人才匮乏，专业化第三方港口物流企业少、经营水平低

物流业20世纪80年代初才开始起步，港口物流业发展更晚。在此影响下，物流人才特别是港口物流专业人才较为匮乏。据了解，安庆市港口具有一定港口物流技术的员工占全部员工的10%左右。专业人才的短缺和物流操作经验的不足，使得安庆市港口物流经营效率和效益较低。据了解，2012年安庆港物流经营效益不到2亿元。港口物流业的快速发展必须依靠港口物流企业平台。目前安庆市港口物流企业数量少、具有一定经营规模的不到10家，而港口物流较为发达的国外港口，其港口拥有的物流企业有上百家。同时，安庆港仅有的几家港口物流企业由于物流经营理念缺失，物流信息化水平和物流管理水平低，影响了安庆港口物流整体的经营实力和市场竞争力。

（三）安庆市港口发展目标及思路

1. 安庆市港口发展目标

按照“一主”（以中心港区为主）、“两翼”（以枞阳港区和宿松、望江港区为两翼）、“三大中心”（以东城区港口物流中心、老城区水上旅游客运中心、古皖河临港农产品加工中心为三大中心）“四大港区”（以中心港区、枞阳港区、望江港区、宿松港区为四大港区）的总体布局，抢抓皖江城市带承接产业转移示范区建设机遇，用十年左右的时间，将安庆港建设成为皖西南、长江中下游北岸集多种运输方式于一体，布局合理、功能完善、服务高效、环境和谐的区域性中心枢纽港口。

以建设畅通、高效、平安、绿色的区域性中心枢纽港口为目标，按照港城一体、多种运输方式一体、港区互动、跨江联动的思路，加快以码头建设为重点的港口基础设施建设，加速以物流为重点的现代化运输服务业的发展，加强以港口公共服务和市场监管为重点的行业管理，科学规划、合理布局、优化结构，努力形成以港口建设带动临港产业发展，以临港产业发展推进港口物流建设，从而形成区域经济综合发展的良性互动态势，以推动安庆港实现新的跨越式发展，为安庆经济社会又好又快发展提供物流运输服务保障。

2. 安庆港口物流业发展思路

安庆港口物流业发展的总体思路是：做优“规划”文章，加强港口物流宏观指导。市政府相关部门根据国家、省及区域物流发展规划，结合安庆市港口优势条件，科学规划安庆港口物流业未来10年规划，为加快发展安庆港口物流制定目标。一是强化港口物流人才资源、科技储备等内涵建设。物流发展的关键在于人才和科技，提升港口物流市场竞争力，必须加大港口物流发展的人才及科技支撑力度，培养一支素质高、港口物流技能强的人才队伍，加快物流科技储备建设步伐。二是完善港口基础设施建设。港口基础设施和集疏体系建设是发展现代

港口物流业的前提条件，安庆港应在现有港口基础设施不够完善的基础上，建设更大吨级港口码头，添置用于港口货物装卸搬运的大型现代化设备，搭建集疏运快捷运输通道，提高货物装卸搬运的效率。三是做好“联强”文章，加快港口间的合作对接，做好与周边的芜湖港、九江港及武汉港等港口物流业发展较快地区的合作，实现双方资源共享、优势互补，加快港口间的合作对接，共同促进沿江港口物流业的发展。

（四）安庆市港口物流业发展的对策建议

从国内外港口物流发展趋势来看，港口物流的发展由过去的注重成本、利润的经营理念逐渐向良好的物流服务理念转变。因此，发展安庆市港口物流，首先在追求经营效益的同时，必须强化物流客户服务，力争拥有更多的港口物流客户资源，壮大港口物流经营规模，实现安庆港的快速崛起。

1. 政府主动有为，创设促进安庆港口物流业协调发展的环境

（1）积极营造有利于港口物流业发展的环境

港口物流的发展需要一个良好的经营环境，市政府首先要为安庆市港口物流业发展营造一个灵活、开放、有序竞争的优越大环境；结合安庆港实际情况，制定港口未来10年发展规划，建立鼓励港口现代物流业发展的激励机制；引导规范港口物流市场运作模式和经营方式，优化港口物流经营机制；政府相关部门（水运、港口、公安等）要根据安庆港的实际情况，制定适合安庆港口物流业发展的一系列政策、措施，积极引导协调安庆市港口物流业健康发展。

（2）调整优化港口结构，整合港口物流资源

重视与安庆港有直接或间接联系的其他单位之间的业务往来，强化它们与港口物流业的相互合作，实现物流优势资源共享。安庆市港口现有十几个码头，其经营主体多元化，有国有的、集体的、个体的，不同的经营主体由于利益的驱动，港口码头资源利用不够优化，港口结构不合理，出现港口资源浪费的现象。因此，市政府应主动协调各经营主体之间的利益关系，对港口资源重新整合，进一步优化安庆港口经营结构，努力提高安庆港的整体物流发展水平，实现港口物流资源的优化配置，增强安庆港物流业的经营实力和市场竞争力。

2. 加大资金投入，建设现代化的港口基础设施

（1）加大用于港口物流基础设施建设的资金投放

港口基础设施不同于公路基础设施，港口基础设施涉及的项目多。例如，货物集装箱专用码头、装卸搬运大型设备停驻点、用于临时卸货的货场、大型船舶停靠的航道水深等在内的港口基础设施建设。针对安庆港目前的基础设施现状，政府应加大资金投入，加快有利于港口物流业发展的港口设施建设，按照国际物流标准化的要求，高起点、高质量建设港口物流基础设施，为安庆港口现代物流

业的快速发展创造前提条件。

（2）提升安庆港口的集疏运水平

港口集疏运水平直接影响一个港口运作效率的高低。港口配置一些具有较高水平的装卸搬运设备，加强港口集疏运通道路线建设，加快修建港口直通高速公路及国道的连接通道，同时，利用合九铁路及即将通车的宁宜城际铁路，搭建港口与铁路路线连接的港铁快速通道。根据货物的类型和批量大小合理安排作业流程，统筹安排现有装卸设备，增强港口吞吐能力，最大限度地减少船舶货物在港停留时间，搭建一条快速运转的港口货物集疏运通道，提高港口物流运作效率和效益。

（3）加快建设港口物流配送中心等物流节点

随着港口物流向规模化、网络化、增值化的方向发展，为了适应形势发展的需要，增强港口物流业的发展实力，安庆港应该建设港口配送中心等物流节点，布局更多的物流节点，构建灵活的、货物运输配送广泛的物流网络。同时，为水陆联合运输等配套服务提供便利。利用港口物流节点（如港口仓库、货场、配送中心等），为进出安庆港的货物提供包装、分拣、流通加工等辅助物流增值服务，实现安庆港口物流业的增值功能，壮大安庆港的经营效益（社会效益和经济效益）。

3. 转变观念，增强港口物流服务意识

现代物流业是典型的社会服务业，尤其是随着港口物流业市场竞争的加剧，如何做好物流客户服务，拥有更多的港口客户资源，是做大做强港口物流业的关键。在国际港口物流行业，物流客户服务质量和客户满意度的高低是衡量一个港口物流业发展水平高低的重要标志。例如，在新加坡、香港等地港口，港口物流企业把做好客户物流服务视为发展港口物流业的第一要务。安庆港应从长远、战略的高度，在港口物流从业人员中大力宣传物流服务理念和做法，构建良好的物流服务模式，增强物流服务的针对性，以满足客户不断变化的物流需求。同时，要积极主动地为客户排忧解难，提高安庆港物流客户的忠诚度，提高客户的满意度，树立服务品牌，提升安庆港物流业的软实力。

4. 注重物流信息技术建设，提高港口物流运作效率

众所周知，现代物流离不开现代物流信息技术，物流信息技术包括条码技术（BC）、销售时点信息技术（POS）、电子订货技术（EOS）、电子数据交换（EDI）、全球定位技术（GPS）及快速反应等。安庆港可以根据资金投入和物流业务发展情况，适时采用以上几种信息技术，提高港口物流的运作效率。随着港口物流规模的发展，逐步完善安庆港口物流的信息系统，搭建快捷的信息处理通道。同时，实现港口物流企业、客户和有关管理机构的信息互联，形成一个安庆

港与相关供应链运营商、政府相关部门、港口物流业务发展有一定关系的单位相互共享的管理体系，建成一个快速、开放、标准化的物流信息网络，为港口物流企业、市场客户提供更加便捷的服务系统

5. 采取多种有效途径，提高港口物流的竞争力

港口物流业务较多，蕴藏着大量的商业机会，安庆市应结合港口货物集散的主要货种、流向、仓储、加工等业务范围，发展专业化的第三方物流。安庆港是沿江城市大型港口之一，政府应围绕港口做文章，为港口物流企业提供优惠的政策措施，鼓励港口第三方物流企业快速发展，挤占周边更多港口客户资源，促进安庆港物流业持续发展。

利用港口优势，打造港口物流产业群，充分利用安庆港口自身优势，大力发展与港口发展密切相关的其他产业。利用皖江城市带承接产业转移示范区建设的契机，主动承接发达国家的产业转移，利用港口优势，大力发展水上货物运输、水上货物仓储、水上货物包装、流通加工等辅助物流产业，为发达地区提供快捷、安全的水上货物流通通道。同时，拓展安庆港口物流业务的延伸发展，获取更大的物流量，在发展港口物流产业的同时，发挥港口物流的辐射效应，打造港口相关的物流产业群。

由于安庆经济发展水平不高，港口物流水平也较低。加强与周边城市港口物流业的合作，提高安庆港物流水平，具有十分重要的意义。通过各种渠道，经常与周边港口物流运营商进行合作交流，组建港口同盟。安庆港可以与临近的芜湖港进行合作，组建港口物流联盟，相互资源共享，实现一体化港口物流战略，共同制定港口物流发展战略；港口管理和技术人员在各港口之间定期交流、轮岗，形成一个信息共享、资源优势互补、合作竞争的区域港口物流联盟，共同提高港口物流市场的竞争力。

6. 培养和引进物流专业人才，为港口物流的发展提供智力支撑

现代化的港口物流业的发展关键在人才。港口物流是专业化物流，其不仅涉及物流的一般技术技能，同时，包含更多专业、精细的港口物流特有的物流运作方法。因此，安庆港口应从内部员工培训和外部人才引进两条途径加快港口物流人才的更新。为此，要借鉴德国港口物流人才的培养方法，采取多种方式，加快人才培养。例如：实施“港校合作”培训现有的港口物流从业人员；可以与安庆师范学院、安庆职业技术学院的物流管理专业进行合作，签订合作协议，定向培养中高级港口物流人才；适当邀请社会物流专家及物流骨干来港口举办讲座和进行物流咨询指导；同时，利用多种对外宣传方式，加大安庆港发展的形象宣传，吸引国内外更多的港口方面高技能物流人才到安庆港口工作，为安庆港物流业的快速发展提供强有力的智力支持，促进安庆港口物流业的快速发展。

三、安庆市农产品物流发展的对策建议

当前影响我国农业发展、制约农村经济发展的瓶颈正从生产领域逐渐转向流通领域。如何有效地推动我国农产品物流的快速发展，已成为当前亟待解决的重要问题。现就安庆市农产品物流的现状与存在的问题，提出发展安庆市农产品物流的具体对策建议。

（一）农产品物流概述

所谓农产品物流是指以满足顾客需求为目标，运用现代化的物流措施，对农业生产资料和农产品等进行组织、控制与管理的经济活动过程。具体来说，农产品物流包括农产品的供应、生产、运输、仓储、加工等众多环节。

大力发展农产品物流对于推动农业经济的发展意义重大：一方面降低农产品在运输、仓储等环节中的消耗，提高农产品附加值，增加农民收入；另一方面有助于农业生产专业化及农产品流通过程专业化，推动农业现代化建设。安庆是全国有名的农业大市，农产品种植不仅品类多而且产量高，要想实现农业生产专业化发展、加快农产品开发，推动安庆市经济发展，使之更有效地融入国内外市场，就必须重视发展现代农产品物流。

（二）安庆市粮食等农产品的发展及物流现状

1. 安庆市农产品生产状况

安庆市地处安徽西南部，是个农业大市，农业自然资源较为丰富。近些年来，安庆市依托其得天独厚的地理及区位优势，农产品的生产与加工均得到了较快发展，形成了一批以粮油加工、食品制造、棉纺羽绒加工、绿色农产品为主体的地方特色农产品企业。目前，全市共有农产品加工企业4500多家，年实现产值超250亿元。全市耕地面积385万亩、可养水面223万亩、山地840万亩。全市建成国家级商品粮（优质米）基地县5个，国家级优质棉基地县3个，省级瘦肉型猪生产基地县5个，省级水产重点县6个，水产、油菜、棉花产业被列入国家优势产业带布局。2008年，安庆全年粮食总产量260.42万吨，油料产量22.8万吨，棉花产量8.69万吨，蔬菜126.91万吨、水果2.74万吨；肉类总产量26.64万吨，比上年增长8.1%；禽蛋产量11.56万吨，下降0.8%；水产品产量31.55万吨，增长5.8%；其中粮食、棉花、油料、畜禽肉、茶叶和蚕茧产量位居安徽省前列，是长江中下游重要的农产品集散地和供应地。

2. 农产品深加工工业加快发展

依托农业资源优势和安庆得天独厚的地理及区位优势，安庆农产品加工业发展较快，形成了粮油加工、食品制造、饮料制造业、棉纺业、羽绒加工、木材加工、家具制造业、造纸及纸制品等优势行业，形成了一定规模的农产品加工业的

产业集群和产业基地，形成了一批颇具规模的农产品加工企业，农产品加工业成为安庆市国民经济发展中企业最多、发展最快的产业之一。

要依托安庆港口和铁路资源优势推动粮食物流的发展。近年来，安庆粮食跨省和省内流量双向增加。出省粮食流向主要是东南沿海省市，江苏、福建、浙江、上海、广东等省市约占75%；山东、湖北、湖南、广西、海南等省区约占20%；京津等直辖市约占5%。省外调入的粮食，玉米占一半左右，主要从河北、河南、东北购进；其余稻谷、小麦、大豆主要从江苏、山东、河南、黑龙江购进。省内粮食主要是从北部和中部主产区流向粮食加工量大的城市、主要消费城市以及皖南、皖西南山区。

根据《安徽省粮食现代物流发展规划》，安徽省粮食物流预测见表6-1。

表6-1 安徽省粮食需求预测 单位：万吨

年份	安徽全省粮食流量	省外流入	流出省外	省内流量	跨省流量
2010	1800	440	910	450	1350
2015	2000	500	1000	500	1500
2020	2100	530	1020	550	1550

数据来源：安庆市粮食局、安庆市农委

与农产品开发所呈现出的蓬勃发展形势相比，安庆市的粮食和农产品物流业却十分落后，由此导致安庆某些特色农产品如岳西的板栗、猕猴桃、木耳、香菇、高山蔬菜等，不能及时快捷地运出大山、走出安徽，走向全国。农产品在长时间运输、仓储过程中腐烂、变质现象十分普遍，这在一定程度上影响了农产品物流企业的利润水平，对安庆市经济的快速发展造成很大的影响。

（三）安庆市农产品物流存在的问题及原因

1. 农产品物流企业普遍经营规模小，经营不规范

由于整体经济发展水平相对不高和并非优越的投资环境，安庆本地及外来投资的农产品物流企业为数不多，安庆市目前仅有两家较大规模的农产品物流企业，即安庆农资大市场与安徽幸运国际物流有限公司。其余的农产品物流企业存在经营规模小、物流实施不完善、物流设备少且比较陈旧的状况，经营上基本上是农产品运输这一传统物流形式，基本不存在农产品加工、仓储等环节。这些企业经营上也缺乏规范化物流运作形式。

2. 农产品物流渠道不通畅

安庆特色农产品盛产地的地理位置一般比较偏僻，基本处在交通不便的山区县，如岳西、太湖、潜山等县。由于所在县、乡、村公路建设资金缺乏，其交通基础设施建设较为不足，直接导致农产品难以及时快捷走出大山，投向市场。这在一定程度上影响了当地农民进行大规模种植的积极性；加上农产品运输的通道费与集散地的入区费，也使得走出大山的农产品物流成本有所增加；另外，安庆本地相关的农产品物流运输与对外销售渠道没有很好地进行衔接，造成大量的农产品出现滞留、腐烂等现象。

3. 农产品集散地不成规模

到目前为止，安庆市还没有一个具有一定规模的农产品集散地。众所周知，农产品具有明显的季节性和周期性，容易腐烂变质。据不完全统计，安庆市农产品在物流环节造成的损失很大。就岳西县而言，岳西板栗、高山蔬菜、猕猴桃等每年由于运输、仓储、包装等环节的缺失与不足，导致30%左右的农产品在销售、仓储过程中腐烂、变质，直接造成的经济损失达几千万元。农产品市场没有形成一定规模的集散地，首先是直接影响粮食的散装运输、水产品的冷冻运输、分割肉的冷藏运输、茶叶与板栗等的恒温保存；其次，无农产品集散地，必然失去对农产品合理包装、流通加工、仓储保管的区域平台。

4. 农产品物流信息不够通畅

安庆市包括七县一市，地域面积大，其中偏远山区占有很大比重，农户居住分散，农业信息网络不健全，沟通渠道不畅，物流信息化体系建设明显滞后。因此，许多农产品供求信息难以收集、传递，农产品的流向带有一定的盲目性和不合理性，导致农产品销售不及时、特色农产品销售价格不高，难以实现农产品物流的时间效用和空间效用。

（四）加快安庆市农产品物流发展的对策建议

1. 政府高度重视，积极扶持农产品物流企业发展

安庆市应着眼长远，抓住大好的发展机遇，进一步加强农产品物流龙头企业建设。要把发展物流龙头企业作为加快农产品物流发展的突破口，围绕“三农”发展需求，按照现代企业制度的要求，以资源整合为手段，以多方投资为平台，着力培育集运输、仓储、配送等服务于一体的农产品物流龙头企业，使之成为搞活农产品流通、服务于“三农”的重要载体和主导力量。相关部门应改变传统的管理思想，对农产品物流企业的发展给予更多的关注和优惠措施，尤其是影响农产品物流企业发展的关键方面，如资金支持、土地批拨、税收优惠等，积极主动地为这些企业提供快捷、完善的服务。

2. 加快物流基础设施建设，着力完善农产品物流渠道

建设与安庆市农产品物流需求相一致，与国道、省道、铁路、港口相连接的乡村公路，加快实施“村村通”工程，特别是加快具有丰富农产品资源的偏远县（如岳西、潜山等）区域内通村连乡公路建设；同时要开辟农产品流通“绿色通道”，保证城乡之间、区域之间、龙头企业与基地之间的物流畅通。要规范和降低

集贸市场摊位费和超市进场费，保证农产品流通渠道畅通，加快形成流通成本低、运行效率高的农产品物流渠道。

3. 着眼长远，科学规划农产品物流园区

根据市属七县一市的农业发展状况，安庆市政府在规划农产品物流园区时，应注重园区的发展定位和功能定位，园区选址应考虑铁路、公路、水路等交通因素，结合安庆城区的发展规划，在城东毗邻宁宜城际铁路大桥处，划出适量土地，用于农产品物流园区用地。园区内设立农产品运输区、仓储区、装卸与流通加工区。配备农产品物流所需的设施、设备，以优越的环境吸引本土和国内外大中型农产品物流企业进入园区。

4. 加快信息化建设，构建物流信息平台

以“数字安庆”建设为契机，加快农村信息化建设，提高农村通信能力，消除偏远山区信息盲区，发展和普及宽带业务，不断推动延伸网络，解决终端入户难的问题，从而让农民利用互联网，通过较为完善的农产品信息平台，及时发布县、乡农产品的准确供求信息。积极推动农产品网络营销，实现农产品物流的信息化，在农民和农产品需求之间架起一个快捷的物流信息平台。

5. 加强农产品物流技术培训，提高农产品附加值

发展农产品物流，在物流技术上应加强培训。首先，要提倡标准化农业生产。把标准化贯穿于农业生产的全过程，即从生产用的种子、化肥、饲料等的选用，生产中的栽培、饲养等技术流程，到最好的流通加工、包装及农产品检验全部实施标准化、规范化运作，提高农产品的质量，为农产品物流创造优质、绿色的产品。其次，采取节能、适用的农产品仓储技术，加强农产品仓储技术的培训，普及农产品保鲜、冷藏、冷冻、通风恒温等技术，延长农产品销售时间，创造农产品物流的时间效用，提高农产品的附加值。再次，通过物流技术培训，引导农产品物流企业对农产品进行合理流通加工、包装等，把初级农产品进行深加工。例如，在新鲜蔬菜、水果中加入钙、铁、锌、硒等多种微量元素，对某些鲜活农产品进行冷冻、保鲜、腌制、晾干等，生产“新、奇、异”农产品。同时，利用安庆现有的鲜活农产品资源，实施品牌战略，积极发展特色优质鲜活农产品，尽快走出安庆，走向全国。

6. 提高农民的组织化程度

我国的农产品从生产到销售，参与的个体与组织众多，但层次低，规模小，联合性差，社会组织化程度低。就安庆市而言，由于其地理位置的差异性大以及经济发展水平的影响，这些方面表现得尤为突出。解决农民组织化程度低的问题，安庆市可以推行家庭分散经营和小组规模经营的有机结合，培育和壮大农产品物流主体，发展多样化的农村合作组织。利用各县（大的集镇）农产品流通

龙头企业把分散的农户组织起来，形成“公司+农户”的经营模式，带动广大农民发展农业生产。同时，加强农村合作组织加强对农民的指导和服务。各乡村农村合作组织为农户提供价格优惠、质量可靠的农业生产资料（种子、化肥、农药、薄膜等），为农户提供农业生产技术指导，提供农产品需求信息，及时高价出售农产品，实现农产品的时间效用和空间效用，使农民增收。要壮大安庆市农产品物流规模，加快农产品物流的现代化进程。

作为农业大市和农业强市，农产品产量十分丰富，加快农产品物流的发展，降低农产品流通环节的消耗（腐烂和变质等），提升特色农产品的附加值，促进农民增收，增强安庆市的经济实力等方面具有重大的意义。

四、安庆市物流园区发展规划设计

近几年来，随着现代物流业的发展，各地纷纷建设物流园区，如何更好地建设和发展物流园区、促进物流业的健康发展，是个亟得研究的重要问题。

2001 年，国家经贸委会同铁道部联合印发《关于加快我国现代物流发展的若干意见》后，全国各地将发展现代物流产业作为发展地方经济、提升区域竞争力的战略举措，掀起了物流园区建设的高潮。《第二次全国物流园区（基地）调查报告》显示，截至 2010 年上半年，我国共建有各类物流园区 575 个，其中已经运营 242 个，物流园区建设呈现加速发展的势头。安庆市应顺应形势发展趋势，加大物流园区建设，促进安庆物流经济的发展。

（一）物流园区概述

物流园区也称物流团队，20 世纪 60 年代最早出现在日本东京。物流园区的概念在学术界目前有不同的说法，代表性的有国家发改委综合运输研究所所长汪鸣的观点、北京中交协物流研究院院长王德荣的观点等。2006 年，《物流术语》（GB/T18354—2006）中对物流园区的定义如下：“为了实现物流设施集约化和物流运作共同化，或者由于城市物流设施空间优化布局的需要而在周边等区域，集中建设的物流设施群的物理集结地。”物流园区大致可以分为四大类：转运型物流园区、存储型物流园区、流通加工型物流园区以及综合物流园区。

物流园区的建设能积极推动物流业的进一步发展，从国外物流业发达的日本、德国来看，现代物流业的发展都与其大力发展物流园区密切相关。因此，在发展现代物流业的过程中，物流园区发挥着十分重要的功能。

1. 集约优化功能

从某种角度讲，物流园区可以看作物流业的一个开发区。物流园区通过优化物流系统资源配置和规模管理来实现整体的集约功能，诸多物流企业在园区内通过细化分工来实现优势互补，形成整体优势。

2. 产业开发功能

一个物流园区的服务区域是一个经济区域。物流园区可将当地产业发展链条中的采购、供应、销售、会展、客户服务及交易结算等各项功能集中在一起，促进产业开发，带动地方产业链的联动发展。

3. 综合运作功能

物流园区在实现集约功能的同时，还应发挥综合运作功能：其一是将商流与物流统一起来，将商流信息、仓储、配送、多式联运和市场展示与交易功能一体化，以实现产业运作系统化和合理化；其二是发挥有效衔接功能，主要表现在要实现公路、铁路、水路、航空等多种不同运输方式的有效衔接。

（二）安庆市物流园区规划目标

安庆市政府高度重视物流园区的发展，根据《安庆市现代物流业发展规划》（2009—2020 年），在未来几年，安庆市政府规划建设三大物流园区：石化物流园区、皖江国际物流园区和商贸物流园区。这三大物流园区的规划建设，可以满足未来安庆市物流需求的持续增长，更好地服务于安庆经济发展，引领皖江城市带承接产业转移示范区物流的快速发展，安庆市的产业发展提供高水平的物流服务。安庆市物流园区的总体布局如图 6－2 所示。

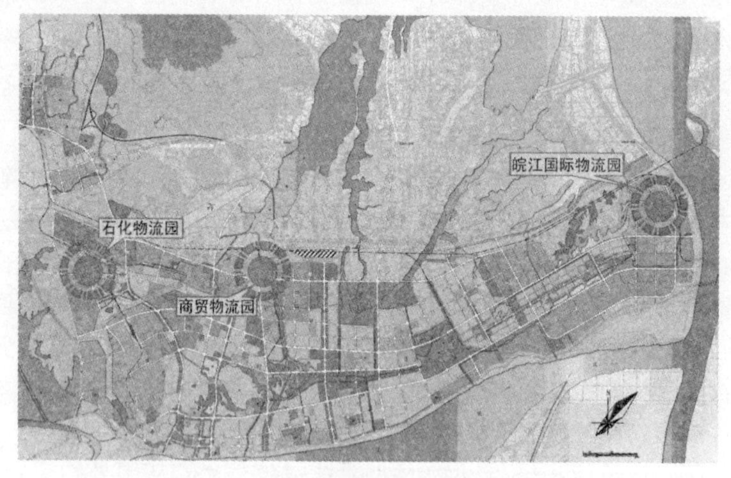

图 6－2　安庆市物流园区总体布局图

1. 石化物流园区

石化物流园区依托合九铁路和干线公路网（合安高速、206 国道等），为安庆石化及安庆市域内的相关化工企业提供化工原料输入和产品输出的相关物流配套服务。安庆石化物流园区建成后，成为辐射中部地区的石化产业物流服务中心。园区选址于安庆市西北部，安庆石化项目规划用地内，规划建设六大功能区域，共 350 万平方米。

石化物流园区处理的货物主要包括：原油、煤、苯及其他化工原料；汽油、柴油、液化气、丙烯腈、腈纶、苯乙烯、混合二甲苯、石油焦、硫黄、燃料油、尿素、丁辛醇及其他化工产品。

石化产业配套服务功能：为安庆石化总厂及安庆大观经济开发区内石化企业原材料和辅料的引进、产成品的外销提供运输、仓储、配送等物流服务；

危化品专业物流服务功能：为安庆市的危险化学品提供专业化物流服务；

商贸信息服务功能：为化工产品提供展示交易、物流调度以及供求信息指导相关配套服务。

依托合九铁路和干线公路的交通区位优势，为安庆石化总厂以及安庆市域内的相关石油化工产业提供化工原料输入和产成品输出的相关物流配套服务。将安庆石化物流园区建设成为辐射中部地区、西南地区、长三角地区以及粤东、闽北、浙西的专业性的石化产业物流服务中心。

园区选址于安庆市西北的铁路货运站附近、安庆石化项目用地界线内。根据物流园区的功能定位，共设置六个功能区，分别为物流仓储区、物流配送区、流通加工区、港口物流区、综合服务区以及危化品专业物流区。安庆市石化物流园区的选址和布局如图 6－3 所示。

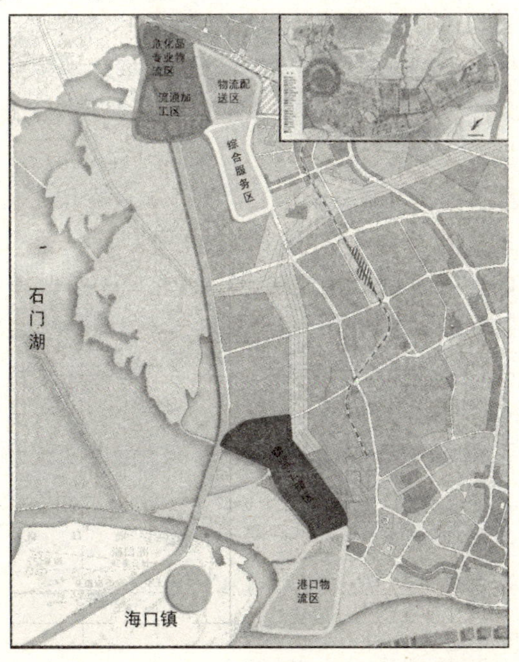

图 6－3　安庆市石化物流园区布局图

2. 皖江国际物流园区

皖江国际物流园区为安庆及周边农产品、临港产业以及保税物流提供货物运输、仓储及中转服务为主的物流园区，主要处理各种大宗货物，包括农副产品、粮棉油产品、农资（种子、化肥、农药等）、林木产品的仓储、加工、运输等项服务。选址位于安庆市东部新城区的长风铁水联运综合港，与正在建设的宁宜城际铁路相邻，交通区位优越。根据物流园区的发展，建设七大功能区域，共400万平方米。

产业及港口配套服务功能：为东部组团工业企业提供原材料、产成品仓储、配送、运输等物流服务，为长风新港区提供件杂货堆存、仓储、公路集疏运等物流服务。

涉农产品物流服务功能：主要包括粮棉油的采购、生产、流通加工、包装、运输、储存、装卸搬运、配送、交易、信息处理，实现了农产品保值、增值和组织功能，以及农用物资的仓储、配送和展示交易功能。

保税物流功能：进出口货物及其他未办结海关手续货物存储功能，进出口贸易及转口贸易、国际采购、分销和配送、商品展示功能，以及对所存货物进行流通性简单加工和增值服务功能。

园区依托铁路、水路的优越交通条件，根据现代物流服务理念，结合本地特色产业，充分发挥长风港铁水联运的优势，开展综合性物流服务，使之成为安庆市“新网工程”及“万村千乡市场工程”物流配送体系中的核心节点，以及沿长江黄金水道轴向辐射上下游的以铁水联运货运服务为主，兼顾生产服务的综合性、现代化物流园区。

皖江国际物流园区是为涉农产品、临港产业以及保税物流提供货物运输、储运及中转服务为主的物流园区，选址位于安庆市新城东区的长风铁水联运综合港；根据物流园区的功能定位，共设置七个功能区，即保税物流中心（B型）、涉农产品物流区、物流仓储区、物流配送区、流通加工区、综合服务区、临港产业物流区。皖江国际物流园区选址和布局如图6-4所示。

3. 商贸物流园区

商贸物流园区主要为市区及周边区域零售网点、超市卖场提供日用百货、服装鞋帽、机电产品、家居建材及瓜果、蔬菜等的仓储、加工及配送服务。该物流园区位于安庆市中心城区北部，在迎宾路与龙眠山路交叉口处。根据规划，园区设置展示交易区等四大功能区域，共150万平方米。

（1）主要货类

商贸物流园区处理的货物主要包括日用百货、糖酒、土特产品、鞋类、服装、布匹、轻纺、家居建材、石材、五金、机电、家电、摩托车、汽配摩配以及部分水产品、蔬菜、家禽、瓜果产品。

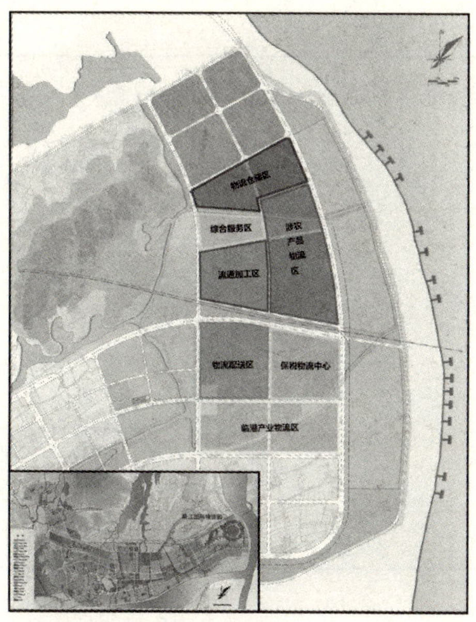

图6-4　皖江国际物流园区布局图

（2）主要功能

商贸服务的功能：包括现货交易、电子交易，以及结算、信息、融资、商品展示和国际采购等全程式配套服务功能。

城市配送功能：包括为市区及临近区域零售网点、超市卖场提供采购、分拨、配送服务，为流转货物提供公共仓储、配送及流通加工等物流配套服务。

增值性加工功能：根据工业生产和商贸交易的需求对货物进行简单的流通加工和增值性服务。

公共服务功能：包括生活、办公以及其他配套设施服务功能。

（3）发展目标

依托交通区位和商贸聚集区的优势，重点发展商贸物流服务，着力建设相关配套设施，使物流成为商品增值的重要途径。将安庆市商贸物流园区建设成为为商贸市场、工业企业以及城市生活服务的集贸易、运输、仓储、区域分拨配送、流通加工、信息服务等于一体的辐射安庆市域、周边市县以及西南、中南以及长三角地区的区域性商贸物流园区。

（4）选址与布局

商贸物流园区位于安庆市中心城区北侧、迎宾路和龙眠山路交叉口处，分属安庆经济技术开发区和长江大桥综合经济开发区，东侧为合安高速，西侧为龙眠山路。根据物流园区的功能定位，共设置四个功能区，分别为展示交易区、物流配送区、流通加工区以及公共服务区，共150万平方米。安庆市商贸物流园区的选址和布局如图6－5所示。

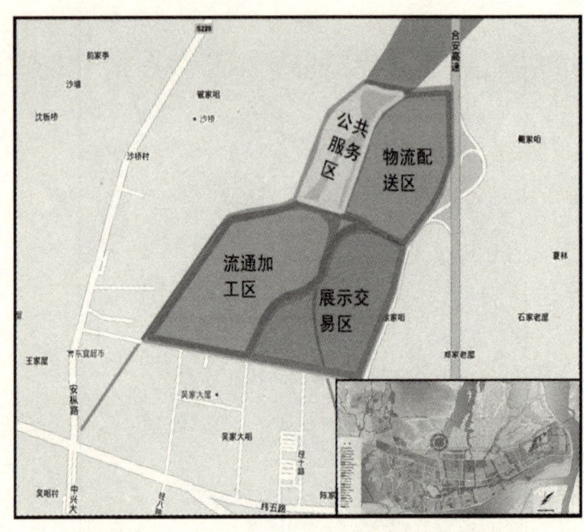

图6－5　安庆市商贸物流园区布局图

（三）安庆市物流园区建设的原则

物流园区规划建设不同于一般的物流企业，它是一项涉及面广的系统工程，在进行建设前，市政府需要制定相关原则来对物流园区进行引导与协调，从而保证园区建设的科学性和可行性。建设的原则主要有以下四项：

1. 规模适度原则

适度的物流园区建设规模是进行物流设施设备选择、功能布局规划等的前提，园区规模会因为功能定位、经济环境的不同而不同。物流园区规划要结合安庆市经济发展水平及经济特色，建设的物流园区既满足安庆物流发展的需求又充分利用园区资源，以最大限度地发挥物流园区的综合效应。

2. 协调适应原则

物流园区规划要适应安庆整个城市未来发展的空间布局、产业结构、经济总量等，与城市的规划发展方向相统一。此外，还应与周边城市其他物流园区加强联系，避免重复建设；地方政府规划应服从国家及省市统一规划，使区域内的物流园区能适应国家整体物流布局的需要。

3. 标准化管理原则

对于入驻园区的物流企业及其他企业提供标准化的物流设施及服务，提高产业集群运作效率；对物流园区内相关企业的经营管理及业务操作（运输、包装、配送、仓储、物流信息等）按照现代物流业的标准化要求进行管理，提高物流效率。

4. 环境保护原则

规划建设物流园区时要高标准，着眼长远，贯彻可持续发展的方针，注重环境保护。在物流园区选址时，应学习日本、德国的做法，物流园区建设应选择在交通便利的城市郊区，缓解城市物流所带来的交通压力，积极发展绿色物流，整合物流资源，创造环境保护效益，这也是物流园区自身可长远发展的保证。

（四）安庆市物流园区发展规划设计的建议

纵观国内物流园区的发展现状，为了更好地发展安庆物流园区，避免国内物流园区在过去建设发展过程中出现的问题，参照国内外物流园区发展的成功做法，笔者提出安庆市建设发展物流园区的一些建议。

1. 政府在物流园区的建设发展中提供政策支持

政府应充分认识物流园区的基础性和效益性，但同时应认识到物流园区的建设与发展不同于一般的物流企业，涉及的面广，建设的难度大。有资料显示，很多物流园区建设了几年都因为资金短缺而未竣工。政府层面应采取多种措施积极支持物流园区的建设，一方面，政府应根据安庆经济及物流业发展的需要，科学规划物流园区，政府应向投资其他基础设施一样，支持物流园区建设。另一方面，由于物流园区投资大且投资回收期较长，政府除了在资金方面支持外，还应积极为园区拓宽融资渠道，在土地税费方面给以优惠减免；同时，创建物流园区投资软环境，实行一站式服务，提高办事效率，如对进入园区的本地及外地物流企业统一办理营业执照，工商税务等部门工作人员上门为园区企业排忧解难。

2. 科学规划物流园区建设数量及规模

上海睿文物流咨询有限公司提供的资料显示：截至2008年6月，我国建有300多家物流园区，但有160家左右的物流园区在招商时门庭冷落，物流园区空置率在60%左右。因此，建设物流园区不能互相攀比，盲目追求数量和规模。建议政府相关部门认真调研安庆市现在及未来一个时期内经济发展情况，特别是物流量的增长情况；在此基础上，确定安庆市物流园区的建设规模和发展类型，结合安庆市经济发展的特点，积极推进石油化工、农产品、商贸三大物流园区的发展。物流园区建设规模不能过大，规模可以限制在400万平方米左右。

3. 加强物流人才的培养

为了更好地提高物流园区的运营管理水平，制订一个切实可行的人才培训计划，提高园区人才的管理和业务水平，建议与安庆师范学院和安庆职业技术学院物流管理专业联合培养一批急需的物流人才。聘请相关专业的大学教授和物流行业专家，以定期举办物流管理培训班、物流研讨会等形式，培养一批熟悉物流业务、懂物流园区管理知识、管理能力强的物流管理人员和专业技术人才。同时，通过人才市场，与人才交流中心、猎头公司和物流咨询公司建立联系，积极从物流业发达地区引进高端物流人才，为物流园区建设和发展提供智力支持。

4. 搭建物流信息平台

物流园区建设成功的国家（日本、德国、美国等）自上世纪 70 年代就重视物流信息化建设。因此，建立统一的公共物流信息平台，对于安庆物流园区的发展具有十分重要的意义。物流园区规划中要注意物流信息平台的建设，通过物流信息平台，整合已有的园区物流资源。信息平台涉及运输、配送、仓储、商流、国际通关等多个环节，是多方参与的复杂系统。规划时应考虑与政府的共用性，以及园区内企业物流的时效性、零库存及物流功能外包的要求，以确定各功能模块的详细功能及开发次序。

5. 组建安庆市物流行业协会

在物流园区建设和发展的过程中，行业协会的作用不可小视。物流行业协会作为政府与物流企业的桥梁，在物流园区建设的咨询服务、对外联系和宣传、沟通园区与政府、负责寻求国外的合作伙伴等方面具有独特的优势。安庆市政府应抓紧组建物流行业协会，把政府有关职能赋予物流行业协会，减少政府的干预，鼓励物流行业协会以不同的方式参与物流园区的建设。可以把物流园区经营权交由物流行业协会，园区实行市场化运作。物流行业协会以股份制、租赁制的形式对外吸引本地及外来的物流企业进入园区经营，以提高安庆市物流园区的经营效果。

五、安庆市物流通道发展规划设计

安庆市现代物流业的发展离不开物流基础设施的建设，而作为物流基础设施一部分的物流通道，它的规划建设显得尤为重要。通过对安庆市现有及未来的物流运输通道进行规划，安庆市将会增进与周边地区及国际的经济合作关系，拓展其物流产业的辐射区域，使安庆成为中部地区辐射范围最广、集聚作用最强的区域性物流枢纽城市。

物流通道是一个涉及面广、由诸多要素构成的、复杂的综合运输体系，其构成一般需要满足两个基本条件：一是发达的硬件设施，包括公路、铁路、航空、水运等交通运输网络；二是完善的软件，包括合理的运输组织管理。因此，物流通道体系的规划不仅要考虑到现有的交通运输网络，而且还要考虑物流运输的组织方法，通过使用系统工程的理论方法进行分析和研究，物流运输的整个过程将实现最大程度的优化。此外，不同的区域，物流通道的构成也不尽相同，比如在市域范围内物流通道可能以公路为主，而在一个较大的经济区域内，物流通道不仅有公路，而且可能会涉及铁路、水路，甚至是远洋航线（如图 6－6 所示）。

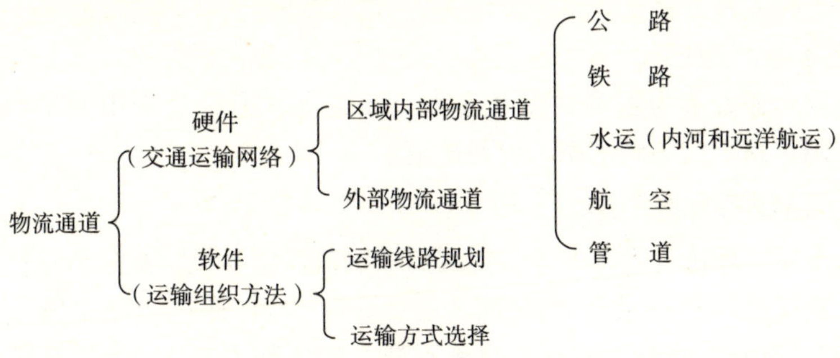

图6－6　物流通道构成图

针对安庆市的行政区划以及在区域和对外经济发展中的位置，需要涉及市域、区域以及国际三个层次的物流通道规划。

（一）市区通道规划设计

根据《安庆市城市总体规划》（2003—2020），安庆市的市辖区，主要包括迎江、大观、宜秀三个区，城市发展呈现“东扩北进”的态势。考虑到安庆市的城市结构特征，市区内物流通道应选择贯穿整个城区的高速公路、国道以及城市快速路、方格网布局的主干路和次干路，构成城市道路系统来完成物流运输组织，便于加强城市内部配送以及外部沟通。

市区东西方向的物流通道主要有：环城北路、站南路及菱湖南路—望庆大道；

市区南北方向的物流通道主要有：环城东路、长风路、方兴路、潜江路、皖河路、合安高速、龙眠山路、集贤路。

（二）市域通道规划设计

根据《安庆市公路货运枢纽规划》，安庆市域的物流运输组织主要通过所辖各个市县之间的等级公路、铁路以及水路完成。目前安庆市的公路交通现状是，市区辐射所辖各县区的物流通道已经基本形成，但各县区之间的物流组织衔接上需要进一步改善。

1. 公路物流通道

以公路运输方式为主的物流通道为：沪蓉高速公路，桐城—怀宁—潜山—太湖—宿松；合安高速公路，怀宁—安庆主城区；济广高速公路，岳西—潜山—望江；桐池高速公路，桐城—枞阳。尚需要完善的市域内物流通道主要有：太湖—望江物流通道，宿松—复兴镇物流通道。此外，截至规划期末，江北沿江高速公路的规划建设将直接连通枞阳—安庆—宿松之间物流通道。

2. 铁路物流通道

以铁路运输方式为主的物流通道为：合九铁路，桐城—怀宁—潜山—太湖—

宿松，怀宁—安庆。

3. 水路物流通道

以水路运输方式为主的物流通道为长江黄金水道以及华阳河水系、皖河水系、菜籽湖水系、白荡湖水系的内河航道。

（三）区域物流通道设计

安庆市对于周边各省市及经济区域的辐射范围主要包括长三角地区、环鄱阳湖地区、武汉经济圈以及合肥经济圈（见图 6－7）。通过构建立体化物流通道（包括公路、铁路、水路、航空、管道五种交通运输方式），增强安庆市对周边省市的物流辐射能力。

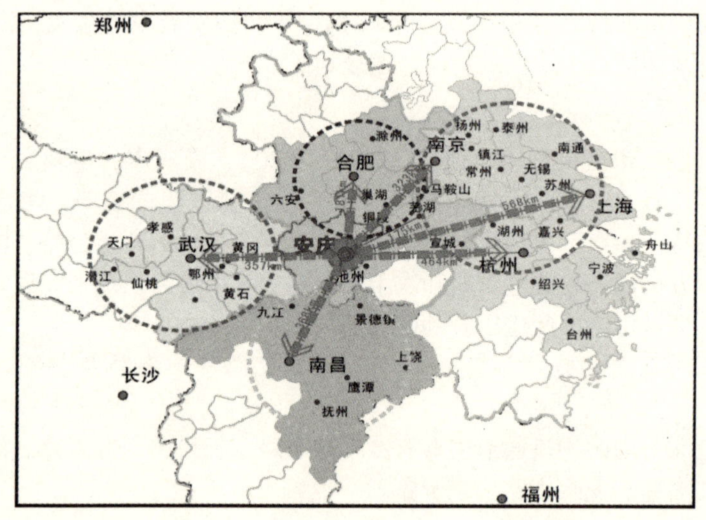

图 6－7　安庆市对周边区域的辐射范围

1. 向东辐射长三角地区

安庆的物流通道向东辐射池州、铜陵、芜湖、南京、苏州、无锡、常州、上海等长江三角洲地区城市。

以公路运输为主的物流通道：沪蓉高速公路以及 318 国道；

以水路运输为主的物流通道：长江黄金水道；

以铁路运输为主的物流通道：安庆—合肥（合九线）—芜湖（淮南线）—巢湖—南京（宁芜线）；

以管道运输为主的物流通道：规划建设安庆—南京原油管道、长岭—仪征原油管道；

以航空运输为主的物流通道：安庆机场已开通安庆—上海航线。

2. 向南辐射联系九江、南昌等环鄱阳湖城市群城市

以公路运输为主的物流通道：沪蓉高速—黄小高速，以及105国道；

以水路运输为主的物流通道：长江黄金水道入鄱阳湖水系；

以铁路运输为主的物流通道：合九线；

以管道运输为主的物流通道：规划建设黄梅—宿松—太湖天然气管道。

3. 向西辐射联系武汉城市圈以及重庆、成都等西部中心城市

以公路运输为主的物流通道：沪蓉高速以及318国道；

以水路运输为主的物流通道：长江黄金水道；

以铁路运输为主的物流通道：合九线—武九线；合九线—京九线—横麻线—石道线。

4. 向北辐射合肥经济圈

以公路运输为主的物流通道：合安高速—沪蓉高速以及206国道；

以铁路运输为主的物流通道：安庆线—合九线。

以管道运输为主的物流通道：规划建设安庆—合肥天然气管道、安庆—合肥成品油管道。

（四）国际物流通道设计

安庆市公路、铁路、水路运输方式优势比较明显，综合考虑其自身的交通区位，安庆市国际物流通道主要规划向东经过长三角地区中转出海，通过辐射联系比较成熟的沿海港口，提高安庆市国际物流通道的通道能力和通达范围。安庆市东向国际物流通道的国内部分为沪蓉高速公路、长江黄金水道、合九铁路以及安庆至上海的航线；国外部分主要为海运，借助长三角地区的沿海港口中转出海可达世界各地。

六、安庆市物流企业发展规划设计

第三方物流企业（又称3PL）是指为公司提供全部或部分物流服务的外部供应商。第三方物流供应商提供的物流服务一般包括运输、仓储管理、配送等。在此过程中第三方物流供应商既非生产方，又非销售方，而是在从生产到销售的整个物流过程中进行服务的第三方，它一般不拥有商品，而只是为客户提供仓储、配送等物流服务。

加快第三方物流企业的发展，有利于提高区域物流发展水平，壮大区域物流实力，促进区域经济快速发展。

由于物流业发展起步晚等原因，安庆市现在第三方物流企业较少，与国内国际知名物流企业相比，普遍存在规模小、物流业务种类少、现代化程度低等问题。面对激烈的市场竞争，安庆市第三方物流企业要想获得更大的发展空间，必

须适应市场环境并采取正确的发展思路和对策。

（一）安庆市物流企业发展思路

1. 建立基于供应链管理（SCM）的高效服务模式

“一体化供应链管理模式”集运输、仓储、配送、包装加工、检验、信息管理、交易及分拨配送等全程服务于一体。物流一体化需要有专业化物流管理人员和技术人员，充分利用专业化物流设备、设施和专业化物流运作的管理经验，从而取得整体最优的效果。物流一体化的发展趋势为第三方物流的发展提供了良好的发展环境和巨大的市场需求。

要延伸物流服务领域，推动结构调整和增长方式转变并引导企业逐步改变“大而全”“小而全”的运作模式，运用供应链管理技术与现代物流理念，实现物资采购、生产组织、产品销售以及再生物品回收的一体化运作；要以订单为中心改造现有业务流程，提高对市场的响应速度，降低库存，加快周转，提高市场竞争力；要积极发展连锁经营、电子商务的统一配送物流。在提供基础物流服务的同时，要根据客户的需求，不断提供综合服务、套餐型服务，包括流通加工、个性包装、产品回收等业务，强化增值服务，以客户增值体验为服务宗旨，以服务质量创效益。

2. 运用信息技术提升物流服务水平

信息网络技术是构成现代物流体系的重要组成部分，也是提高物流服务效率的重要技术保障。物流企业积极利用互联网等技术，通过网络平台和信息技术将企业经营网点连接起来，既可以优化企业内部的资源配置，又可以通过网络与用户、制造商、供应商及相关单位联结，实现资源共享、信息共用，对物流各环节进行实时跟踪、有效控制与全程管理。通过计算机条形码扫描、电子数据交换系统、桌上计算机货物追踪、仓库管理系统以及互联网等物流管理工具，充分掌握货物在供应链上的流转状况。

首先建立具有仓库存货管理、运输配送管理，能够满足客户下单、收发货、运输配送、查询等基本需要的信息系统，然后向供应链管理和提供高质量信息数据服务的物流信息网络方向发展。为此，需要进行必要的流程再造，改传统企业职能式的管理为流程式的管理，按照物流的业务流程来设计组织结构和工作流程；通过对企业现有的业务流程进行分析、优化，删除多余的环节，使工作流程简洁、规范和高效；通过改造提升物流信息系统，为企业增强物流服务功能、提高服务质量和效率、降低运作成本、增强市场竞争力提供强大的技术支持，满足现代物流在时间与效率方面的更高需求。

3. 加强物流基础设施建设和硬件配置

在物流基础设施方面，要加大物流基础设施建设的投入，增建、更新、改建物流基础设施，使其符合第三方物流业务发展的需要；改善物流配送中心仓储条件，提高储存能力和出入库作业效率。在硬件配置上，使用先进的运载工具，根据商品、用户需求的特点，选用高效、节能、专业化、多样化运载工具，实现运输专业化、网络化、自动化；应用先进的运输方式，实现各种运输方式的有效衔接，以方便、快捷、优质、经济的运输服务满足第三方物流的需要；加快仓储设施改造，采用自动化立体仓库、自动分拣装置、托盘、集装箱等现代物流技术，提高仓储效益，实现装卸搬运等过程的机械化，提高装卸效率。

4. 加强物流人才的培养

物流企业的发展与物流企业员工的基本业务素质密切相关。提高物流企业管理水平，增强物流企业市场竞争力，最重要的是培养高素质物流人才。物流人才培养应吸取政府部门、企业、行业组织、咨询机构及民办教育机构参与，并采取多种形式开展多层次的物流人才培训，如专家讲座、参观学习等，不断培养大批熟悉物流业务、具有跨学科综合能力和开拓精神的物流管理人员和专业技术人员。

利用安庆市现有的物流教育资源，物流企业主动与高校进行联合办学，采取“校企合作”的形式，定向培养企业需要的物流专业人才。另外，还可与国际先进物流企业合作，联合培养物流专业人才。

（二）安庆市物流企业发展规划的对策建议

1. 重点扶持第三方物流企业

要鼓励仓储、运输等传统物流企业采用现代物流的规范与标准，充分运用供应链管理和信息化等现代物流技术，降低物流成本，提高服务水平，扩大经营规模，延伸拓展服务范围，加快向现代化的第三方物流服务企业转型。以物流园区为载体，大力发展供应物流、生产物流、销售物流，与制造企业、商贸企业联动发展，开拓区域物流、国际物流业务，培育国际性的第三方物流龙头企业。

传统仓储企业转型，要以现有仓储群等设施为基础，整合社会仓储资源，不断扩大和完善仓储系统。要努力提高仓储自动化、网络化水平，积极拓展服务功能，提供延伸服务，由“点”向“链”扩展，逐渐由功能单一的仓储企业发展为集运输、包装、加工、配送、信息等多种服务于一体的第三方物流企业。

传统运输企业转型，要树立主动服务于工商企业的观念，以深化企业体制改革为突破口，利用本土优势和人力成本低的优势，通过合资、合作、参股、互为代理等方式与国内外大型物流企业建立战略联盟，在合作实践中学习先进的物流管理理念和管理技术，共享物流资源，完善物流服务的网络系统，逐步实现组织再造、流程再造和网络再造，实现从单纯运输到综合物流服务的转变。

2. 继续壮大现有的优势物流企业

安庆市具有良好的物流产业发展基础，围绕石化、轻纺、农产品等优势产业的物流产业集群初见规模，形成了以安庆石化、光彩市场、幸运国际物流为代表的物流企业，专业物流市场初见端倪。根据安庆市产业基础、设施配备和物流企业的发展现状，大力培育壮大专业物流企业。

（1）培育石化物流企业，创建危险品物流的知名品牌

以安庆石化和曙光化工为代表的石化企业发展迅速，随着800万吨炼油一体化项目的投产，石化物流需求充足，发展潜力巨大；拥有铁路专用线、专用码头和危险品运输车辆，以及石化运输方面的管理经验、运输资质和渠道网络，具备良好的物流业发展基础。目前，石化物流的运输除依靠企业内部运输部门外，部分企业外包给多个第三方物流企业。为规范石化危险品运输市场，引导物流企业做大做强，树立石化物流品牌，建议以“政府引导、市场运作”的方式，提高石化物流运输市场进入门槛和资质运输门槛，采取并购、重组、联营和战略合作的方式，整合石化物流运输的现有资源，组建石化物流企业，打造危险品物流的知名品牌。

（2）整合商贸运输和配送市场，培育重点商贸物流企业

以光彩大市场为依托，规范商贸区聚集的中小运输和配送企业，引导、规范发展商贸物流。调研发现，2008年，光彩大市场交易额达194亿元，吸引6500家企业和商户，各家商户有比较固定的合作物流企业承接运输和配送服务，物流服务模式比较原始，服务分散，规模较小，无益于物流企业的发展壮大和集约化、规模化发展。建议光彩大市场转变商户物流服务管理模式，搭建商贸物流运输和配送中心，集中商户货源，采取资本运作、融资租赁或者战略合作等手段整合物流企业资源，组建行业龙头企业，发挥集中优势，做大做强商贸物流。

（3）鼓励制造业企业物流业务外包，培育供应链物流服务企业

安庆市现有11个省级综合经济开发区，工业发展基础良好，但工业企业物流服务企业都比较分散，服务形式比较单一，仅提供物流运输服务，且大部分物流服务仅体现在产品销售环节。应鼓励制造业企业物流业务外包，积极培育供应链物流服务企业，为制造业企业提供供应链物流综合服务，包括仓储、运输、简单流通加工、物流方案咨询服务等，并开发供应链物流信息服务平台，以信息平台为沟通桥梁，凭借网络化、信息化、高效化、专业化的物流服务介入制造业企业供应链的相关环节，减少企业物流成本，提高工作效率。

（4）依托丰富的农业资源，培育农产品物流企业

安庆市是全国重要的粮棉油、水产品和畜禽产品生产基地，农业资源尤为丰富，依托初级农产品的轻纺产业、农副产品深加工企业具备相当规模且有加速发展势头，农业生产资料、农资、农机和农产品的集疏运需求量大。因此，应创新农村商贸物流体系，培育专业化物流企业，市场定位为农村商贸物流专业化服务

和农业生产资料配送服务，结合“新网工程”和“万村千乡”工程，搭建农资、农机、初级农产品采购、配送一体化服务平台，创新农村商贸物流新模式。提升农产品的仓储、加工配送等物流能力，形成具有收储、加工、保鲜、包装、条码印贴、配送、信息等功能的农产品龙头物流企业，建立和优化农业产业链，积极支持农产品冷链物流服务企业的发展。当前，要大力支持安徽幸运国际物流有限公司的发展

3. 加快引进国内外知名物流企业

政府通过招商引资，积极引进国内外知名的第三方物流企业，鼓励国内外大型物流企业入驻物流园区，并在安庆市设立采购中心、区域分拨中心、配送中心。通过吸引国内外大型物流企业落户物流园区，引进科学的管理理念和物流技术，提升物流服务水平，从而带动物流业的发展。

4. 创新物流企业的发展模式

安庆市现有的物流企业较少，特别是具有一定规模和水平的更少。如何加快区域物流企业的发展，实现大型物流企业、中小型物流企业联动发展，是区域物流企业发展中一个重要课题。针对安庆市区域物流企业实际情况，结合安庆市经济发展水平和产业结构现状。首先，应重点发展特色行业的物流企业，如安徽幸运国际物流有限公司是集农产品仓储、加工、配送于一体的现代化大型农产品物流企业。政府相关部门可以以此为区域物流企业的龙头，重点支持其发展。以此带动区域内中小型物流企业发展辅助物流业务，当这些中小型物流企业发展到一定规模时，可以积极拓展更大范围内的物流业务。这样，安庆市区域内所有物流企业会实现共同发展，提高区域物流业的整体水平，更好地服务于安庆的经济发展。

七、安庆市物流信息发展规划设计

现代物流业是以信息技术和供应链管理为核心的复合型服务产业。信息处理和应用水平决定了整个物流过程的运作水平，成为降低成本、增强服务能力和竞争力的核心因素。建设统一的公共物流信息平台，对于安庆市现代物流业的发展有十分重要的作用。

公共物流信息平台是利用计算机、网络和通信等现代信息技术对区域内物流作业、物流过程和物流管理的相关信息进行采集、分类、筛选、储存、分析、评价、反馈、发布、管理和控制的通用信息交换平台。它是物流领域的神经网络，是支撑物流业发展的关键基础平台。基于 Internet 的公共物流信息平台将真正实现物流企业之间、企业与客户之间以及政府相关职能部门物流信息的共享。

（一）安庆市物流信息平台建设现状

目前，安庆市物流信息平台建设存在两个方面问题：其一是物流企业和相关

政府部门由于资金紧张等多方面原因，部分物流企业没有建立物流信息平台。据调查统计，安庆市200多家物流企业中，只有30%左右拥有自己的物流信息平台；70%左右的物流企业有物流信息平台，但是存在的问题很多，有的物流系统是所谓的货物运输信息网络，并且是各自为政，物流企业之间没有进行联网，实现物流信息资源共享。

缺乏物流信息统一规划，其结果是造成各物流信息系统建设“小而全”的局面，很多物流企业开发的物流信息系统功能重叠，而技术体制不同、数据格式都不规范、业务流程不一致，无法互联互通。没有按照EDI（电子交换技术）规范相关电子数据和数据传输技术。

（二）建设物流信息平台的作用

公共物流信息平台的功能要满足政府管理部门、物流企业、工业企业、商业企业等不同层次的用户对物流信息的服务需求。一个有效集成的公共物流信息平台可以为物流服务商、货主、制造商及政府相关部门提供一个统一、高效的沟通界面，为客户提供供应链综合解决方案。公共物流信息平台的主要功能为综合信息服务、异构数据交换、物流业务运营、物流业务电子交易等。

1. 综合信息服务功能

公共物流信息平台应具有物流信息发布和查询功能。物流信息分为基础信息和供需信息：基础信息包括由政府、行业部门发布的有关政策、法规、行业动态等，与物流相关的交通枢纽、路网、地理信息，以及物流企业的基本信息等；供需信息是指企业发布的提供和寻求物流服务的信息，包括运输、仓储、原材料、产品以及其他供需信息（如图6－8所示）。

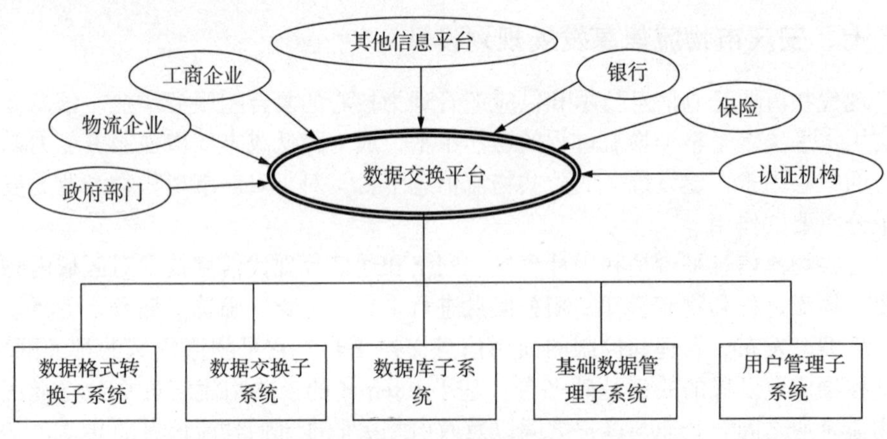

图6－8　公共物流信息平台示意图

信息发布和查询以Web网页的形式实现，所有经过授权的物流企业及政府相关职能部门都可以通过 Internet 登录到信息平台 Web 站点上，查询所需要的物流信息，也可以发布职责范围内的相关信息。

2. 物流业务作业管理功能

尽管我国企业物流信息化水平不断提高，但总体水平还比较低，只有少数大型物流企业拥有自己的信息系统，大量的中小物流企业由于缺乏资金、技术、人才等原因，无法自建企业内部的物流信息系统，而只能依靠传统的手工作业方式进行物流业务管理，这严重地制约着中小物流企业的发展壮大。因此，公共物流信息平台不仅要为大型物流企业实现物流一体化搭建桥梁，而且应该为中小物流企业提供物流信息化服务。公共物流信息平台应具有仓储管理、货物运输管理、货物跟踪管理、货代管理、客户管理、财务管理等物流业务作业管理功能，以应用服务提供商（ASP）的模式为中小物流企业提供物流信息化服务（如图 6－9 所示）。

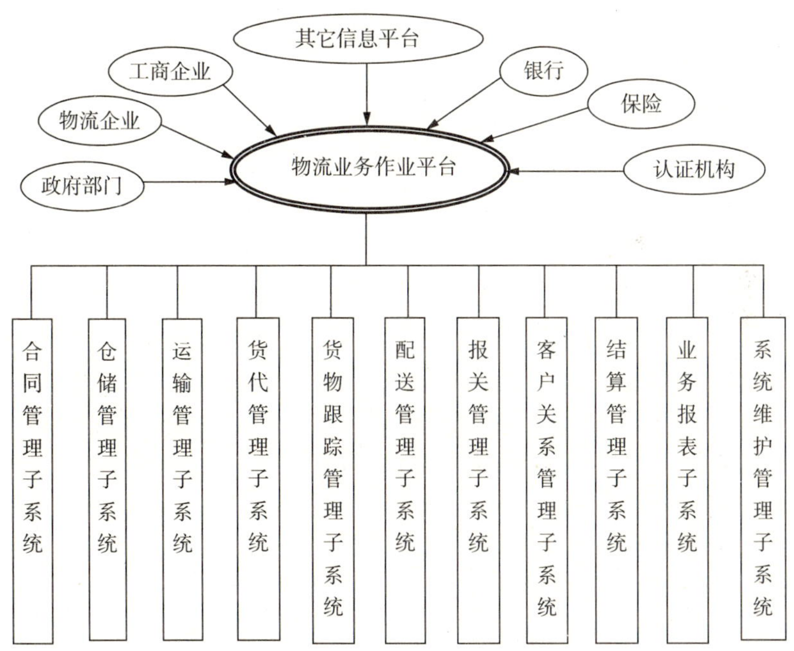

图 6－9 物流业务作业管理示意图

3. 物流电子交易功能

公共物流信息平台应提供物流电子交易功能。物流电子交易应该对交易双方进行身份确认和资质审核，确保交易者信息的唯一性和不可抵赖性，以保护交易各方的利益，实现安全交易；另外，物流电子交易还要解决网上支付的安全性。建立物流电子交易平台，可以大大增强网上交易和网上支付的安全性，促使物流企业由传统交易方式向电子交易方式转变，从而促进区域电子商务的发展。物流电子交易平台的主要功能包括信用认证、安全认证、网上采购招标、电子订舱、电子支付与结算、网上报关、网上交税等。

（三）安庆市物流信息平台建设规划目标

1. 近期目标（2009-2015）

成立物流信息化领导机构，确定物流信息化企业主体，开展物流信息规划工作，进行物流信息资源整理。基本完成公共物流信息平台硬件网络建设，逐步建立物流综合信息服务平台，提出并完善安庆市物流编码标准，实现物流信息电子化和标准化。推进规划建设的物流园区物流信息系统建设。

完善公共物流信息平台，完成数据交换平台、物流作业平台和物流电子商务平台建设，物流服务企业、工商企业的物流信息系统通过数据交换平台与公共物流信息平台实现互联互通，形成综合的物流信息化运营平台，使政府各相关部门和物流服务企业、工商企业能进行双向的信息交流和沟通，并实现相关业务流程的无缝集成、物流电子商务服务能有效进行。

2. 远期目标（2016-2020 年）

公共物流信息平台功能逐步完善和升级，实现电子商务、物流服务和资金结算一体化，最终为物流业的发展提供强大的信息支持和功能服务。

（四）安庆市建设物流信息平台规划设计的对策建议

1. 总体规划、重点推进、分步实施

成立市级权威的领导机构，落实国家物流信息化方针、政策，组织制定和审批地方有关物流信息化的法规及标准；组织制定和审批公共物流信息平台的总体规划和分阶段实施的方案；协调跨部门、跨地区的物流信息关系。完成公共物流信息平台总体设计，组织工程项目的招标、评标与立项；指导与监理信息工程项目的进行；解决公共物流信息平台建设的关键技术问题。

2. 推进信息共享机制

在安庆市物流信息化主管机构协调下，按照物流信息化发展的规划要求，加强标准化工作，制定物流信息共享协议和标准，组织涉及物流信息共享的政府部门和企业建立物流信息合作共享机制，保证物流信息准确及时更新和有效共享，引导和支持企业利用公共物流信息平台，全面提高物流服务的信息化水平。

3. 整合现有资源和开发先进技术并举

物流信息的采集、传输、存储和利用是公共物流信息平台建设的基础，鼓励物流企业统一信息编码（商品条码、物流条码等）标准，在应用成熟技术如条形码、GPS 定位管理的基础上，运用更加先进技术如 RFID 智能标签、智能交通系统（ITS）、电子自动订货系统（EOS）等。

4. 引导物流企业信息系统接入

公共物流信息平台的建设要从整个城市需求角度出发，从信息平台的共用性出发，鼓励物流企业信息系统接入，使得安庆市所有物流企业通过信息平台，实现有效的信息共享。公共物流信息平台的运营分支机构可分布在各个物流园区，负责提供信息服务和信息采集；同时，定期对物流信息平台进行系统升级和管理，并创造条件积极与区域外物流信息系统实现共享。

5. 加强培训和物流信息人才引进

制定切实可行的人才政策，广泛吸引高素质、创新型物流信息技术人才，以满足各部门对各种不同层次信息技术人才的需要。同时，加强物流信息技术的人才培训工作，尽快让使用者接受信息管理系统，为实现物流信息化提供最基本的人才保证。

八、安庆市物流业发展机制设计

（一）物流业发展战略选择

政府是政策规划的制定者，在引导区域物流产业发展方面起着全局性、关键性和不可替代的作用。安庆市政府在高度重视现代物流业发展的同时，必须着眼长远，科学发展，制定安庆区域物流发展战略，积极引导区域物流朝着健康、快速、持续的方向发展，更好地促进区域经济的发展。笔者认为，应借鉴发达地区的成功做法，实施 PECG 发展战略，主要包括优先（Prioritization）发展、生态化（Environmental）发展、共同物流（Common-logistics）和全球化发展（Globalization）等内容。

1. 优先发展

所谓优先发展是指在原有经济产业发展的基础上，安庆市在制定物流业发展战略时应权衡国民经济产业发展、区域经济发展以及物流内部自身发展等指标比重，在整体产业发展上优先发展现代物流产业，将资源优先配置于具有相对优势的产业、区域及内部行业，形成发展优势，突出发展优势物流，加快物流发展速度，带动区域整体物流产业、区域其他行业的快速发展。

2. 生态化发展

所谓生态化发展模式，是指在物流过程中抑制物流对环境造成危害的同时，实现对物流环境的净化，使物流资源得到最充分利用。政府部门通过制定合理、有效的相关政策，进一步加强对物流过程中产生环境问题的管理；建立和完善促进现代物流产业发展的政策体系和制度规范，努力建设规范的物流市场竞争机制，营造现代物流产业发展的制度环境，加大物流产业政策的执行力度，确保有效解决物流过程的环境问题。企业要通过内部资源整合，进一步加强对资源损耗、要素成本的管理。采用共同配送、复合一贯制运输、与第三方物流企业合作等“绿色”运输方式；采用包装模数化和废弃包装的处理等“绿色”包装技术及加工技术，发展绿色物流；同时，应用先进的物流设施和装备，减少物流环节的能源消耗，减少物流运作过程中的环境污染等问题，在实现区域物流较好的经济效益的同时，实现区域环境的进一步净化，让区域物流业持续、健康发展。

3. 共同物流发展

共同物流发展是以满足整个区域经济的需要为目的，由共同物流政策与标准系统、共同物流运作系统和共同物流企业系统构成。共同物流政策与标准系统的主要功能在于构造一个合适于共同物流运行的政策环境，促进共同物流的发展。安庆市在制定共同物流发展战略时应主要通过港口、公路、铁路、管道以及保税仓储等五个运输子系统加以构造。搭建高层次的并具权威性的运输系统交流平台，将现代物流运作系统建设成为具有各自特点和服务优势，并将服务优势有机整合；区域相关产业实行联动发展战略，相互取长补短，充分发挥各种优势，共同发展现代物流业。

4. 全球化发展

现代物流的全球化发展是指实施“走出去”“引进来”策略，突破一个国家（或地区）地域的限制，用全球视野去审视现代物流产业的发展，实现不同国家（或地区）间的物流服务合作与发展。全球化的物流通过分布在各国间的物流运送体系，以国际统一标准的技术、设施和服务流程，来完成货物在不同国家之间的流动。安庆市发展现代物流业应采用多种途径，制定优惠政策，吸引国内领先或国际先进物流企业到安庆发展；加大招商引资力度，同国内外大型物流企业与国外先进物流企业加强合作，借鉴先进的物流管理经验，引进国外先进物流技术及运作模式，促进安庆区域物流的发展。

（二）促进物流业发展的政策体系

为了适应未来安庆区域物流量的增长要求，加快区域物流业的发展，建议安庆市政府在土地、税费、财政、产业、融资、人才等方面提供优惠政策。吸引国内外投资者到安庆市投资物流项目，促进安庆市现代物流业的发展。加强政府部门的协调，制定区域物流产业发展的支持政策。

市政府应对现行政策中影响物流产业发展的相关活动的规章制度进行必要的清理，特别是对影响物流业公平竞争、限制市场准入等方面的政策进行清理，并研究和制定适应社会主义市场经济体制和现代物流产业发展要求的物流管理制度和支持政策，以保障安庆市物流产业在规范的管理制度环境中健康发展。特别是在物流基础设施建设与物流装备更新的融资政策、土地使用政策、税费政策上，以及在物流服务及运输价格政策和工商登记管理政策上，研究制定有利于物流产业发展的措施，为物流产业的发展营造相对宽松的政策环境。

1. 土地政策方面

政府应对物流业用地加强管理，对于现代物流业发展的相关用地，政府土地部门应给予适当的政策倾斜，解决物流业发展用地难的问题。同时，加大规划范围内的物流园区、物流中心、配送中心等物流节点基础设施建设，主要通道及重要的基础设施，政府应加大投资力度，达到“七通一平”，即通供水、通排水、通电、通讯、通路、通燃气、通热力和平整土地，使其具备项目建设条件。物流企业用地的土地出让金，一般应低于工业用地标准，对功能性、辐射性很强的大型物流项目，建议给予土地费率优惠。同时，在土地划拨过程中，改变过去土地审批环节多、审批时间长的缺点，相关政府部门要联合办公，采取一站式服务，加快土地审批、土地划拨和土地管理等工作，提高政府办事效率，让到安庆投资物流业的投资商享受到快捷、周到的服务。

2. 税费政策方面

一是借鉴国内外物流业发达地区的成功做法，激励安庆现代物流业的快速发展，吸引更多的外来投资商投资安庆物流业。建议政府税收部门可以作出以下规定：凡是规划范围内的物流园区、物流中心、配送中心投资新设立的物流企业，第一年和第二年企业缴纳的所得税地方留成部分100%奖励给企业（以奖代补），第三年至第五年企业缴纳的所得税地方留成部分50%奖励给企业，五年后根据物流企业发展状况，逐渐提高其纳税水平，从而最大限度地鼓励物流企业发展。

二是针对现代物流出现的新的服务业态和经营类别，税务部门要按照现代物流服务企业的特点，建立新的税收体系，参照社会平均利润水平，适当降低物流业的营业税和所得税的税率水平。建议物流企业将承揽的运输、仓储等业务分包给其他企业并由其收取价款的，可按规定以该企业取得的全部收入减去其他项目支出后的余额为营业税的计税基数，减少其纳税基数数额，让利于物流企业。

三是鼓励民营业主投资物流企业，民营物流除了享受上述税收优惠外，新投资物流业项目还可享受3年内免缴工商行政管理费等优惠。

3. 财政政策

一是市政府每年安排地方产业基金对物流重点项目进行扶持，主要用于物流业的规划编制、重点项目扶持、基地建设、技术改造、品牌建设、招商引资等，重点项目可以“一事一议”的方式给予资助。例如：对投资1000万以上的物流项目，给予2%～5%的资助；对中小型物流企业根据需求给予适当的财政补贴，特别是对于民营物流企业应加大财政补贴力度。

二是设立物流专项股权投资引导基金，积极吸引民间资本，主要用于物流重点项目的股权投资，鼓励物流企业融资的多元化发展，创新支持物流发展的新模式。对于被投资企业或项目，给予配套的财政和税收优惠政策；扩展重点物流企业的融资渠道，对于规模较大的物流企业可以引导其上市、发行企业债券等。

三是对成功实现上市并将总部设在安庆的大型物流项目实行奖励，对国内主板上市的大型物流企业一次性奖励300万元，对国内中小企业板上市的物流企业一次性奖励150万元，对境外上市的物流企业一次性奖励100万元，对借壳上市的物流企业一次性奖励50万元，其中不高于30%部分可用于奖励企业法人代表以及相关物流企业的管理者和技术人员。

四是积极争取省配套的物流基础设施的资金支持，积极争取国家和行业管理部门诸如物流业调整和振兴专项投资等支持资金，市政府应鼓励大型物流企业积极向国家、省有关部门申请相关项目，争取获得上级项目资金支持。

4. 产业政策

一是政府可以设立物流行业年度贡献奖，对相关物流企业进行激励。对于物流企业年度销售收入、实缴税收、解决工人就业、辐射带动效应等方面进行考评：综合考评在全市排名前若干名的企业，分别给予不同金额的政府奖励；被国家、省、市授予各种荣誉称号的物流企业，分别授予适当奖励，如按照上级有关部门的奖励进行1：1配套等。

二是对于经有关权威部门评估，获得物流企业评级国家4A、5A级的物流企业，分别给予10万元和15万元的奖励（参考数字）；对于经评估获得物流信用评级A级、AA级和AAA级的物流企业，分别给予5万元、10万元和15万元的奖励（参考数字）。同时，激励更多的物流企业诚信经营，树立品牌战略。

5. 融资政策

对列入规划的物流基础设施建设项目，鼓励企业通过银行贷款、发行债券、增资扩股、企业兼并、中外合资、股票上市等途径筹集建设资金，银行业金融机构要积极给予信贷支持。企业投资项目，依据项目建设内容和资金性质，由市政府负责基本建设投资管理的部门审批、核准或备案，对列入规划的战略性、区域性重点物流园区、物流中心等基础设施建设项目，视年度财政预算内基本建设资金情况给予一定的银行贷款贴息支持。

（三）促进物流业发展的保障措施

要借鉴发达地区物流业的成功做法，发展安庆现代物流业，政府在制定正确的发展战略和出台一系列政策的同时，还应在具体物流管理保障措施上做文章。

1. 加大对物流基础设施的资金投入，完善物流网络体系

物流基础设施的建设通常涉及包括铁路、公路、水运、管道、航空等，如投

资较大，一般情况下物流企业无力承担建设资金投入，都必须依靠政府建设。政府有关部门应尽快完善各运输线路，加强物流综合运输网络体系建设，优化各运输网络，加快建设商品运输快速通道（如高速公路、城际铁路、航空运输等基础设施建设），以提高整个运输网络体系的集疏运水平，提高运行效率。这不但是发展基于区域交易市场的商贸型物流模式的基本要求，也是发展现代物流业所必须具备的基本条件。

要设立专门的政府物流协调、管理部门，建立具有较强组织协调能力、先进管理水平的物流管理体制。物流管理部门主要负责更新有关的物流装备、优化整合物流资源、规范物流园区土地使用、批准服务及运输资格准入以及物流行业的监管等问题，将其纳入统一、标准化的管理，树立良好的物流管理形象，并逐渐与国际标准接轨。

2. 加快物流市场的专业化、制度化建设

（1）积极培育物流市场，扩大物流市场需求

不断推广现代物流管理，努力扩大物流市场需求。运用供应链管理与信息技术，实施采购、生产、销售和物品回收物流的一体化运作，提高对市场的响应速度，降低库存，加速周转。鼓励工业企业、商业企业改造物流流程，将物流组织和管理活动从企业核心经营活动中分离出去，积极支持物流服务外包以及与第三方物流企业联合，培育物流需求市场，为专业物流服务企业的发展创造市场需求条件；在农村逐渐应用现代物流管理技术，发展农产品从产地到销地的直销和配送，以及农资和农村日用消费品的统一配送，积极培育农村物流市场，扩大物流市场需求。

（2）提高物流服务的专业化程度

大力发展各种服务业态和服务类型的专业化物流服务企业，鼓励其上规模、上水平，鼓励现有运输、仓储、货代、联运、快递企业的功能整合和服务延伸，加快向现代物流企业转型。争取 3 ~5 年内形成一批主营业务突出、竞争力强、管理水平高、服务质量好的专业化物流服务企业。积极发展多式联运，发展集装箱、特种货物、厢式货车运输以及重点物资的散装运输等现代运输方式，加强各种运输方式物流企业的相互协调和联合，建立高效、安全、低成本的物流系统，以便能提供工业企业、商业企业所需的规模化和网络化的物流服务。推动物流企业与工业企业、商贸企业联动发展，促进供应链各环节有机结合，为物流一体化运作与管理提供条件。

（3）建立与物流发展相适应的市场监管体系

一是规范企业登记注册前置性审批。在为物流企业办理登记注册手续时，除国家法律、行政法规和国务院发布的规定外，其他不必要的、对行业技术进步、

企业规模化和网络化经营有阻碍作用的前置性审批项目一律取消，为物流企业的经营和发展创造宽松的外部环境。

二是加强收费管理。全面清理向货运车辆收取的行政事业性收费、政府性集资、政府性基金、罚款项目，取消不符合国家规定的各种收费项目。

三是加快引入竞争机制。建立统一开放、公平竞争、规范有序的现代物流市场体系，开放物流市场，通过强化市场竞争，解决物流成本高、效率低的问题，鼓励外资和民营物流企业到安庆创业。

四是治理现代物流业的发展环境。确立区域物流发展的合法地位，建立物流业发展的市场规则。加大对市场的监管力度，优化市场环境，规范物流市场行为，严禁欺行霸市，坚决打击破坏市场环境、扰乱物流市场秩序的不法行为，为物流业发展创造一个良好的政策环境和安全环境，以促进区域物流健康持续发展。

3. 推进物流业对外开放和国际合作

要积极引导国外资金进入安庆市现代物流业，与有关国家和地区相互进一步开放与物流相关的分销、运输、仓储、货代等领域，开展物流方面的政策协调和技术合作，推动物流业“引进来”和“走出去”。加强国内物流企业同国际先进物流企业的合资、合作与交流，引进和吸收国外的先进经验和管理方法，提高物流业的全球化与区域化程度。加强国际物流“软环境”建设，包括鼓励运用国际惯例、推动与国际贸易规则及货代物流规则接轨、统一单证、加强风险控制体系建设等。

要强化招商引资，按照国际惯例和经验，积极引进物流投资商与经营商，既要吸引国际著名的大型物流企业，也要积极吸引国内大型物流企业设立物流分拨中心，充分利用其雄厚的资金、管理、技术、信息等资源以及现代物流经营运作的宝贵经验，诸如现代物流系统工程的理念、标准化的物流设施与设备、物流工程机械、物流中心实施方案及其网络市场的客户资源，实现安庆市现代物流的跨越式发展，推动物流经营与管理的国际化进程。

4. 加快物流人才引进和培养

现代物流业是一个复合型的服务产业，物流经营管理需要的是综合性人才，尤其是需要能掌握国际经贸流程、熟悉国际法规，对流通体系、市场分布、企业管理及网络信息技术具有综合能力的高层次人才。因此，要加强物流人才需求的预测和调查，采取多种形式，加快物流人才的引进和培养。

在人才引进方面，要制定物流人才引进的优惠政策和激励政策，采用多种途径引进掌握现代物流经营管理技术的人才，特别是高端人才可考虑从国外引进。安庆是个中小城市，一般难以吸引高素质物流人才到此地工作和创业。因此，市政府应采取灵活有效的政策，招聘人才，留住人才，为安庆市区域物流业的发展提供强大的人才支持。在安庆市现代物流业发展的初期，可以聘请各方面的物流专家组成物流专家组，在整体物流规划、重点物流项目建设等方面提供科学决策。

在人才培养方面，要加大对物流专业技术人才培养的投入，采取多种形式，加快物流人才的培养。制定科学的培养目标和规划，发展多层次教育体系和在职人员培训体系。鼓励企业与大学、科研机构合作，委托大专院校培养物流专业本科、硕士、博士等多层次的专业人才。强化职业技术教育，积极开展物流领域的职业资格培训与认证工作。安庆市现有安庆师范学院、安庆职业技术学院两所高校开设物流管理专业，要鼓励安庆市相关物流企业和行业与两校进行合作办学，采取“校企合作、订单培养”的方式，加强对物流企业从业人员的岗前培训、在职培训等；选择那些岗位接近和知识结构接近的职工进行在岗培训，通过办短期学习班、进修、业余学习等形式，尽快培养出一批物流企业的急用人才。

5. 建立并发挥物流行业协会的作用

要借鉴国内外物流业发达的国家和地区的成功做法。物流业发展到一定阶段，必须按照行业自律管理的要求，组建物流行业协会，实现物流行业的自我管理、自我发展。因此，安庆市有关部门可以申请设立安庆市物流行业协会。在市政府有关部门的领导下，物流行业协会应建立物流规划的实施保障机制、政策协调机制、资源配置调节机制，以及物流重大项目的合作机制。政府有关部门要支持物流行业协会开展工作，加强物流行业的管理和服务。

物流行业协会要履行行业服务、自律、协调的职能，发挥在物流规划制定、政策建议、规范市场行为、统计与信息、技术合作、人才培训、咨询服务等方面的中介作用，成为加强政府与企业联系的桥梁和纽带。行业协会要在物流技术交流与推广、物流信息搜集与服务、物流业对外交流合作等方面发挥积极作用，充分利用当地的教育教学资源，为物流企业培养高素质的技能型人才。

物流企业（行业）培养大批高技能人才，一方面，可以提高物流企业的运营效率，创造更多的第三利润源；另一方面，利用员工的物流知识和技能，提高客户服务水平，拓展物流延伸服务，发展包括物流在内的集电子商务、金融、保险、代理、租赁于一体的综合性物流，实现物流的增值服务。

6. 积极促进物流信息化的发展，加快物流标准化的进程

现代物流的特征是信息化物流，加快建立物流信息公共平台，形成本地信息资源共享、对接全国物流网站的物流信息网络，实现物流信息全国联网。要运用现代信息管理技术，提高物流企业的运作效率，全面提高物流企业的经营管理水

平。在此基础上，利用互联网技术，为物流信息交流的畅通和高效创造条件。要加快推广应用国家物流标准（物流术语、物流装备标准、物流操作流程标准等），鼓励和支持企业采用标准化物流技术装备；按照国家、区域发展的要求，选择部分物流企业，进行物流标准化试点工作，不断总结经验，积极推广物流标准化工作。另外，要加强标准化工作的协调和组织工作，使各种相关的技术标准协调一致，以提高物流产业中货物和相关信息流转效率，加快安庆物流业的现代化进程。

参考文献

[1] 张金锁，康凯．区域经济学［M］．天津：天津大学出版社，1998.

[2] 张文杰等．区域物流发展现状及对策研究［J］．中国流通经济，2002.

[3] 史忠良．新编产业经济学［M］．北京：中国社会科学出版社，2007.

[4] 帅斌．物流产业经济［M］．北京：科学出版社，2006.

[5] 李旭宏．基于增长极理论的区域物流枢纽城市规划方法研究［J］．公路交通科技，2005，(9)．

[6] 胡欣．中国经济地理［M］．上海：立信会计出版社，2007.

[7] 包国宪等．区域发展战略案例分析［M］．北京：西北大学出版社，1992.

[8] 王佐．发展物流产业与政府市场定位［J］．中国物资流通，2000，(21)．

[9] 王先锋．中心城市政府在发展物流业中作用［J］．中国流通经济，2001，(4)．

[10] 张中强．区域物流发展要素中的物流基础、经济基础协调发展研究［D］．徐州：中国矿业大学管理学院，2008.

[11] 周自强．浅析区域物流与区域经济发展关系［J］．物流管理，2008，(2)．

[12] 徐梅．当代西方区域经济理论评析［J］．经济评论，2002，(3)．

[13] 王志国．发展是永恒的主题——江西发展的理论与实践探索［M］．南昌：江西人民出版社，2004.

[14] 王国文．区域物流规划的经济学基础［J］．中国物流与采购，2005，(3)．

[15] 闫秀霞，孙林岩．区域物流能力与区域经济协同发展研究［J］．经济师，2005，(3)．

[16] 贾兴洪．基于产业集群理论的物流园区升级［J］．经济论坛，2007，

(16).

[17] 桂寿平，何景师、张智勇. 产业集群区域物流园区建设规模实证研究[J]. 商业时代，2008，(5).

[18] 舒辉. 完善我国物流基础平台的对策探讨[J]. 中国标准化，2003.

[19] 舒辉. 政府对物流产业管制问题的探讨[J]. 商业研究，2004，(23).

[20] 舒辉. 加速我国现代物流业发展的整合模式[J]. 中国流通经济，2005，(8).

[21] 张国安. 基于增长极理论的武汉——中国光谷发展研究[J]. 经济研究，2007，(3).

[22] 朱兰珍. 义乌小商品市场发展过程中政府作用研究[D]. 上海师范大学，2009.

[23] 王健. 现代物流发展中的政府作用[J]. 中国流通济，2004，(3).

[24] 刘贵富. 产业链形成机理的理论模型分析[J]. 中国工业经济，2009，(1).

[25] 吴峰. 江西现代物流业发展供需平衡分析[J]. 江西科技师范学院学报，2008，(6).

[26] 胡怀邦，郝渊晓等. 现代物流管理学[M]. 广州：中山大学出版社，2001：208-222.

[27] 安庆市政府. 安庆市物流业发展规划（2009—2020）[Z]. 2009.

[28] 高飞. 承接产业转移：安庆港口功能定位与发展举措[J]. 安庆师范学院学报（社会科学版），2010，(8)：87-92.

[29] 朱惠兰. 我国港口物流发展研究. 山东交通科技[J]. 2010，(6)：2-4.

[30] 宋联新. 抓住机遇 依托口岸 建设北方国际物流中心[J]. 物流技术. 2000，(4)：25-26.

[31] 安庆市政府办公室. 安庆市物流业发展指导文件（2009—2015）[Z]. 2009.

[32] 王健等. 国外港口物流的发展与启示[J]. 物流技术，2005，(6)：41-44.

[33] 中国物流与采购联合会，中国物流学会. 第二次全国物流园区（基地）调查报告[J]. 物流技术与应用，2008，(11).

[34] 刘长俭. 国外物流园区规划及经营模式[J]. 综合运输，2006，(2).

[35] 中国物流与采购联合会，中国物流学会．中国物流重点课题报告：2007 [M]．北京：中国物资出版社．

[36] 丁斌．物流园区管理模式探讨 [J]．华东经济管理，2004，(1)．

[37] 潘安文．物流园区规划与设计 [M]．北京：中国物资出版社，2005.

[38] 徐振斌，李义松．我国物流园区政策问题研究 [J]．中国物价，2006，(4)．

[39] 刘志学．现代物流手册 [K]．北京：中国物资出版社，2006：1－3.

[40] 钱之网．长三角基金圈内物流一体化探析 [J]．生产力研究，2006，(9)：8.

[41] 叶小明．论珠三角地区现代物流业未来发展趋势 [J]．物流技术，2004，(11)：15－17.

[42] 常峰波．对珠三角物流发展的 SWOT 分析 [J]．综合运输，2005，(2)：22－24.

[43] 张文杰．区域经济发展与现代物流 [J]．中国流通经济，2010，(1)：18.

[44] 吴明．关于我国物流发展的几点思考 [J]．物流技术，2008，(3)：28－30.

[45] 曹言红．安庆物流业现状与思考 [J]．安庆师范学院学报，2011，(4)：34－36.

[46] 陈燕，汪晓建．我国现代化农产品物流发展的思考 [J]．科技信息，2010，(5)：45－46.

[47] 杨娟玲．我国农产品物流发展及其对策 [J]．经济师，2011，(2)：34－35.

[48] 朱自平，和金生．我国农产品物流发展的现状与亟待解决的问题 [J]．现代经济，2009，(7)：45－46.

[49] 陈珊珊．农业物流现状分析及发展战略 [J]．农村经济与科技，2006，(7)：23－24.

[50] 木子．安庆市商贸物流发展综述 [EB/OL]．(2011－09－07) www. aqzyzx. com.

[51] 魏英军．我国商贸物流业的发展趋势分析 [J]．中国商贸，2011，(6)：48.

[52] 王选庆．全面推进商贸物流业发展 [J]．中国物流与采购，2011，(3)：25－28.

[53] 黄该玲．推进西北欠发达地区现代商贸物流业快速发展的若干思考

[J]．特区经济，2011，(4)：78－80.

[54] 安庆市商务局．关于加快商贸物流业发展的若干意见（2011—2015）[Z]．2012.

[55] 朱重生：高职物流管理专业发展的SWOT分析 [J]．湖北经济学院学报（人文社科版）[J]．2013，(1)：71-73.

后　　记

现代物流业作为现代服务业的重要组成部分，是国民经济中的一个新兴产业，世界各国都高度重视现代物流业的发展。近些年来，我国各级政府把发展现代物流业作为促进经济发展的重要手段，纷纷出台相关政策措施鼓励区域物流业的发展。安庆市是皖西南重要的区域性中心城市，市政府高度重视现代物流业的发展，2009 年就出台了《安庆市现代物流业发展规划（2009—2020）》，安庆市现代物流业的发展进入了一个前所未有的黄金期。安庆职业技术学院物流管理专业在学院领导的关心和支持下，在全体专业教师的共同努力下，近年来取得了长足发展，培养了大批合格的物流管理专业毕业生，社会反响良好。2011 年安庆职业技术学院物流管理专业被正式批准为“中央财政支持高等职业学校提升专业服务产业发展能力建设项目”和“安徽省特色专业建设项目”。安庆职业技术学院物流管理专业发展迎来了良好的机遇。

地方高等职业院校应该为地方经济发展培养适应区域经济发展的高端技能型人才。安庆市现代物流业由于起步较晚，物流业发展面临一些挑战和机遇。我们在认真调研安庆市物流业发展环境（区位优势、经济环境、物流规模）、物流市场竞争力的基础上，重点对安庆市农产品物流、港口物流、商贸物流及其他方面进行了实地调研。从职业教育服务于区域经济发展的角度，结合安庆职业技术学院物流管理专业建设与发展，从职业教育为区域经济发展服务的视角，对如何发展安庆市现代物流业进行了全面的分析。本专著由安庆职业技术学院朱重生、段春晖和高飞三位教师撰写，具体分工是：朱重生副教授负责第一和第五章，段春晖讲师负责第二至第四章，高飞副教授负责第六章及参考文献等。

在专著写作过程中，撰稿人得到了安庆市发改委、安庆市商务局等政府主管部门，安庆港口、安庆邮政等物流企业以及安庆职业技术学院领导、物流管理专业全体教师的大力支持和帮助，在此表示衷心的感谢！

在本书付梓之际，要感谢合肥工业大学出版社郭娟娟、朱移山同志对本书给予的指导和付出的辛勤劳动，感谢合肥工业大学出版社的大力支持。同时，感谢安庆职业技术学院院长、硕士生导师孙晓峰教授在百忙之中抽时间为本书作序。

作　者

2013 年 6 月于古城安庆